Kinderglück

HERDER / SPEKTRUM
Band 4439

Das Buch

Fröhliche und glückliche Kinder, das wünschen sich nicht nur alle Eltern. Doch Glück ist nicht selbstverständlich: Das Unglück in dieser Welt trifft Kinder ganz besonders, und auch das „kleine Unglück" kann Kinder in tränenreiche Verzweiflung stürzen. Doch Kinder brauchen auch nicht unbedingt etwas Besonderes, um glücklich zu sein. Sie strahlen ansteckende Lebenslust und Unbeschwertheit aus. Ihre Unbefangenheit ist nicht darauf aus, eine „Wirkung" zu erzeugen. Auch ihre überraschende Frechheit und Neugier zeigen, daß ihr Vertrauen ins Leben noch ungebrochen ist. In diesem Band kommt die Perspektive der Kinder zur Sprache. Ihre Gefühle und ihre Weltsicht stehen im Zentrum – auch wenn es Erwachsene sind, die entweder von sich selber und über ihr Kindsein schreiben; Kinderbuch- und andere Autoren, Psychologen bzw. Pädagogen oder auch Eltern mit ihren ganz normalen, konkreten Erfahrungen.

Die Perspektive der Kinder kann so auch den Blick der Erwachsenen verändern. Und glückliche Kinder können die Erfahrungen ihrer Kindheit in ein glückliches, „gerundetes" Leben als Erwachsene hineinnehmen.

In diesem Band finden sich Texte bekannter Autorinnen und Autoren zu den verschiedensten Lebenssituationen mit Kindern: Marianne Arlt, Mark Twain, René Goscinny, Rafik Schami, Rudolf Dreikurs, Joachim Ringelnatz, Armin Krenz, Bruno Bettelheim, Antoine de Saint-Exupery, Janusz Korczak u.a.

Die Herausgeberin

Karin Walter, Dr. phil., Verlagslektorin, Herausgeberin mehrerer Anthologien. Lebt in Bollschweil.

Kinderglück

Herausgegeben von Karin Walter

Herder

Freiburg · Basel · Wien

Gedruckt auf umweltfreundlichem, chlorfrei gebleichtem Papier

Originalausgabe

Satz: Fotosatz G. Scheydecker, Freiburg im Breisgau
Technische Herstellung: Freiburger Graphische Betriebe 1996
Umschlaggestaltung: Joseph Pölzelbauer
Umschlagbild: Root Leeb
ISBN 3-451-04439-0

Inhalt

IV. Im Schatten der Erwachsenen

V. Der große Streß der lieben Kleinen

VI. Kinder unter sich

VII. Wie im wirklichen Leben

VIII. Frechheit siegt

IX. Zurück ins Land der Kindheit

Vorwort

von Karin Walter

Kinderglück – nur eine Sehnsucht von Erwachsenen, ein verklärtes Gefühl von „es war einmal"? Niemand weiß genauer als die Eltern, daß Kinder nicht immer glücklich sind. Ein aufgeschlagenes Knie kann zur Katastrophe werden. Wenn die Mutter gerade fort ist, kann die Angst, verlassen zu sein, die Welt zusammenbrechen lassen. Mancher Erwachsener erinnert sich sehr deutlich an solche Erlebnisse seines eigenen Kindseins. Geht alles gut, wirken diese Erlebnisse nicht prägend und hinterlassen kaum Spuren.

Auf der anderen Seite stehen die glücklichen Momente, die noch nicht vergällt sind durch negative Zukunftsphantasien: Kinder leben in der Gegenwart. Deshalb wohl bekommen auch die abgebrühtesten Singles weiche Gesichter, wenn sie ein Kind sehen, das konzentriert und vergnügt ganz ins Spiel versunken ist. Oder sie grinsen in sich hinein, wenn sie eine spontane Frechheit aus Kindermund hören, die die „Wahrheit" verkündet: Ja, so waren sie auch einmal – und so möchte man wieder sein …

Kinder fordern uns heraus: Ganz aktuell durch ihre Ansprüche nach Aufmerksamkeit und durch ihre Fragen an uns. Doch Kinder zeigen auch, wie spielerisch und neugierig andere Seiten der Welt zu entdecken sind, eben jene Seiten, nach denen sich Erwachsene (insgeheim) sehnen.

Erinnerung spielt in diesem Verhältnis von Erwachsenen und Kindern eine zentrale Rolle. Denn für Erwachsene bleibt Kinderglück immer nur vermittelt durch eigenes Erleben in der Beobachtung von Kindern und durch die eigene Erinnerung. Aufmerksamkeit und Achtsamkeit sind gefordert: Was wollen Kinder uns sagen? Wie sehen ihre Strategien aus, mit der Welt zurecht zu kommen? Und wo sind die Aufgaben der Erwachsenen? Schließlich geht es darum, liebevoll Verantwortung zu übernehmen und auch Grenzen zu setzen –

die lustvollen Grenzüberschreitungen machen die Kinder dann von selbst.

Die hier vorgestellten Texte wollen inspirieren, sich in Kinder und ihre Welt hineinzuversetzen. Schattenseiten bleiben dabei nicht ausgespart. Nicht nur in Zeiten von Krieg und Not müssen Kinder zu früh Verantwortung übernehmen. Auch in unserem ganz normalen Alltag gibt es Situationen, die Kinder traurig machen.

Ausgesucht wurden literarische Texte, Erfahrungen, Erinnerungen und Überlegungen, die bestimmte Situationen zwischen Erwachsenen und Kindern klären helfen. Sie spiegeln vor allem die Welt von Kindern, die sich noch nicht in der „Zwischenphase" der Pubertät befinden, in der sie nach ihrer Rolle als junge Erwachsene suchen. Die Pubertät markiert ja einen Bruch mit der Kindheit, und erst Erwachsene können sich wieder ganz auf das Kindliche einlassen. Für sie ist es dann wieder wichtig, etwas zu entdecken, was Jugendlichen nur kindisch erscheinen mag.

Die Texte wollen erzählerisch und durchaus lustvoll zeigen, was in Kindern vorgeht und was in Kindern - von Erwachsenen, von ihrer Umwelt - angerichtet wird oder werden kann. Es geht also nicht um eine Idylle, sondern um die unverbrauchte Frechheit, um den Charme und die Phantasie von Kindern. Auch Erwachsene können diese Perspektiven wieder entdecken - und ihren Alltag damit farbiger machen.

I
Erste Schritte in die Welt

Einführung in die Welt

(Indianisch)

Ho! Sonne, Mond, Sterne, ihr Wanderer oben am Himmel,
hört mich an!
Ein neues Leben kam in eure Mitte.
Ich bitte euch, seid ihm wohlgesinnt!
Ebnet ihm den Weg, damit es den ersten Hügel erklimmen kann!

Ho! Ihr Winde, Wolken, Regen, Nebel, die ihr durch die Luft wandert,
hört mich an!
Ein neues Leben kam in eure Mitte.
Ich bitte euch, seid ihm wohlgesinnt!
Ebnet ihm den Weg, damit es den zweiten Hügel erklimmen kann!

Ho! Ihr Berge, Täler, Flüsse, Seen, Bäume, Gräser, ihr auf der Erde,
hört mich an!
Ein neues Leben kam in eure Mitte.
Ich bitte euch, seid ihm wohlgesinnt!
Ebnet ihm den Weg, damit es den dritten Hügel erklimmen kann!

Ho! Ihr Vögel, groß und klein, in der Luft,
Ho! Ihr Tiere, groß und klein, in den Wäldern,
Ho! Ihr Geschöpfe, die ihr im Gras umherkriecht und in der Erde wohnt –
hört mich an!
Ein neues Leben kam in eure Mitte.
Ich bitte euch, seid ihm wohlgesinnt!
Ebnet ihm den Weg, damit es den vierten Hügel erklimmen kann!

Ho! Ihr alle am Himmel, ihr in der Luft, ihr auf der Erde:
hört mich an!
Ein neues Leben kam in eure Mitte.
Ich bitte euch, seid ihm wohlgesinnt, seid ihm alle wohlgesinnt!
Ebnet ihm den Weg – dann wird es weit hinaus über die vier Hügel wandern!

Zeremonialgesang der Omaha

Die Omaha glauben, daß alles in der Welt, „Belebtes" und „Unbelebtes", von einer gemeinsamen Lebenskraft durchdrungen ist.

In dieser Zeremonie, am achten Tag nach der Geburt eines Kindes, werden die Mächte des Himmels, der Erde und der Luft angerufen und gebeten, dem Neugeborenen Schutz zu gewähren. Das Leben des Kindes wird mit einem holprigen Weg verglichen, der sich über vier Hügel erstreckt, die die vier Lebensalter symbolisieren: Kindheit, Jugend, Erwachsenen- und Greisenalter.

Jacques Lusseyran

Ein kleiner glücklicher Junge

Es war einmal ein kleiner glücklicher Junge, der lebte zwischen den zwei Weltkriegen in Paris. Dieser kleine Junge war ich, und wenn ich heute, von der Mitte des Lebens, auf ihn zurückblicke, bin ich sehr verwundert: eine glückliche Kindheit ist so selten, so wenig nach Art unserer Tage, daß man sie kaum für wahr halten möchte. Doch warum sollte ich das klare Wasser meiner Kindheit zu trüben versuchen?

Geboren bin ich 1924 im malerischen Kern von Paris: auf dem Montmartre, zwischen Place Blanche und Moulin Rouge. In einem bescheidenen Haus aus dem 19. Jahrhundert erblickte ich das Licht der Welt, in einem Zimmer, das auf den Hof hinuntersah. Meine Eltern waren für mich vollkommen. Beide waren mir gegenüber großzügig und aufmerksam. Aber wozu spreche ich davon? Der kleine Junge von damals wurde dessen nicht gewahr. Seine Eltern liebten ihn, und er liebte sie. Das war ein Geschenk des Himmels.

Meine Eltern – das war Schutz, Vertrauen, Wärme. Wenn ich an meine Kindheit denke, spüre ich noch heute das Gefühl der Wärme über mir, hinter mir und um mich, dieses wunderbare Gefühl, noch nicht auf eigene Rechnung zu leben, sondern sich ganz, mit Leib und Seele, auf andere zu stützen, welche einem die Last abnehmen. Meine Eltern trugen mich auf Händen, und das ist wohl der Grund, warum ich in meiner ganzen Kindheit niemals den Boden berührte. Ich konnte weggehen, konnte zurückkommen; die Dinge hatten kein Gewicht und hafteten nicht an mir. Ich lief zwischen Gefahren und Schrecknissen hindurch, wie Licht durch einen Spiegel dringt. Das ist es, was ich als Glück meiner Kindheit bezeichne.

Helen I. Bachmann

Erste Schritte

Als das kleine Kind, mitten in der Nacht, den ersten Schritt getan hatte, da war es seiner Mutter auch schon davongelaufen.

Während eines Ferienaufenthaltes in einem Schweizer Bergdorf erlebte ich im Frühsommer, wie ein Kind sich aufrichtete und seine ersten Schritte unternahm.

In einem Zeitraum von nur einer Woche wurde aus einem 14 Monate alten Mädchen, das bis dahin unauffällig in einem Stühlchen am Tisch der Eltern gesessen und scheue Blicke in die Umgebung geworfen hatte, eine kleine Draufgängerin. Zunächst an der Hand eines Erwachsenen, schließlich aber alleine, bewegte sie sich, begeistert brabbelnd, auf alles zu, das ihr Interesse erregte, besonders auf andere Kinder.

Ich hätte diesem Ereignis weiter keine Bedeutung beigemessen, hätte dies als frohes Geschehen unter die anderen Eindrücke und Beobachtungen gemischt, wären mir nicht zwei Sachverhalte besonders aufgefallen: die wachsende Motivation des Kindes, sich durch neue Beziehungsangebote von den Eltern wegzubewegen, und die Reaktion der Eltern, besonders der Mutter, auf die ersten Schritte ihres Kindes.

Anna sah reizend aus und war von Anfang an der Liebling der italienischen Serviermädchen, die sich um ihre Gunst rissen, sie laut und scherzend bei ihrem Namen riefen, sie während der Arbeit auf dem Arm mitschleppten bis in die Küche, aus der dann durch die Anrichte fröhliches Gequietsche tönte.

Die Eltern verhielten sich reserviert, duldeten das Vorgehen etwas ratlos, waren aber froh, das eigene Essen in diesen Momenten in Ruhe genießen zu können.

Anna aber blieb in der Folge nicht mehr gern in ihrem Stühlchen sitzen. Sie begann sich zunehmend auch für die anderen Gäste zu interessieren, warf ihnen kokette Blicke zu, krabbelte mutiger auf sie zu, um sich an Tisch- und Stuhlbeinen hochzuziehen. Auch die an den Stuhllehnen hängenden Handtaschen erregten ihre Neugierde und natürlich der Schmuck an den ihr entgegengestreckten Händen.

Da es in diesen Tagen sehr heiß war, war an frühes Schlafengehen nicht zu denken. Die Hotelgäste trafen sich auf der Terrasse vor dem Haus, die auf den kleinen Dorfplatz führte. Dort am großen Brunnen versammelten sich die Kinder des Dorfes zu ihren abendlichen Spielen bis in die Nacht hinein, und ihre hellen Stimmen vermischten sich mit dem Gemurmel der Gäste.

Auf die kleine Anna, die die Abendluft offensichtlich auch als Belebung erfuhr, übte das Kindergetümmel eine große Anziehungskraft aus. Ich sah sie auf dem Arm der Mutter mit zwingender Geste dorthin zeigen. Dann stand Anna zwischen den Beinen der Mutter, an zwei Händen gehalten, inmitten der Kinder, die sich als die größeren gleich liebevoll um sie kümmerten. Sie versuchten ihr die noch unaussprechbaren Wünsche zu erfüllen, wenn sie zum Beispiel auf Spielzeug zeigte. Die Mutter war verständnisvoll und ließ ihre kleine Anna das Gefühl, umworbener Mittelpunkt zu sein, voll auskosten.

Die Kinder versuchten, mit Anna zu sprechen, streichelten sie, legten ihr Dinge in die ausgestreckte Hand und waren da, wenn sie sie wieder zurückgeben wollte. Ein etwas älterer Junge als sie, der eine Tüte mit Rosinen an die Brust gepreßt hielt, stopfte ihr eine nach der anderen in den Mund, bis sie den Kopf schüttelte. Er war aber bereit, mit der Fütterung fortzufahren, sobald Anna ihm ihr offenes Mündchen wieder hinhielt. Solche Spiele wiederholten sich in ähnlicher Form Abend für Abend.

Die Eltern waren erstaunt über die „Sprünge", die Anna jetzt machte, bis vor kurzem habe sie sich ausschließlich mit sich selbst beschäftigt.

Und dann war es soweit. Anna ließ die Hand ihrer Mutter los, warf ihr Arme jauchzend in die Höhe und lief allein dem Kindergetümmel entgegen. Wenn sie nach ein paar Schritten hinfiel, spreizte sie die Beine, kippte leicht nach vorne auf die Knie und stemmte sich wieder hoch. Und jedesmal, wenn sie wieder sicher stand, stieß sie Laute des Triumphes aus.

Kleine Schritte, kurze Strecken, Anna konnte laufen.

Am letzten Abend meiner Ferien sah ich Anna zwischen den Eltern hin und her laufen, unermüdlich ihr Gehen ausprobierend. Es war schon Nacht. Die anderen Kinder waren nach Hause gerufen worden. Anna hielt plötzlich in ihrem Laufspiel inne, machte eine unvermutete Kehrtwendung und lief die Dorfstraße hinab und zwischen den granitenen Häusern entlang, bis sie sich als Menschenpünktchen, dessen rote Hosen in der Dunkelheit kaum noch auszumachen waren, zu verlieren schien.

Die Eltern standen verdutzt da, schauten ihrem Kind nach. Die Mutter klammerte sich an den Arm ihres Mannes und stammelte, in ihren Heimatdialekt zurückfallend: Det is ja nich zu fassen, wa!

Dann erwachte sie aus ihrer Starre, die sie wie eine Schrecklähmung ergriffen hatte, und rannte ihrem Kind nach. Sie riß es an sich und kam lange nicht zurück. Noch einmal wollte sie ihr Kind für sich allein haben, die gelebte Intimität noch einmal unversehrt spüren. Aber in ihrem Herzen wußte sie sicher schon jetzt, daß sie einer Erinnerung nachrannte.

Schließlich ging der Vater die beiden holen.

Was war geschehen? Das alltäglichste der Welt: Ein Kind hat laufen gelernt.

Hier war deutlich zu beobachten, wie dieser Entwicklungsschritt durch Begegnungen gefördert wurde. Die enge Verbindung zwischen Kind und Mutter, Kind und Vater, Kind/Mutter/Vater, wurde durch sie aufgebrochen und erweitert. Das Unbekannte lockte Anna aus dem Nest.

Laufenlernen dient dem Weglaufen, eigenen Abenteuern entgegen. Und zu diesen Abenteuern gehören wesentlich andere Menschen, Freunde, Lebenspartner.

Dieser Prozeß wird durch Wechselwirkungen gesteuert, und das wird an Annas Beispiel deutlich.

Die dazugewonnenen Begegnungen erleichtern das Laufenlernen, das Laufen in das eigene Leben und in die Selbstverantwortung hinein, und das Laufenkönnen seinerseits eröffnet neue Lebensräume, in denen künftige Beziehungspartner, Freunde, Liebespartner warten.

Weil mich dieses Wechselspiel immer wieder fasziniert, auch das

Zusammenwirken von innerer und äußerer Realität, hat mich die Reaktion der Mutter besonders beeindruckt.

Als Anna weglief, mischten sich in ihrem Gesicht Stolz und Schmerz, Entzücken und Angst. Eine aufblitzende Ahnung, das Recht auf den Besitz ihres Kindes ein für alle Mal aufgeben zu müssen, der damit verbundene Trennungsschmerz, der Stolz gleichzeitig, einem so vitalen Kind das Leben geschenkt zu haben, die Rührung über den naiven Mut des winzigen Persönchens angesichts der zu erobernden Welt und die Angst vor den Verletzungen, die diese Welt für ihr Kind bereithält, das alles muß sie bewegt haben in diesem Augenblick. Das mag ihr auch die Kontrolle über ihre Sprache geraubt haben –, jedenfalls war vorher nicht zu hören gewesen, daß sie aus Berlin stammt.

Ihre innere Bewegung mündete in die reale Bewegung. Sie rannte los, um ihr Kind schützend an sich zu pressen.

Anna hätte wohl trotz aller Euphorie ihr Verlorensein in der Fremde bald bemerkt und wäre vielleicht in Panik ausgebrochen – das aber hätte dem freudigen Aufbruch einen schlechten Beigeschmack gegeben.

Die Mutter hat ihrem Kind gezeigt, daß sie trotz allem zu seiner Sicherheit da ist. Anna hat noch Zeit, anderen Abschieden entgegenzureifen.

Das Geschehen fordert die Eltern zwingend dazu auf, über das richtige Maß an Gewähren und Zurückhalten, Loslassen und Schützen nachzudenken.

Anna hat ein Recht auf den elterlichen Schutz, denn ihre Wahrnehmung ist noch unreif, in ihr sind die Eltern für ihr Wohlbefinden omnipräsent. Sie lebt in engster Verbundenheit mit ihnen. Und trotzdem – oder gerade deshalb – wird sich Anna von nun an immer wieder in Abenteuer stürzen, die diese Verbindung sprengen. Es ist eine anspruchsvolle Aufgabe für die Eltern, diese Entwicklungsbewegungen mit Feingefühl und Offenheit, auch mit Besserwissen und Konsequenzen zu begleiten, damit an Stelle der führenden und schützenden elterlichen Hand allmählich in Anna selbst die steuernden Kräfte wachsen können.

Später kann Anna nicht mehr damit rechnen, daß ihr die Mutter beistehend nachspringt. Später ist sie auf sich selbst gestellt. Aber später hat sie sicher Freunde gefunden, die ihr Orientierung bieten und nahestehen. Und weil gute Freunde meistens gleich alt sind, werden sie auch die Fragen, die Anna ans Leben stellt, besonders gut verstehen und mit ihr zusammen nach Lösungen suchen.

So früh kann man noch nicht von Freundschaften in Annas Leben sprechen. Ihre Beziehungen in dem Ferienhotel waren wichtige Erfahrungen, sie haben Impulse gesetzt und enthielten keimhaft alles, was zu Freundschaften führen kann. Zentral dabei war wohl für Anna und für alle, die es miterlebt haben, das Ergebnis, daß das Fremde lockt, das aufregende Unvertraute. Auf dem Weg dorthin, so stellt es sich heraus, begegnet sich der kleine Mensch selbst, entdeckt seine Fähigkeiten. Und so geht es uns allen immer und immer wieder. Wenn wir es wagen, einen Schritt über das bisher Vertraute hinaus zu tun, uns in einen anderen Zusammenhang stellen, entdecken wir neue Seiten an uns. Wir werden uns so zunehmend unserer selbst bewußt.

Und je mehr wir uns unserer selbst bewußt werden im weitesten Sinne – und im besonderen im Sinne der kleinen Anna, die am Beginn ihrer Selbstentdeckung steht –, desto deutlicher prägt sich auch die Fähigkeit aus, Freundschaften zu schließen.

Das große, verlockende Fremde verliert dann seinen diffusen Reiz und gewinnt differenziert aufregende Einzelheiten. Ein Mensch wird erkannt, er hat bestimmte Eigenschaften, ein Aussehen, ein eigenes Wesen und Können, weswegen er liebenswert und als Freundin oder Freund begehrenswert ist.

Das Unvertraute verwandelt sich in Vertrautes, möglicherweise sogar in Eigenes, wenn sich Entsprechungen ergeben oder Gemeinsamkeiten anklingen.

Siegfried Sommer

Barfußlaufen

Jetzt da schau her. Da läuft ja noch einer barfuß?" Der alte Mann mit der Eisenbahnermütze bleibt stehen und schaut dem Buben zu, der jetzt auf einem Bein hüpft. Es platscht leise auf dem sonnenwarmen Vorstadtpflaster. Dann setzt sich das Büberl auf die Eingangsstufe vor dem Haustor und rollt genießerisch, aber sachlich mit den engerlingblassen Zehen. Er macht sie locker wie ein Klavierspieler seine Finger. Schließlich probiert er, ob er mit der ersten und zweiten Zehe einen Kieselstein aufheben kann. Es geht. Da verschwindet der kleine Artist in gemäßigtem Trab der frühen Jahre um die Ecke. Wo die andern sind, beim Spielen.

Der alte Mann lehnt sich nun an die kleine Wand der Sandkiste und schaut dem Buben nach, wie einem eigenen entschwundenen Jugendbildnis. Wo wird er wohl jetzt hingelaufen sein und was wird er machen mit seinen nackten kleinen Greifern. Wahrscheinlich wird da irgendwo geschussert. Und er pirscht sich womöglich auf leisen Sohlen an die Zauberkugeln der Kindheit heran und klemmt sich verstohlen eine davon in den Zehenspalt, während er unschuldig pfeifend in den blauen Himmel schaut: „Üb immer Treu und Redlichkeit." Und wenn dann die vertieften Spieler über ihr Kacherl gebeugt sind, winkelt er sicher den Fuß nach hinten auf und nimmt den runden glatten Burschen aus der tückischen Falle. Genau so wie es der Mann mit der Mütze vor sechzig Jahren auch immer gemacht hat.

Ach ja, das herrliche Barfußlaufen. Nach der „kalten Sophie" begann es. Einem Geheimabkommen der Eltern zufolge. Und es dauerte an über alle die Monate, die kein „R" in ihrem Namen hatten. Nur ganz glückliche und ganz arme Kinder durften diese Frist überschreiten. Der Steffi Höppler zum Beispiel, dessen Vater von Verdun nicht mehr heimkam. Der stellte einmal einen Rekord auf, der nie wieder gebrochen wurde. Er ging noch an einem Novembertag barfüßig in die

Schule, und auf dem Heimweg hatte es bereits geschneit. Ehrfürchtig und voll leisem Neid folgte die halbe Klasse erschauernd seinen Spuren. Am andern Tag war der Steffi krank. Aber nicht wirklich. Nur weil nämlich sein einziges Paar Schuhe noch beim Schuster waren. Bis sie die Witwe schließlich mit bittenden Worten, aber ohne Geld, auslösen konnte.

„Renga renga tropfa, d'Madln muaß ma schopfa": Der träumende Lebensveteran sieht sich mit den anderen vom Haus durch die frischen Regenlachen platschen, die Mädchen mit züchtig gerafftem Röckerl. Wie das spritzte! Und wie der Baaz nachher beim „Dreeglaggaschpuin" wohlig kitzelnd durch die Zehenlücken quoll. Wie weicher dunkler Pfannenkuchenteig. Und wie der Verwalter-Karli weinte, weil er etwas Besseres war und deshalb die Schuhe nie ausziehen durfte. Weil seine Mutter doch Angst hatte, er könnte sich irgendwie verletzen an einem rostigen Nagel oder einer Scherbe. Der arme Teufel. Später nahmen sie ihm dann alle zwei Beine ab. Als Major bei den Pionieren. Eine Mine war's, auf die er trat.

Und überhaupt, ein Kind, das nicht barfußlaufen durfte, das war von vorneherein um die schönste Freude der Einmaleins-Zeit betrogen und außerdem schwer im Nachteil. Und es waren nicht nur die acht Millimeter der Stiefelsohlen, die es vom natürlichen Leben trennten. Nein, es konnte doch einfach nie einen richtigen Kontakt kriegen. Mit der guten Mutter Erde. Der Mann an der Kiste mußte jetzt daran denken, daß er einmal gelesen hatte, eine berühmte französische Schriftstellerin würde nur barfüßig in ihren starken Rennwagen steigen. Damit sie die Kraft des Motors mit jeder Fiber fühlte. Na ja, das war vielleicht schon ein wenig spinnert, aber recht hatte sie doch, die Mademoiselle.

Ja, was die Vorteile der boxkalflosen Kaste anbelangte, die waren überhaupt nicht zu übersehen. Beim Kraxeln auf die Bäume zum Beispiel konnte man sich doch an jeder Rindenwarze einkrallen. Auch das Balancieren auf den schmalen Anlagengeländern ging da viel leichter. Vom Anschleichen beim Indianerspielen gar nicht zu reden. Und vom Davonlaufen vor dem Hausmeister. Mit keinem Spezialschuh war man außerdem als Fußballer in der Lage, so zu gabeln, zu schlenzen und zu dribbeln wie mit den nackten Zehen. Freilich, einen kleinen Nachteil brachte das Barfußlaufen schon auch mit sich. Die Füße mußte man sich halt jeden Abend waschen. Sonst schlug sich der „Grind" dazu. Jedoch wurde die Zeit, die man mit der Fußwaschung verbrachte, wieder dadurch aufgewogen, daß man dafür keine Schuhe zu putzen hatte.

Doch eines Tages war die schöne Barfußzeit auf einmal vorbei. „Und der Mensch wurde seiner Blöße gewahr und schämte sich sehr", wie es schon bei der Vertreibung aus dem Paradiese heißt. Und auch diesmal wieder waren hauptsächlich die Mädchen schuld, weil sie auf einmal nicht mehr mitmachten, und ihre Spatzenwadl und Latscher in blöde Strümpfe und Spangenschuhe verpackten. Und da mußten auch die heranwachsenden Jünglinge ihre Untermänner in massive Haferlschuhe stecken. Auch wenn es noch so heiß war.

Und so bringt sich der Mensch immer wieder selber um die schönsten Genüsse, denkt der Träumer an der Sandkiste. Und erst dann, da doch alles eitel war, dann darf man vielleicht auch wieder ein bißchen barfuß laufen. Und im Wasser platschen und in regennassen Wiesen herumhüpfen.

Aber dann muß man halt leider meistens schwer bezahlen dafür. In einem Kneippkurort nämlich.

Sie wird Rosen pflücken

(Indianisch)

Dieses kleine Mädchen
wurde geboren,
um wilde Rosen zu pflücken.

Wurde geboren,
um den wilden Reis zu schütteln
mit seinen kleinen Fingern;
um den Saft
des jungen Schierlings
im Frühling zu sammeln.

Dieses Kind
wurde geboren,
um Erdbeeren zu pflücken,
um Körbe zu füllen mit Blaubeeren,
mit Soapberries und Holunderbeeren.

Dieses kleine Mädchen
wurde geboren,
um wilde Rosen zu pflücken.

(Tsimshiam)

Gertrud Kaufmann-Huber

„Auf der Alp“ – Weggehen und Wiederkommen

Die zweieinhalbjährige Elisabeth, jüngstes von vier Geschwistern, war auch das jüngste Kind in einem schweizerischen Bergdorf. Jedermann kannte die lustige Kleine, die in den Häusern ein- und ausging, als sei sie überall zu Hause. Es war also möglich, dem Kind einen großen Freiraum zu gestatten. Der Bruder von Elisabeth ging in den Kindergarten, der sich neben der Kirche mitten im Dorf befand. Es war für die Kleine schwer zu verstehen, daß sie, die überall zu Hause war, ausgerechnet nicht in den Kindergarten gehen durfte. Wenn sie im Garten spielte, hörte sie den Gesang der Kinder. Ein Lied gefiel ihr besonders gut. Es hieß: „Auf der Alp ist ein herrliches Leben.“ Das Mädchen wußte nicht, was eine Alp ist, ein herrliches Leben war schon eher vorstellbar. Elisabeth entwickelte nun folgendes Ritual: Sie füllte ihren Puppenwagen mit ihren liebsten Sachen, schlüpfte in ihre Stiefel und verabschiedete sich mit großem Lamento von ihrer Mutter, welcher sie befahl zu weinen. Dann zog sie los und ging zur nahegelegenen Kirche, um dort ihre Schätze auszubreiten und zu spielen. Nach geraumer Zeit, das konnte eine Stunde dauern, packte sie den Wagen wieder sorgfältig ein und fuhr ihre Habe nach Hause, wobei sie von ihrer Mutter einen überaus freudigen Empfang verlangte. – Man kann sich nun fragen, ob das ein Spiel oder ein Ritual war. Ich meine, das war ein richtiges Ritual, erfunden von einem Kind, das sich ausgeschlossen fühlte und sich so eine eigene herrliche Welt erschuf.

Ein Spiel unterscheidet sich insofern von einem Ritual, als es sich wandeln kann, so daß immer neue Möglichkeiten und Spielweisen dazukommen. Ein Ritual läuft immer genau gleich ab und wirkt auf den Außenstehenden fast langweilig. Die Mutter von Elisabeth erzählte, immer wenn die Kleine übellaunig war und quengelte, habe sie ihr vorgeschlagen, auf die Alp zu gehen. Das sei ein gutes Mittel gewesen, um das Kind zu beruhigen. Im Ritual übte das Kind die Trennung von der Mutter, die weinen mußte, und die Wiederannäherung an die Mutter, die große Freude zeigen mußte. Wichtige psychologische Erkenntnisse wurden von diesem Kind auf ganz einfache Art dargestellt.

Ich bin sicher, daß alle Kinder auf dieser Altersstufe schon „ihr Ritual“ haben, wir Erwachsenen müssen nur genau hinschauen und es zulassen. Vielleicht können wir es dann nutzen, wenn sich das Kind wieder einmal „schwierig“ verhält.

Rudolf Kaiser

Das erste Lachen

Wenn ein Kind zum erstenmal richtig lacht, ist das bei den Navajo für die ganze Familie ein frohes Ereignis. Dieses wird häufig durch eine Feier begangen, bei der Geschenke verteilt werden. Der wichtigste Gegenstand dieses Verschenkens bei den Navajo ist Steinsalz. Dieses wird in ein Zeremonialkörbchen gelegt, und die anderen Geschenke werden daraufgepackt. Dann wird das Kleinkind hingesetzt, und seine Hand wird offen gehalten. Man nimmt dann etwas Steinsalz zusammen mit einem anderen Geschenk und berührt damit die innere Handfläche des Kindes. Diese Geschenke werden dann – gewissermaßen von dem Kind – an die Gäste verteilt.

Der Navajo-Indianer Hanley weiß genau, wie es mit seinem ersten Lachen war:

„Im Winter, als ich vier Monate alt war, wurde ich nach draußen in die warme Sonne getragen. Die Tiere kamen nach Hause. Ich sah zwei kleine Ziegenböcke. Sie bäumten sich auf und prallten dann mit ihren Hörnern aufeinander. Plötzlich lachte ich zum erstenmal. Sofort sagten meine Eltern, daß sie ein kleines Fest für mich veranstalten wollten.

Der Grund, warum man das beim ersten Lachen tut, ist, damit das Kind sich in Zukunft nicht selbstsüchtig verhält. So wurde eine Ziege geschlachtet, in Stücke geschnitten und diese dann an die Nachbarn verschenkt, die so die Nachricht von meinem ersten Lachen erhielten. Mit Hilfe der Erwachsenen verteilte ich selbst das Fleisch an die Leute. Dabei hielt ich die ganze Zeit das Steinsalz in eine meiner kleinen Hände gepreßt. Sofort danach machten die Menschen Feuer und begannen das Fleisch zu grillen. Dieses also wurde für mich getan."

II
Spielereien und Entdeckungen

Ein Stück Land

(Indianisch)

Als ich ein Kind war,
gab es ein Stück Land,
auf dem wir Kinder spielten.

Wir lachten vor Freude
und hatten unseren Spaß.
Wir liefen frei darauf herum,
wie die Möwe,
die hoch in den Himmel fliegt.

Wir kümmerten uns nicht
um den Widerstreit des Lebens,
der draußen in der Welt ablief.
Wir dachten nur
an unsere frohen Spiele
auf dem Stück Land,
an das ich mich so gut erinnere.

Das Stück Land
war ebenso frei und offen
wie der weite Himmel über uns.
Es war da für uns,
um darauf zu spielen.
Es war da für jeden,
um es zu benutzen.

Aber jetzt,
inmitten dieses Umbruchs,
hat man ein Haus aus Beton
darauf errichtet.
Einen Zaun hat man gezogen,

damit wir es nicht mehr betreten können
ohne Erlaubnis der Behörden,
die diesen Klotz aus Beton errichteten,
der uns keine Freude bereitet,
wenn unsere Augen ihn erblicken.

Diejenigen,
die diesen Betonklotz errichteten,
fragten mein Volk gar nicht,
ob sie das Land haben könnten.

Sie kamen einfach
und begannen, das Land zu begutachten.
Und wir fragten uns,
warum sie es vermaßen
und warum sie Holzpfähle in den Boden schlugen.

Und als sie anfingen,
das Stück umzugraben,
da fragten wir uns,
ob sie Gräber aushoben
oder wertvolle Steine suchten,
die dich zum reichsten Mann auf Erden machen können
– so hatten wir gehört.

Das Gebäude aus Beton
steht noch auf dem Stück Land,
das bei mir Erinnerungen weckt an die Freude,
die wir als Kinder empfanden,
wenn wir darauf spielten,
uns darauf tummelten
frei wie die Möwe,
die hoch in den weiten Himmel fliegt.

Heute spielt niemand mehr darauf …

(Alootook Ipeelie)

Rafik Schami

Verlorene Joker

Lesen ist oft ein harmloser Zeitvertreib, doch manchmal geschehen dabei wundersame Dinge. Ich erinnere mich an viele solcher Augenblicke, in denen der Körper leicht wurde und durch die Zeilen hindurch in das Geschehen eintauchte. Ich schwebte wie eine Feder durch Jahrzehnte und Länder zurück zu meiner Gasse im Damaskus der fünfziger Jahre. Ich sah mich kniend und mit der letzten verbliebenen Murmel auf eine andere Murmel zielen. Ich spürte mein rasendes Herzklopfen. Unter den Kindern herrschte explosive Ruhe. Ich hatte einen schlechten Tag, und diese Murmel war meine letzte Chance. Meine Hand verzauberte sich durch meine Hoffnung, ich traf die Murmel aus fast drei Meter Entfernung und gewann über zehn weitere. Der Tag war gerettet.

Damals gehörte die Straße mit all ihren Geheimnissen und Abenteuerecken uns Kindern. Sie war wie eine verschlossene Muschel, die Kennern manchmal eine Perle freigibt. Heute birgt die Straße keine Geheimnisse mehr, die Erwachsenen haben die Straßen beschlagnahmt, sie begradigt und erweitert und so ihren Zauber zerstört. Bleich und formlos wie eine verwitterte Muschelschale liegt sie nun da, offen und leer. Damals hatte jede Gasse ihren eigenen Geruch, hatte Charakter und Winkel, keine glich der anderen. Unsere Straße roch nach Anis, da es inmitten der Häuser ein Anislager gab. Ein alter Mann mit O-Beinen verbracht den ganzen Tag damit, Anis zu sieben und in große Säcke zu füllen. Er war seit seinem zehnten Lebensjahr beim Anishändler angestellt. Von Jahr zu Jahr wurde der Mann kleiner und sah grüngrau wie die Aniskörner aus, wenn er bei Sonnenuntergang nach Hause ging. Mit der Zeit sah er auch schon grüngrau aus, wenn er am Morgen kam. Und wurde immer kleiner, bis er eines Tages verschwand. Meine Großmutter sagte, er sei inzwischen so klein geworden, daß er durch das Sieb fiel, in einen Sack verpackt und ins Ausland verschickt wurde.

Vielleicht waren wir nie so satt, gegen jeden Schaden so sicher und versichert wie die heutigen Kinder, doch uns gehörten die Straßen. Wir verlängerten die Kindheit, so weit es ging, während heute die Welt voller Pläne steckt, wie man Kinder am schnellsten zu Erwachsenen macht. Kindheit aber ist kein Zeitabschnitt. Kindheit ist ein Lebewesen, das nun nach und nach wie so viele liebenswerte Lebewesen ausgerottet wird. Die Kinder der Welt gehören ihren Völkern nicht. Sie sind ein über den Erdball verstreutes Volk, das nun, besiegt durch die Erwachsenen-Völker, unter den Bedingungen des Siegers lebt. Dieser Gedanke kommt mir immer wieder, wenn ich durch deutsche Städte gehe und Spielplätze sehe: Reservate mit merkwürdigen Konstruktionen aus totem Holz, Kunststoff, Beton oder Stahl. In Damaskus gab es in meiner Kindheit keinen einzigen Spielplatz. Die Stadt war unser Abenteuerplatz.

Schatzkammern, Verstecke und Geheimtreffpunkte bot meine Gasse. Das Haus neben der Pauluskirche war der Mittelpunkt unserer Kinderbande. Es gehörte einem Mann, der sein Glück in Brasilien versucht hatte und irgendwo im tropischen Wald verschwunden war. Der herrenlose Garten dieses Hauses war die beliebteste Schatzkammer der Kinder. Hier versteckte ich alle Spielgewinne, die ich nicht mit nach Hause nehmen durfte, da meine Eltern diese Schätze nur als Abfall empfanden. Wir sprachen dieselbe Sprache, doch wir gehörten zwei verschiedenen Völkern an. Meine Schätze, ob Dattelkerne, Kronkorken oder Heftblätter, die mir ungeheures Ansehen brachten und Freude bereiteten, erzeugten bei meinen Eltern nur eine verkrampfte Miene und den Satz: „In die Mülltonne damit!"

Neben Aramäisch und Arabisch lernte ich in der Schule Französisch und Englisch. Auf der Gasse aber brachte mir mein Freund Nader eine Geheimsprache bei, die wir bald so meisterlich beherrschten, daß keiner uns verstand. Welch ein Glück! Die Erwachsenen schauten uns verwirrt und hilflos an. In solchen Augenblicken war ich ein Astronaut von einem anderen Planeten.

Alles konnte man auf der Straße finden: Trauer, Freude, Schmerz, Krieg, Frieden, Freundschaft, Feindschaft. Nur eins nicht: Langeweile. Wir veränderten uns ständig und die Straße mit uns, kein Baum, kein Hinterhof und kein Versteck blieben gleich durch die Jahre. Und nichts verlor seinen Zauber, weil er immer erneuert wurde, weil wir ihn immer anders erlebten.

Es war nicht so, daß wir auf den Gassen, Hinterhöfen und Dächern in einem asozialen, süßlich-rosaroten Raum umherirrten. Die Straße hatte ihre strengen sozialen Regeln, sie war meine Erzieherin, erst an zweiter Stelle kamen meine Eltern. Zusammen mit jüngeren und älteren Kindern lernte ich Verantwortung zu tragen, die Grenzen der Freiheit und die Grundregeln des Umgangs und übte mich in vielen Künsten: Diskutieren, Schlichten, Singen, Verse rezitieren und, wenn es darauf ankam, welche erfinden, Erraten von Zahlen, Namen und Orten, Kartenspielen, Zaubern und – Erzählen. Aber nicht nur unser Kopf erforschte behutsam die Geheimnisse und Fertigkeiten der Welt, sondern vor allem unser Körper: Kämpfen, Klettern, Purzelbaumschlagen, Bogenschießen, Drachensteigen, Reifenrennen, Fangen und Umarmen. Der Körper lernte zu sprechen, Freude und Schmerz auszudrücken. Vielleicht liegt es ja am Verschwinden der Kinderspiele in den industrialisierten Ländern, daß immer mehr Erwachsene nur mit dem Mund sprechen, während der Körper stumm und lahm bleibt. Allein der Alkohol befreit sie aus ihrem Schlaf, und sie holen ungelenk und grobschlächtig nach – ob als Tätscheln, Schubsen, Umarmen oder Balgen –, was sie als Kinder versäumt haben.

Als ich vor vierzig Jahren auf der Gasse spielte, hatte jede Saison ganz streng ihr Spiel. Wer festlegte, wann die Zeit eines bestimmten Spieles begann und wann sie endete, blieb ein Geheimnis der Kindheit. Einzig Murmelspiele waren als Brücke zwischen allen Jahreszeiten zugelassen.

Das Jahr eröffnete unser Spiel mit Nüssen, Oliven- und Dattelkernen im Winter. Nüsse konnte der Gewinner später essen, Oliven- und Dattelkerne der Brikettfabrik bringen. Sie brannten gut und brachten uns ein paar Piaster. Ich aber liebte besonders ein Spiel, weil ich nur bei diesem Spiel die Möglichkeit hatte, bei Samira, einem schönen dunkelhäutigen Mädchen aus der Nachbarschaft, lange zu liegen. Ich habe immer dabei gemogelt. Man sollte die Liegenden kitzeln, um sie zum Lachen zu bringen. Ich aber lag neben Samira und streichelte sie, und sie lächelte und blieb still.

Kurz vor Ostern spielte man mit gekochten Eiern und dehnte die

Zeit oft bis auf drei Wochen nach dem Fest aus. Länger nicht, denn danach begann das Spiel mit den Aprikosenkernen, die sehr begehrt waren, da sie viel Geld brachten. Es gab da die teuren, süßen Kerne, die zu einer mandelähnlichen Masse verarbeitet wurden; aus den etwas kleineren, bitteren Kernen wurde Öl gepreßt.

Dann flogen irgendwann die Bälle aus den Häusern, und wir folgten hypnotisiert ihren Sprüngen, um die in den Wintermonaten aufgestaute Energie loszuwerden. Fußball und Basketball waren die beliebtesten Spiele. Heute spielen es die Kinder in meiner Stadt bestimmt immer noch, wahrscheinlich haben sie bessere Bälle und beherrschen die Regeln perfekter, doch unsere „Joker" sind ihnen mit Sicherheit unbekannt. Joker, das waren ein oder mehrere Kinder, die zu klein und zu jung waren und doch gerne mitspielen wollten. Sie durften mit aufs Feld, rannten leidenschaftlich mit, schossen die Bälle kreuz und quer, warfen sich ins Zeug und wurden immer akzeptiert und lieb behandelt, da sie zu keiner der beiden Mannschaften gehörten. Ihre Tore wurden nicht gezählt, sie wechselten die Seiten und lachten vergnügt im Glauben, sie spielten ernsthaft Fußball. Es machte allen tatsächlich großen Spaß mit den Jokern.

War die Schule Ende Juni vorbei, folgte das Papierspiel. Die Schulhefte wurden auseinandergerissen und die Blätter mehrmals gefaltet und gebündelt, so als wären sie Geldscheine. Bücherseiten und Zeitungspapier waren ungültig. Als hätten alle Kinder in Damaskus Zweifel an Sinn und Inhalt der Hausaufgaben, hatte ein unbeschriebenes Blatt den Wert von fünf vollgeschriebenen Blättern. Von weißen Blättern konnte bald nicht mehr die Rede sein, da das Papier von schmutzigen Fingern gefaltet, gebündelt, gezählt und mehrmals beim Besitzerwechsel wütend auf den Boden geschleudert wurde. Es behielt aber seinen Wert bis zum Ende der Ferien. Danach wollte keiner auch nur eine einzige Murmel für eine Tonne gefaltetes Papier geben. Im Winter wurden die Stapel in die Holzöfen gesteckt, denn im kommenden Jahr waren sie wertlos.

Getrickst und geschummelt wurde natürlich bei jedem Spiel. Ich erinnere mich dabei an einen Witz, den die Kinder meiner Gasse erzählten: Jesus, der nicht einmal am Kreuz Wunder wirken wollte, habe beim Spiel doch der Verführung nicht widerstehen können. Eines

Tages im Himmel spielte Jesus gegen Mohammed Backgammon. Als Jesus gegen seinen Rivalen bereits so weit verloren hatte, daß selbst der letzte Wurf ihn nicht hätte retten können, auch wenn er ein Sechser-Pasch gewesen wäre, höhnte Mohammed: „Gib auf, Junge! Da hilft nichts mehr!“ Sein breites Lachen aber gefror, als Jesus die Würfel lässig lächelnd über das Brett warf: zweimal die Sieben! Mohammed kochte vor Wut. „Hör mal gut zu“, fauchte er, „das ist hier kein Wunder, das ist Betrug!“

Bruno Bettelheim

Die ersten Spiele

Als Eltern und Kinder noch dieselben Spiele spielten, verstanden sie sozusagen von selbst den Zweck des Spielens: Bedeutung zu haben und Spaß zu machen. Das gilt noch heute für das primitivste, früheste und daher wichtigste Spiel – für das Spiel des Kleinkinds –, und wehe dem Kind, dem es vorenthalten wird.

Wenn ein Baby seine Rassel aus dem Bettchen wirft und seine Mutter sie ihm wiedergibt, macht das beiden soviel Spaß, daß die Mutter in diesem Augenblick kaum bedenkt, daß ihr Kind dabei eine Antwort auf sehr wichtige Fragen sucht: Kann ich einen Einfluß auf meine objektive Umgebung ausüben, ohne daß das üble Folgen hat für mich? Kann ich meinen Willen durchsetzen und Gegenstände manipulieren, ohne daß ich es büßen muß? Kann ich etwas loswerden, was mich ärgert? Kann ich vorübergehend die Kontrolle über meinen Besitz aufgeben, ohne ihn ganz zu verlieren?

Die Mutter wird auf diese Fragen positiv reagieren, wenn sie sich über die neu erworbene Geschicklichkeit ihres Kindes freut. Dann wird sie es loben und zur Wiederholung anspornen, indem sie ihm die Rassel zurückgibt. Dagegen wird ihre Reaktion negativ sein, wenn sie ungeduldig und ärgerlich wird, und sie wird dadurch dem Kind das Gefühl geben, daß es unartig ist, wenn es versucht, Gegenstände zu manipulieren. Und wenn sie sich weigert, ihm sein Spielzeug zurückzugeben, lehrt sie es, daß man Gegenstände nicht manipulieren sollte, weil das zu ihrem Verlust führen könnte – zu dem objektiven Verlust, daß die Rassel weg ist, und zu dem subjektiven Verlust, daß eine zwischenmenschliche Befriedigung durch eine zwischenmenschliche Frustration ersetzt wird.

Was das Kind bei seinem Spiel zu lernen versucht, ist von so ausschlaggebender Bedeutung, daß es bestimmte Fragen immer wieder neu stellen muß, um sich der Antwort sicher zu sein. Aus diesem

Grund wiederholt es das Spiel mit solcher Ausdauer. Ohne sich dessen im geringsten bewußt zu sein, sucht es Antworten auf einige der tiefgründigsten philosophischen Fragen des Menschen: Gibt es so etwas wie „mich"? Wie kann ich mir meiner Existenz sicher sein? Kann *ich* etwas bewirken? Kann ich mich darauf verlassen, daß es in bezug auf die Welt und meine Person etwas wie Regelmäßigkeit, Dauer und Voraussagbarkeit gibt? Was hat die Welt mit mir vor? Alle diese Fragen werden gestellt und teilweise auch auf der Ebene beantwortet, die dem wachsenden Verständnis des Kindes für die Welt entspricht, das es sich durch sein Spiel und durch die Reaktion anderer auf dieses Spiel und auf sich selbst erwirbt.

Einige dieser Fragen hat es schon zuvor erforscht, wenn es die Augen schloß oder den Kopf wegdrehte und entdeckte, daß es Dinge unsichtbar machen konnte. Dies dürfte der erste Hinweis auf den grundsätzlichen Unterschied zwischen dem Ich und dem Nicht-Ich gewesen sein: Wenn es die Augen schloß oder den Kopf wegdrehte, veränderte es sich selbst nicht, aber das, was sich in seinem Blickfeld befunden hatte, verschwand. Deshalb besaß das keine Dauer, während es selbst sie besaß. Die Augen zu schließen und den Kopf wegzudrehen, sind daher wichtige Stufen auf dem Weg zur Trennung des „Ichs" vom „Nicht-Ich" und zur Formung des Ichs.

Da das Kind durch das Wegdrehen des Kopfes Dinge zum Verschwinden bringen kann, lernt es, den Kopf wegzudrehen, wenn es etwas Unangenehmes sieht und dessen Existenz nicht wahrhaben möchte. Wenn sich später die Sprache entwickelt, bildet sich aus dieser Reaktion der Begriff *Nein*. Daß dieses Wegdrehen des Kopfes der Vorläufer von *Nein* ist, erkennt man darin, daß in unserer Kultur Kopfschütteln stets gleichbedeutend mit Neinsagen ist.

In seiner frühesten Form besteht das *Guck-Guck-Spiel* darin, daß jemand ins Gesichtsfeld eines anderen gerät und wieder daraus verschwindet, daß er in kurzen Abständen seine Augen bedeckt und wieder aufdeckt. Das Baby hat deshalb soviel Spaß daran, weil es entdeckt, daß der Mitspielende nicht verschwunden ist, auch wenn er zeitweise unsichtbar war. Auf einer fortgeschritteneren Stufe kommt das Sichnähern und Sichentfernen hinzu, und es entsteht das *Versteckspiel*. Bei diesem Spiel entdeckt das Kind das Wesen menschlicher

Beziehungen: Noch bevor es in der Lage ist, es in Worte zu fassen, begreift es, daß – obwohl die anderen konstant und dieselben bleiben – wir uns ihnen nähern oder uns auch von ihnen entfernen können. Die Entdeckung, daß nicht nur das Kind selbst einen anderen verschwinden lassen kann, indem es den Kopf abwendet oder die Augen schließt, sondern daß auch der andere sich nach Belieben entfernen kann, ist eine der größten Enttäuschungen der frühen Kindheit, die das Kind durch eine Reihe von Spielen zu überwinden versucht.

Freud hat beschrieben, wie ein kleines Kind ein Spielzeug unters Bett schob, um es dann wieder hervorzuheben, und dies immer wieder in scheinbar endlosen Wiederholungen, wobei es ihm darum ging, sich zu überzeugen, daß Dinge, die verschwinden, nicht unbedingt für immer weg sind, sondern daß sie zurückkommen können, ja, daß das Kind sie selbst zurückholen kann. Diese spezielle Kindheitsangst ist durch die Abwesenheit der Mutter entstanden. Durch sein Spiel erwirbt sich das Kind die Gewißheit, daß auch die Mutter – genauso, wie sein Spielzeug verschwinden und dann wieder auftauchen kann – eine Zeitlang weggehen und dann wieder zu ihm zurückkommen kann. Ausschlaggebend bei diesem Spiel ist, daß das Kind einmal versucht, sich davon zu überzeugen, daß seine Mutter nicht für immer verschwunden ist, auch wenn es sie nicht sehen kann, und zum zweiten, daß es zwar das, was die anderen machen, nicht unter Kontrolle hat, daß dies aber nicht so verheerende Folgen haben muß, wie es zunächst befürchtete. Außerdem lernt es, daß es Ereignisse, die es selbst herbeigeführt hat, tatsächlich unter Kontrolle behalten kann und – was ebenso wichtig ist – daß ein Unterschied besteht zwischen Ereignissen, die es selbst herbeiführen konnte, und solchen, die außerhalb seiner unmittelbaren Einflußsphäre lagen. Wenn es auf erstere Einfluß nehmen konnte, nimmt das letzteren großenteils den Stachel. Noch viele andere selbsterfundene Spiele dienen ebenfalls der Erkundung und Rückversicherung.

Von diesen selbsterfundenen Spielen, die das Kind mit sich allein spielt, unterscheiden sich Spiele, die eine Mutter mit ihrem Baby spielt. Es ist dies die erste Einführung des Kleinkinds in seine Kultur und in den Prozeß der Kommunikation. Wenn die Mutter mit ihrem Baby *Guck-Guck* und *Wo ist das Baby* spielt, kommt der Augenblick, in dem das Kind anfängt zu begreifen, daß das Spiel der Kommunikation dient, und es spielt nun selber in diesem Sinn mit. Begeistert darüber, daß die Mutter das Spiel mit *ihm* spielt, weil sie *ihr Baby* liebt und möchte, daß es mitspielt, tut sie das. Damit beginnt der Kommunikationsprozeß, durch den das Kind den anderen – seine Mutter – und gleichzeitig sich selbst entdeckt. Diese Entdeckung bildet die Grundlage für unsere bewußten Interaktionen, wenn auch in ihrer rudimentärsten Form. Es ist die wesentliche Basis, auf der sich jede spätere Kommunikation aufbaut, da es die Beobachtung voraussetzt, daß eine Person sinnvoll mit einer anderen interagieren kann. Diese Gegenseitigkeit nimmt zwar bereits in der Still-Situation ihren Anfang, doch ist das, was sich dabei abspielt, noch weitgehend unbewußt. Beim *Guck-Guck-Spiel* und ähnlichen Spielen zwischen Mutter und Kind wird die Gegenseitigkeit zum bewußten Erlebnis. Der glückliche Gesichtsausdruck des Babys und die fröhlichen Laute, die es von sich gibt, machen der Mutter zusätzlichen Spaß und motivieren sie, das Spiel mit noch größerer Begeisterung fortzusetzen. Das Kind merkt, daß sein Verhalten die Ursache ist und daß es seiner Mutter etwas mitgeteilt hat – etwas, worauf sie geantwortet hat, und zwar so, wie es sich das wünscht.

Wie wichtig ein solches Spiel für die Ausbildung des Selbstwertgefühls ist, erkannte ich bei einem achtjährigen autistischen Mädchen. Wie so oft, ermöglichte die schwere Pathologie ihres Falls, ein Phänomen zu beobachten, das man auch bei normalem Verhalten feststellen kann, jedoch hier wie unter einem Mikroskop oder unter grellem Scheinwerferlicht. Das Mädchen hatte praktisch sein ganzes Leben lang nicht gesprochen. So sehr man sich um sie bemühte, ließ sie niemanden körperlich oder mit Worten an sich herankommen und reagierte überhaupt nicht auf ihre Umwelt. Sie wies alle Bemühungen zurück, mit ihr in Kontakt zu kommen. Wenn sich ihr jemand näherte, war ihre Reaktion ein zorniges, erschrecktes Zurückweichen.

Es dauerte länger als ein Jahr, in dem wir ihren Wunsch, in Ruhe gelassen zu werden, sorgsam respektierten, während wir uns die ganze Zeit Mühe gaben, sie zärtlich und liebevoll zu umsorgen, bis sie endlich ihre völlige Isolierung ein wenig aufgab und gelegentlich eine Annäherung zuließ, wenn sie auch immer noch nicht sichtbar darauf reagierte. Unter all den verschiedenen Annährungsversuchen, mit denen wir an sie heranzukommen versuchten, reagierte sie schließlich nur auf einen: auf ein einfaches Spiel, das Merkmale des *Versteckspiels* und des Spiels *Wo ist das Baby* enthielt und bei dem ich eifrig „suchte" und meiner Freude Ausdruck verlieh, wenn ich sie fand. Obwohl sie die ganze Zeit über sichtbar war, gab ich eine Zeitlang vor, sie nicht zu sehen, so daß ich mich freuen konnte, wenn ich sie „entdeckt" hatte. Schließlich versteckte sie sich tatsächlich hinter einem Vorhang und lugte sogar hervor, wobei sie das nachahmte, was ich unzählige Male mit meinem Suchspiel getan hatte. Als wir dieses Spiel eine Zeitlang gespielt hatten, erlaubte sie mir, sie zärtlich an mich zu drücken. Daraufhin gab ich meiner Freude, sie gefunden zu haben, noch lauteren Ausdruck – und meine Freude darüber war ja auch groß und echt, besonders darüber, daß sie den engen körperlichen Kontakt zugelassen hatte, ohne sofort zurückzuschrecken. Wir spielten dieses Spiel immer wilder, und sie ließ sich auch weiterhin umarmen. Als ich sie eines Tages so in den Armen hielt, sprach sie zum erstenmal einen ganzen Satz – den ersten Satz ihres Lebens –, sie sagte nur, was sie von mir wollte.

Dieses kleine amerikanische Mädchen, das zur psychoanalytischen Behandlung zu uns nach Wien gebracht worden war, hatte bis zu dem Zeitpunkt bereits anderthalb Jahre mit uns zusammengelebt. Da sie nicht sprach, hätte es keinen Sinn gehabt, mit ihr und in ihrer Gegenwart Englisch zu reden. So kam es, daß sie, seit sie in Wien war, nur deutsch angeredet worden war und nur Deutsch gehört hatte. Trotzdem sagt sie ihren ersten Satz in perfektem Englisch: *„Give me the skeleton of Washington"* (Geben Sie mir Washingtons Leiche). Die Tragödie ihres Lebens bestand darin, daß der Vater unbekannt war, und zwar nicht nur ihr, sondern aufgrund sehr seltsamer Umstände auch ihrer Mutter. Diese hatte aus diesem Grund das Kind abzutreiben versucht, und zwar im vierten Monat, weil sie erst da bemerkte, daß sie schwanger war.

Nach der Geburt wünschte sie, das Kind wäre nie geboren worden, damit es nicht – so sah sie es in dieser Zeit – ihr Leben zerstöre. Erst als das Mädchen fünf Jahre alt war, bekam sie ein schlechtes Gewissen und versuchte alles, ihrem Kind zu helfen. Ihre verzweifelten Bemühungen, sie von den besten Fachkräften der Vereinigten Staaten behandeln zu lassen, scheiterten, und der Fall wurde für hoffnungslos erklärt. So kam sie schließlich nach Wien, und Anna Freud sagte ihr, nur in einer psychoanalytisch orientierten Umgebung bestünde noch Hoffnung für ihre kleine Tochter. Meine Frau und ich boten ihr diese Umgebung. Es bleibt ein Rätsel, wie das Kind es erfahren hat, daß ihre Schwierigkeiten daher rührten, daß es nicht wußte, wer sein Vater war. Aber in ihrem ersten Satz sagte sie, daß sie einen Vater brauche, und da sie ein amerikanisches Kind war, das keinen eigenen Vater hatte, konnte sie als Lösung ihres Problems nur an die Vaterfigur ihres Heimatlandes denken. Da ihr unbekannter Vater das streng gehütete Familiengeheimnis war, das man im Englischen als *„skeleton in the cupboard“* (auf deutsch: Leiche im Keller) bezeichnet, bat sie um Washingtons Leiche.

Zu beachten ist dabei, daß die Kleine, als sie mir sagte, was sie von mir haben wollte, nicht nur zum erstenmal in ihrem Leben sprach, sondern daß sie es in einem vollständigen Satz tat, daß sie dabei das Personalpronomen „mir“ benutzte und mich mit meinem Namen ansprach. Das ist deshalb bemerkenswert, weil autistische Kinder, selbst nachdem sie zu sprechen anfangen, keine Personalpronomen benutzen. Danach gab sie das Sprechen nie mehr ganz auf, wenn sie sich auch noch geraume Zeit nur selten der Sprache bediente.

Dieses Mädchen, das bis dahin jeden Kontakt mit der Außenwelt verweigert hatte, gelangte dadurch zu einem rudimentären Ich, daß es *Guck-Guck* spielte, dabei den Mitspieler erkannte und ihm etwas mitteilte, was von größter Bedeutung für es war. Durch das *Guck-Guck*-Spielen und das andere Spiel, bei dem ich sie „suchte“, merkte sie, daß *sie* es war, die sich versteckte, daß *sie* es war, die gesucht und gefunden wurde. Diese Spiele ermöglichten es ihr, sich selbst und gleichzeitig die Welt anderer Menschen zu finden. Durch das Spiel hatte sie Anschluß an die Welt gefunden. Und durch das Spiel konnte sie auch hoffen, das zu bekommen, was sie so verzweifelt brauchte.

Man erwirbt dieses Selbstwertgefühl, und man erlebt, daß man mit anderen Menschen in Verbindung treten kann, durch das Spielen so einfacher Spiele, aber diese dienen außerdem noch einem anderen wichtigen Zweck. Sie lehren das Kind, daß selbst dann, wenn es seine Mutter vorübergehend aus den Augen verliert, diese Unterbrechung des visuellen Kontakts noch nicht bedeutet, daß auch der emotionale Kontakt unterbrochen ist. Das verzweifelte Suchen der Mutter beim Spiel *Wo ist das Baby* und ihr Entzücken darüber, es gefunden zu haben, zeigen deutlich, daß „aus den Augen" keinen Augenblick lang „aus dem Sinn" bedeutet, sondern daß ganz im Gegenteil die Sehnsucht nach dem Kind bei der Mutter noch größer wird, wenn sie es aus den Augen verloren hat. Es liefert ihm die dringend benötigte Sicherheit, daß der Kontakt nicht verlorengehen wird, was auch immer geschehen mag. Kraft dieses Wissens lernt das Kind, daß es sich nicht immer an Mutters Schürzenband hängen muß, daß es sie ohne Gefahr auch eine Zeitlang aus den Augen verlieren kann. Und die Freude der Mutter, wenn sie ihr Kind findet, und dessen Freude, gefunden zu werden, geben dem Wagnis, sie zu verlassen oder ihr zu erlauben, einen Augenblick unsichtbar zu bleiben, eine positive Dimension.

Wie das *Guck-Guck-Spiel* dem Kind die Sicherheit gibt, daß es nicht verlorengehen und vergessen werden wird, so werden auch noch andere Ängste durch Spiele gemildert, die ihm die Integrität und Wichtigkeit aller Teile seines Körpers demonstrieren. Hierher gehören zum Beispiel Spiele, bei denen man die Zehen oder Finger berühren und benennen muß (Beispiel im Deutschen: „Daumen: Dieses ist das große Schwein, dick und fett und ganz allein. (Zeigefinger): Dieses ist das stolze Pferd, groß und stark und sehr begehrt." Usw.) Diese Spiele zeigen dem Kind, daß sein Körper intakt ist, daß nichts daran fehlt oder übersehen werden könnte. Noch wichtiger ist, daß sie ihm die Sicherheit geben, daß die verschiedenen Teile seines Körpers für seine Mutter von emotionaler Bedeutung sind. Spiele, bei denen das Kind – wie zum Beispiel beim *Versteckspiel* – eine aktivere Rolle spielt, beschwichtigen nicht nur die Angst vor dem Verschwinden, sie helfen ihm auch, sich selbst und die Welt zu meistern. Das *Versteckspiel* ist eines der ältesten und verbreitetsten Spiele der Menschheit. Dabei geht es darum, den Mitspieler zu suchen. Das überzeugt diesen davon, daß er nicht vergessen wird, auch wenn er nicht zu sehen ist, und daß es für alle Beteiligten wichtig ist, ihn zu finden, weil das Spiel – und im übertragenen Sinn das Leben – ohne ihn nicht weitergehen könnte. Eine solche Würde und Sicherheit kann ein „simples" Spiel den Teilnehmern verleihen.

Fatima Mernissi

Spaziergang im Sitzen

Meine Kindheit war glücklich, weil sie kristallklare Grenzen hatte. Die erste davon war die Schwelle, die den Wohnraum meiner Familie vom großen Innenhof trennte. Solange Mutter morgens schlief, durfte ich nicht auf den Innenhof hinaus; das bedeutete, daß ich mich von sechs bis acht Uhr selbst beschäftigen und dabei mucksmäuschenstill sein mußte. Ich durfte mich zwar auf die kalte, weiße Marmorschwelle setzen, aber es war mir verboten, mich meinen älteren Cousinen zuzugesellen, die schon draußen spielten. „Du weißt noch nicht, wie man sich verteidigt", sagte die Mutter. „Selbst das Spielen ist eine Art Krieg." Ich hatte Angst vor dem Krieg, und so legte ich mein kleines Kissen auf unsere Schwelle und spielte *„l-msaria b-lglass"*, wörtlich „Spaziergang im Sitzen", ein Spiel, das ich mir damals ausgedacht habe und selbst heute noch recht nützlich finde. Man benötigt dreierlei, um es zu spielen. Erstens muß man irgendwo sein, von wo man nicht wegkann; zweitens braucht man einen Platz, wo man sich hinsetzen kann; und drittens muß die eigene Gemütsverfassung demütig sein, um die Wertlosigkeit der eigenen Zeit zu akzeptieren. Das Spiel selbst besteht darin, eine vertraute Umgebung so zu betrachten, als sei sie völlig fremd.

Ich saß dann also auf unserer Schwelle und schaute unser Haus an, als hätte ich es nie zuvor gesehen. Vor mir lag der quadratisch strenge, ganz von Symmetrie beherrschte Innenhof. Selbst der unaufhörlich sprudelnde weiße Marmorspringbrunnen in seinem Zentrum schien gezähmt und gezügelt. Der Brunnen war von einem schmalen Fayencefries in Blau und Weiß umsäumt, auf dem sich zwischen den quadratischen Marmorplatten das Intarsienmuster des Bodens wiederholte. Der Innenhof wurde nach seinen vier Seiten hin von auf jeweils vier Pfeilern ruhenden Arkaden begrenzt. Sockel und Kapitell der Säulen waren aus Marmor; die blau und weiß gefliesten Schäfte zeigten noch einmal das Ornament des Brunnens und des Bodens. Hinter den Säulengängen lagen unsere vier großen Wohnräume, die Salons, einander paarweise gegenüber. Sie alle öffneten sich zum Innenhof hin mit einem gewaltigen Portal in ihrer Mitte und riesigen Fenstern links und rechts davon. In den frühen Morgenstunden und im Winter waren die mit reichem Blumenrelief verzierten Zedernholzflügel der Tore zu den Salons fest verschlossen. Im Sommer standen die Türen offen, und es wurden Vorhänge aus schwerem Brokat, Samt und Spitze so vor den Öffnungen drapiert, daß sie den Luftzug durchließen, Licht und Lärm jedoch fernhielten. Innen hatten die Fenster ähnlich geschnitzte hölzerne Läden wie die Türflügel, aber von außen sah man nur silberplattierte schmiedeeiserne Gitter, über die sich Bögen aus wundervoll gefärbtem Glas erhoben. Ich liebte dieses bunte Maßwerk wegen seiner Farbenspiele in der Morgensonne, die das Rot und Blau in immer wechselnden Tönungen erstrahlen ließ, während das Gelb langsam verblaßte. Wie die Türflügel der Portale standen die Fenster im Sommer weit offen; nur nachts und während der Mittagsruhe wurden Vorhänge herabgelassen, damit man ungestört schlafen konnte.

Wenn ich meine Augen zum Himmel erhob, sah ich einen eleganten, zweigeschossigen Bau, dessen Obergeschoß das Quadrat der Innenhofarkaden wiederholte und durch eine Brüstung aus silberplattiertem Schmiedeeisen vervollständigte. Und dann der Himmel selbst, der über allem hing, ebenso streng quadratisch geformt wie alles andere und fest eingerahmt von einem hölzerenen Fries mit verblassenden, gold- und ockerfarbenen geometrischen Mustern.

Es war eine überwältigende Erfahrung, vom Innenhof aus hoch in den Himmel zu schauen. Auf den ersten Blick wirkte er – wegen seines künstlichen, quadratischen Rahmens – ebenfalls gezähmt. Aber dann wurde die Bewegung der frühmorgendlichen, im tiefen Blau und Weiß des Himmels langsam verblassenden Sterne so intensiv, daß sie ganz benommen machte. An manchen Tagen, besonders während des Winters, wenn die purpurnen und grell rosafarbenen Strahlen der Sonne den letzten töricht blinkenden Stern mit Macht vom Himmel verjagten, wurde man fast hypnotisiert. Mit zurückgelegtem Kopf, den Blick auf den quadratischen Himmel gerichtet, war es ein Gefühl wie kurz vor dem Schlafengehen – aber plötzlich strömten dann die anderen auf den Innenhof, von allen Seiten her, aus den Türen und über die Treppen. Oh, ich hätte beinahe die Treppen vergessen. Sie waren in die vier Ecken des Hofes eingepaßt, und sie waren wichtig, weil sie sogar von den Erwachsenen zu einer Art von gigantischem Versteckspiel benutzt wurden, bei dem sie die grün glasierten Stufen hinauf- und hinabliefen.

Mir gegenüber auf der anderen Seite des Innenhofes lag der Salon von Onkel, seiner Frau und seinen sieben Kindern. Er war ein genaues Ebenbild unseres eigenen Wohnraumes. Mutter ließ niemals auch nur die geringste nach außen hin sichtbare Unterscheidung zwischen unserem und Onkels Salon zu, obwohl Onkel der erstgeborene Sohn war. Und er war nicht nur älter als Vater und reicher, sondern seine Familie war auch größer als unsere. Wir waren nur fünf – meine Eltern, meine Schwester, mein Bruder und ich. In der Familie des Onkels waren sie zu neunt oder sogar zu zehnt, wenn man die Schwester seiner Frau mitzählte, die von Rabat aus oft zu Besuch bei uns war und die manchmal – nachdem ihr Mann eine zweite Frau geheiratet hatte – sechs Monate lang blieb. Traditionsgemäß hatte Onkels Familie Anspruch auf größeren und besser ausgestatteten Wohnraum. Aber Mutter – eine Frau, die das Gemeinschaftsleben im Harem haßte, auf ihrem Recht bestand, romantische ägyptische Filme zu sehen, und von einem immerwährenden Tête-à-tête mit Vater träumte – hatte ihr *'azma*(„Krisen")-Arrangement, wie sie es bezeichnete, nur unter der Bedingung akzeptiert, daß zwischen den beiden Frauen keine Unterschiede gemacht werden durften. Trotz der Ungleichheit des Ranges und der Familiengröße kam sie in den Genuß derselben Privilegien wie die Frau meines Onkels. Onkel hielt sich gewissenhaft an diese Übereinkunft, denn in einem gut geführten Harem soll man um so großzügiger sein, je mächtiger man ist. Letzten Endes hatten er und seine Kinder doch mehr Platz, aber nur im Obergeschoß, in sicherem Abstand von dem sehr öffentlichen Innenhof. Echte Macht hat es nicht nötig, sich selbst lärmend zur Schau zu stellen.

Den Salon zu meiner Linken bewohnte Lalla Mani, unsere Großmutter väterlicherseits. Wir gingen nur zweimal am Tag zu ihr, und zwar, um ihr die Hand zu küssen – einmal morgens und einmal abends. Ihr Salon war genauso eingerichtet wie die anderen: seidenbrokatbedeckte Sofas und Polster standen ringsum an allen vier Wänden, ein gewaltiger, in die Mitte der Rückwand eingelassener Spiegel reflektierte das Bild der Innenseite der Eingangstür und ihres wohlüberlegten Arrangements von Vorhängen, und der Boden war vollständig bedeckt von blaßgeblümten Teppichen. Lalla Manis Teppiche mit Pantoffeln oder gar – schlimmer noch – mit nassen Füßen zu betreten, war unter allen Umständen verboten, aber im Sommer fast nicht zu vermeiden, weil dann der Boden des Innenhofes zweimal am Tag mit Wasser aus dem Brunnen gekühlt wurde. Den jungen Frauen der Familie, also Cousine Chama und ihren Schwestern, machte es besonderen Spaß, den Steinboden zu reinigen, indem sie aus dem ganzen Innenhof „La Piscine", ein Schwimmbad, machten. Sie gossen eimerweise Wasser aus, und diejenigen, die sich gerade in der Nähe befanden, wurden „zufällig" naßgespritzt. Das ermunterte natürlich die jüngeren Kinder, besonders meinen Vetter Samir und mich, in die Küche zu laufen und uns dort mit einem Wasserschlauch zu bewaffnen. Wenn wir damit auf dem Hof erschienen, leisteten wir gewöhnlich ganze Arbeit, und alles kreischte und versuchte, uns aufzuhalten. Es war unvermeidbar, daß sich Lalla Mani durch unser Geschrei belästigt fühlte; sie lüftete dann ärgerlich ihre Vorhänge und drohte uns an, sich noch am selben Abend bei Onkel und Vater über uns zu beklagen. Lalla Mani haßte die Wasserspritzerei, und sie haßte nasse Füße. Wenn einer von uns vom Brunnen aus zu ihr gelaufen kam, um mit ihr zu sprechen, befahl sie jedesmal, stehen zu bleiben: „Sprich nicht mit nassen Füßen zu mir", sagte sie dann, „geh und trockne dich erst ab." Für sie war jeder, der gegen das Gesetz der sauberen und trockenen Füße verstieß, für sein ganzes Leben mit einem Makel behaftet. Und wer es tatsächlich einmal wagte, so zu ihr hineinzulaufen und ihren geblümten Teppich zu beschmutzen, wurde noch viele Jahre danach an diese Untat erinnert. Lalla Mani erwartete, daß man sie respektierte, sie also in Ruhe ließ, damit sie elegant gekleidet mit ihrer juwelenbesetzten Kopfbedeckung allein dasitzen und schweigend auf den Innenhof hinausschauen konnte. Sie liebte es, eine schwere Stille um sich herum aufzubauen. Stille war das luxuriöse Privileg der wenigen Glücklichen, die es sich leisten konnten, die Kinder fernzuhalten.

Der größte und elegantestes Salon schließlich lag rechts von mir; es war der Speiseraum der Männer. Dort aßen sie, hörten Nachrichten, besprachen geschäftliche Dinge und spielten Karten. Den Männern war es auch vorbehalten, die große hölzerne Radiotruhe zu bedienen, die sie in der rechten Ecke ihres Salons stehen hatten. Wenn das Radio nicht eingeschaltet war, blieben die Türen seines Gehäuses verschlossen. (Allerdings waren draußen Lautsprecher installiert, damit auch alle anderen zuhören konnten.) Vater war sich sicher, daß er und Onkel die beiden einzigen Schlüssel zum Radio hatten. Dennoch schafften die Frauen es regelmäßig, Radio Kairo zu hören, wenn die Männer außer Haus waren. Zu den Melodien aus den Lautsprechern tanzten sich vor allem Chama und Mutter in eine andere Welt hinein, und zusammen mit Asmahan sangen sie *„Ahwa"*, ich bin verliebt, wenn keiner der Männer in Sicht war. Ich kann mich noch sehr gut erinnern, daß die Erwachsenen Samir und mich zum erstenmal als *„khain"*, Verräter, beschimpften, nachdem wir Vater erzählt hatten, wir hätten Radio Kairo gehört. Vater hatte wissen wollen, was wir getan hätten, während er fort war. Unserer Antwort entnahm er, daß anscheinend ein nicht genehmigter Schlüssel in Umlauf war. Oder genauer, daß die Frauen den Schlüssel gestohlen und eine Kopie gemacht hatten. „Wenn sie den Schlüssel des Radios nachgemacht haben, dann werden sie auch bald einen machen, um das Tor zu öffnen", grollte Vater. Eine große Auseinandersetzung war die Folge, und die Frauen wurden eine nach der anderen im Salon der Männer befragt. Aber als Ergebnis des zweitägigen Verhörs stellte sich nur heraus, daß der Schlüssel für das Radio wohl vom Himmel gefallen sein mußte. Niemand wußte, wo er hergekommen war.

Gleichwohl nahmen die Frauen nach dem Verhör Rache an uns Kindern. Sie sagten, wir seien Verräter und wir dürften nie mehr an ihren Spielen teilnehmen. Das waren erschreckende Aussichten, und wir verteidigten uns damit, daß wir ja nichts anderes getan hätten als die Wahrheit zu sagen. Mutter gab scharf zurück, daß es Dinge gebe, die zwar wahr seien, die man aber trotzdem nicht sagen dürfe, sondern für sich behalten müsse. Und sie fügte hinzu, daß es nichts mit Wahrheit und Lüge zu tun habe, etwas zu sagen oder nicht zu sagen. Wir baten sie natürlich, uns zu erklären, wie wir denn feststellen könnten, was man sagen dürfte und was nicht. Sie gab uns jedoch keine hilfreiche Antwort. „Ihr müßt selbst beurteilen, welche Folgen eure Worte haben", sagte sie. „Wenn das, was ihr sagt, jemandem schaden kann, dann seid lieber still." Nun, das half uns kein bißchen. Der arme Samir! Er haßte es, Verräter genannt zu werden. Er lehnte sich dagegen auf und schrie, er sei frei zu sagen, was er wolle. Wie gewöhnlich bewunderte ich seine Kühnheit sehr, verhielt mich selbst aber ruhig. Ich erkannte wohl, daß sich meine Verwirrung verstärken würde, wenn ich nun zusätzlich zu dem Versuch, den Unterschied zwischen Wahrheit und Lüge herauszufinden (was mir schon große Mühe machte), auch noch diese neue Kategorie des „Geheimnisses" beachten mußte. Ich würde mich damit abfinden müssen, oft beleidigt und als Verräterin bezeichnet zu werden.

Es gehörte zu meinen allwöchentlichen Vergnügungen, Samir bei seinen Meutereien gegen die Erwachsenen zu bewundern, und ich hatte das Gefühl, daß mir nichts Böses passieren konnte, wenn ich mich nur an ihn hielt. Samir und ich sind am gleichen Tag geboren, an einem langen Nachmittag im Ramadan[1], kaum eine Stunde auseinander. Zuerst kam er im Obergeschoß als siebtes Kind seiner Mutter zur Welt. Eine Stunde später wurde Mutter in unserem Salon im Erdgeschoß von mir entbunden. Ich war ihr erstes Kind, und obwohl Mutter erschöpft war, bestand sie darauf, daß meine Tanten und Verwandten für mich die gleichen feierlichen Rituale zelebrierten wie für Samir. Sie hatte die Überlegenheit des Mannes immer als Unfug und völlig antimuslimisch abgelehnt. Das Haus, so erinnerte sie sich später, erzitterte an diesem Nachmittag ein zweites Mal bei dem traditionellen *you-you-you-you*[2] und den festlichen Gesängen, und die irregeführten Nachbarn glaubten schon, es seien zwei Jungen geboren worden. Vater war völlig begeistert – ich war sehr kräftig, mit einem runden Gesicht „wie ein Mond" –, und er erzählte jedem, daß ich eine große Schönheit werden würde. Um seine Begeisterung zu mäßigen und ihn etwas aufzu-

[1] Ramadan heißt der heilige, neunte Monat des muslimischen Kalenders, in dem von Sonnenaufgang bis Sonnenuntergang gefastet wird.

[2] *you-you-you-you* ist ein Freudenruf, den die Frauen bei glücklichen Ereignissen wie Geburt und Hochzeit anstimmen, aber auch bei alltäglicheren Anlässen wie der Fertigstellung einer Stickerei oder wenn sie ein Fest für eine alte Tante geben.

ziehen, stellte Lalla Mani fest, daß ich etwas zu blaß sei und wegen der zu hohen Wangenknochen etwas zu schrägstehende Augen habe, während Samir, wie sie sagte, „eine wundervoll goldene Bräune und die größten, schwarzen Samtaugen" habe, „die man je gesehen hat." Mutter erzählte mir, sie habe nichts erwidert, sei aber hinübergeeilt, sobald sie sich wieder auf ihren Füßen halten konnte, um zu sehen, ob Samir wirklich Samtaugen hatte. Er hatte tatsächlich welche. Er hat sie immer noch, aber die samtene Sanftheit verschwindet, wenn er in einer seiner aufrührerischen Stimmungen ist. Ich fragte mich immer, ob seine Neigung zu den gewaltigen Sprüngen, wenn er eine Revolte gegen die „Ungerechtigkeit" der Erwachsenen anzettelte, nicht vielleicht einfach an seinem drahtigen Körperbau lag.

Ich war damals so pummelig, daß es mir niemals in den Sinn kam, Sprünge zu machen, wenn mich jemand ärgerte; ich weinte bloß und lief fort, um mich im Kaftan meiner Mutter zu verstecken. Aber Mutter sagte immer wieder, daß ich es nicht Samir überlassen könne, alle Auseinandersetzungen für mich zu bestreiten: „Du mußt lernen, zu schreien und zu protestieren, genauso wie du gelernt hast, zu gehen und zu sprechen. Wenn du weinst, weil du beleidigt wirst, dann ziehst du nur weitere Beleidigungen auf dich." Sie war so besorgt, ich könne eine unterwürfige Frau werden, daß sie Großmutter Yasmina um Rat fragte, die wir in den Sommerferien besuchten. Großmutter galt als unschlagbar in Auseinandersetzungen aller Art. Sie riet ihr, mich nicht länger mit Samir zu vergleichen und mich statt dessen dazu zu bringen, kleineren Kindern gegenüber eine beschützende Haltung einzunehmen: „Es gibt viele Möglichkeiten, eine starke Persönlichkeit herauszubilden; eine davon besteht darin, die Fähigkeit zu entwickeln, sich für andere verantwortlich zu fühlen. Einfach nur aggressiv zu sein und den anderen jedesmal an die Kehle zu gehen, wenn sie einen Schnitzer gemacht haben, ist eine Möglichkeit, aber sicherlich nicht die eleganteste. Ein Kind dazu zu bringen, sich für die Jüngeren auf dem Hofe verantwortlich zu fühlen, verschafft ihm die Möglichkeit, die eigene Stärke zu entwickeln. Sich auf den Schutz Samirs zu verlassen, kann in Ordnung sein, wenn deine kleine Tochter dabei lernt, wie das Ganze funktioniert. Wenn sie herausbekommt, wie man andere beschützt, kann sie sich diese Fähigkeit zu eigen machen."

Jón Svensson

Sprünge an Land

Ich betrachtete das Leben auf der nächsten Straße bei unserem Schiff. Da kam ein Junge über die Straße herangelaufen.

Er blieb bei unserem Schiff stehen und besah sich das neuangekommene fremde Fahrzeug.

„Valdemar-von-Rönne", las er langsam den Namen und sagte ihn ein paarmal laut vor sich hin.

Als er auf mich aufmerksam wurde, grüßte er und nickte mir freundlich zu. Ich grüßte wieder.

Der Junge sah gutmütig und freundlich aus.

Jetzt auf einmal bekam ich Mut und Lust, ans Land zu gehen. Ich überwand meine letzten Bedenken und ging, freilich noch etwas zaudernd und zaghaft, über die Landungsbrücke.

Zum erstenmal setzte ich meinen Fuß auf dänischen Boden! Schritt für Schritt näherte ich mich dem Jungen, blieb in einiger Entfernung vor ihm stehen und schaute ihn an.

„Guten Tag!" sagte er. „Wo kommst du her?"

„Ich komme von Island."

Der Knabe machte große Augen.

„Von Island kommst du?"

„Ja, ich komme direkt von Island."

„Weshalb bist du denn nach Island gereist?"

„Ich bin gar nicht dahin gereist. Ich bin dort geboren."

„Wie? Du bist auf Island geboren?"

Er verschlang mich fast mit seinen Augen.

„Dann bist du ja ein Isländer!"

„Natürlich."

„Nein, das hätte ich doch nicht geglaubt. Ich habe noch nie einen Isländer gesehen. Aber sag mir nun die Wahrheit: Bist du wirklich ein Isländer?"

„Ja, das bin ich."

Der Junge sah mich immer noch verdutzt an.

Doch plötzlich wandte er sich um, steckte zwei Finger in den Mund und pfiff ein paarmal laut. Dann rief er zu einigen Jungen hinüber, die auf der Straße spielten:

„Karl, Knud, Sören, Olaf, Erik, Kai, Ulf, Axel, kommt schnell hierher!

Und ihr auch", rief er zu einer anderen Gruppe, „Rolf, Harald, Helge, Ubbe, Elof, Eskil!" – es wollte mit den vielen fremd klingenden Namen gar kein Ende nehmen – „kommt doch her, alle zusammen! Etwas ganz Neues!"

„Was ist denn los?" riefen einige.

„Ein Isländer! Kommt! Hier ist er!"

Einen Augenblick schauten die Jungen einander an. Dann kamen sie wie eine Schar kleiner Küchlein auf uns zugelaufen. Als ich sie kommen sah, wurde ich so verlegen, daß ich im Nu mich umdrehte und über die Landungsbrücke wieder auf Deck sprang.

Oben angelangt, machte ich mir Vorwürfe über mein Benehmen. Warum denn davonlaufen wie eine furchtsame kleine Maus?

Ich wußte selbst nicht, wie ich mir vorkam, und schämte mich nun eigentlich.

Aber war es nicht doch besser, daß ich wieder auf unser Schiff ging? Ich fühlte mich da doch sicherer und heimischer.

Um mich herum war ja alles so neu und so fremd, und ich fürchtete beinah, daß der unbekannte, unheimliche Zauber, der von allen Seiten auf mich eindrängte, mich förmlich verschlingen würde.

Die Jungen standen noch immer auf der Straße in der Nähe des Schiffes.

„Bist du noch gescheit, Börge?" rief ein älterer Junge. „Das ist kein Isländer. So junge Isländer kommen nie hierher. Er ist vielleicht ein Schwede oder Norweger. Aber ein Isländer? Wie kannst du doch so etwas glauben!"

„Doch, er ist ein Isländer. Er hat es selbst gesagt."

„Zu wem denn?"

„Zu mir, eben vorher."

„Und du hast dir den Bären aufbinden lassen?" spottete der Große.

Nach und nach kamen immer mehr Jungen herbei, und alle schauten nur auf mich.

„Was gibt's denn da?" hörte ich bald den einen, bald den anderen fragen, und einer antwortete darauf:

„Oh, der Börge bildet sich ein, der Kleine da oben auf dem Schiff sei ein Isländer."

Ich konnte gar nicht begreifen, was die Jungen so Merkwürdiges daran fanden, daß ich ein Isländer sei.

Mir wurde allmählich etwas unheimlich zumute.

Und als ich sah, daß der Auflauf ständig größer wurde, flüchtete ich in die Kajüte, um mich dort in Sicherheit zu bringen. Unterwegs begegnete ich Owe.

„Wo gehst du hin, Nonni?" fragte er.

„In die Kajüte."

„Aber warum denn?"

„Weil die Jungen mich so eigenartig anschauen."

Owe warf einen Blick auf die Jungen und sagte:

„Nonni, du brauchst nicht bange zu sein. Geh nur zu ihnen; sie werden dir nichts tun."

Meine Furcht war verschwunden, und ich bekam Lust, Owes Rat zu befolgen. Doch wagte ich nicht recht, allein hinunterzugehen.

„Willst du nicht mitkommen", bat ich ihn, „und am Anfang dabei sein?"

„Wenn du das wünscht, gern", erwiderte er.

Owe begleitete mich über die Landungsbrücke.

Als wir auf die Straße kamen, wurden die Jungen still.

Der größere von ihnen fing zuerst an zu reden und sagte zu Owe: „Ist es wahr, ist der Junge da ein Isländer?"

„Ja, das ist."

„Ist das wirklich wahr?"

„Ja, ganz bestimmt. Wir kommen direkt von Island, und ich bin selbst in seinem Hause gewesen und habe mit seiner Mutter gesprochen."

„Nun, dann ist es auch wahr", meinten alle.

Jetzt stellten sie sich im Kreis um uns herum.

„Aber ich muß nun wieder an Bord gehen", sagte Owe zu mir; „bleib du nur hier und spiele mit den Kindern."

Owe ging, und ich blieb.

Die Kinder betrachteten mich von Kopf bis zu den Füßen. Und ich stand vor ihnen, noch immer befangen, suchte sie aber fest anzuschauen.

Plötzlich rief einer:

„Da schaut mal, was für Schuhe er anhat!"

Im Nu waren alle Augen auf meine kleinen isländischen Schafleder-schuhe gerichtet.

„Was hast du da an deinen Füßen?" fragte der Große. „Hat man solche Schuhe auf Island?"

„Ja", antwortete ich verlegen und suchte vergebens meine Füße zu verbergen.

Jetzt wurde über meine Fußbekleidung hin und her gesprochen, bis keiner mehr etwas darüber zu sagen wußte.

Dann fragte einer:

„Wie heißt du?"

„Ich heiße Nonni."

„Nonni?" wiederholten sie und schauten einander an.

„Das ist aber ein sonderbarer Name", bemerkte einer, „den habe ich noch nie gehört."

„Es muß wohl ein isländischer Name sein", meinte ein anderer; „er lautet doch gar nicht dänisch."

„Natürlich", nahm ein Dritter das Wort, „die Isländer müssen doch ihre eigenen Namen haben."

Um nicht die ganze Zeit schweigend dazustehen, redete ich sie an: „Und wie heißt ihr?"

Der Große antwortete:

„Ich heiße Ragnar."

Dann nannte er mir die Namen der anderen, indem er auf jeden mit dem Finger zeigte:

„Der dort heißt Knud, und der Sören, und der da Olaf, und der heißt Aage, der Erik, der Torben, und der Ulf, und der Ubbe, und der Kai, und der Axel, und der Elof, und der Harald, und der ..." So stellte er mir einen um den anderen vor. Wie seltsam klangen doch die Namen dieser Jungen! Ragnar wandte sich wieder zu mir:

„Hör, Nonni, willst du nicht mit uns spielen?"

„O ja, sehr gern."

„Was für ein Spiel kannst du denn!"

„Ich kann nur isländische Spiele."

„Das habe ich mir gedacht. Und wir können nur dänische. Kannst du Bockspringen?"

„Was ist das?"

„Weißt du das nicht einmal?"

„Nein, das Spiel kenne ich nicht."

„Gut, dann wollen wir es dir zeigen."

Im Augenblick hatten sich die Jungen in einer Linie hintereinander aufgestellt.

Knud mußte den „Bock" machen.

Er stellte sich, gebückt und die Hände auf die Knie gestützt, einige Schritte weiter vorn hin.

Dann sprangen der Reihe nach alle mit gespreizten Beinen und mit beiden Händen, sich auf Knuds Rücken stützend, über ihn weg.

Wie schnell das zuging!

Ich paßte genau auf und hatte großen Spaß daran.

„Nun springe du auch, Nonni!" riefen sie alle, als sie fertig waren.

Ich nahm einen ordentlichen Anlauf, sprang auf den „Bock", und – plumps! flogen wir beide aufs Pflaster.

Alle lachten laut auf!

„Habe ich dir weh getan?" fragte ich den kleinen Knud.

„Oh, was denkst du denn! Im Gegenteil!" antwortete er und lachte gerade hinaus. Es sollte, glaube ich, ein Witz sein.

„Da braucht man nicht zu lachen", wies Ragnar die anderen zurecht. „Nonni hat eben das Bockspringen noch nicht gelernt."

Damit faßte er mich bei der Hand und führte mich an einen der dicken Holzpfähle, woran die Schiffe festgebunden werden. Sie ragten ein paar Fuß hoch aus dem Pflaster hervor.

„So, jetzt will ich es dich lehren, Nonni", sagte er. „Dieser Bock fällt nicht um."

Dann übte er mich an den Pfählen ein, und in fünf Minuten konnte ich das Bockspringen gerade so gut wie die anderen.

Nun war alle Verlegenheit fort, und ich fühlte mich bald ganz heimisch.

Theodor Fontane

Verstecken und entdecken

Es war zumeist meine natürliche Veranlagung für das Turnerische, was mich die gewöhnlichen Knabenspiele mit so viel Lust und Liebe spielen ließ ... Aber in jenem wohlbekannten Widerspruche, der nun mal, einem räthselhaften Naturgesetze folgend, unser Leben und unsere Neigungen durchzieht, in diesem auch bei mir zu Tage tretenden Widerspruche traf es sich so, daß meine zwei leidenschaftlichsten Spielbeschäftigungen in dem einen Falle gar nichts und in dem andern sehr wenig mit Akrobatik und halsbrecherischen Kunststückchen zu thun hatten. Denn diese zwei leidenschaftlichsten Beschäftigungen waren: die Buchbinderei (richtiger noch, bloße Papparbeit) und das Versteckspielen.

Die *Papparbeit*! Mir ganz unerfindlich jetzt, wie mich diese langweiligste Beschäftigung durch Jahre hin, so ganz in Anspruch nehmen konnte, daß ich mindestens ein Drittel meiner freien Zeit damit verbracht und mindestens zwei Drittel meines Taschengeldes für Pappe, marmoriertes Papier und Goldborten ausgegeben habe. Nun darf ich zwar hinzusetzen, daß ich den Kleisterpinsel im Dienst einer höheren Idee schwang und daß der meiner Leimtopfarbeit dienende Stubenwinkel eine Art Schutzwaffenfabrik war, wo meine Völker, ich komme weiterhin darauf zurück, wehrhaft gemacht und mit Schilden und Brustharnischen ausgerüstet wurden; aber wiewohl das Alles zutrifft, so kann ich doch das Entschuldigungsmoment, das darin liegt, vorm Richterstuhl der Wahrheit kaum gelten lassen, weil ich deutlich fühle, daß ich, auch wenn die Volksausrüstungsfrage mir fern gelegen hätte, dennoch dieselbe Klebebeschäftigung geübt haben würde. Dann freilich wahrscheinlich als Domarchitekt und Kathedralenbauer in Pappe. Ich kann es mir nur so erklären, daß sich ein gewisser Gestaltungsdrang darin aussprach. Es prickelte mich, etwas entstehen zu sehen. Aber vielleicht ist diese Erklärung auch noch zu schmeichelhaft.

Ähnlich ratlos steh ich der *Versteckspiel*-Passion gegenüber. Denn wenn auch die darauf verwendete Zeit – weil ich die sechs, acht Jungen, die mich aufsuchen mußten, nicht immer zur Hand hatte – viel geringer war, so war doch die Leidenschaft dafür noch viel, viel größer und am größten da, wo sie am unverständlichsten war. Das schon vorgeschilderte Herumklettern in dem in tiefem Schatten liegenden Sparrenwerk des Daches, auch wenn ich dabei, hinter einem Rauchfang oder Lattenverschlag, auf Augenblicke nach Schutz und Deckung suchen mußte, war kein eigentliches Versteckspiel, trotzdem etwas davon mit vorkam; eigentliches Versteckspiel, nach meiner damaligen Anschauung, war etwas viel Großartigeres, Poetisch-phantastischeres und jedenfalls gleichbedeutend mit einem völligen stundenlangen Verschwinden, wozu der riesige Heuboden, den wir auf unserem Hofe hatten, eine nicht zu übertreffende Gelegenheit bot. Bis unter den First eines langen Stallgebäudes lag das Heu dicht aufgeschichtet und in die tiefen und engen Löcher, die sich hier und da zwischen den Dachbalken und der Heumasse befanden, ließ ich mich leise hinabgleiten. Da saß ich dann endlos, unter beständigem Herzklopfen, vor Enge und Schwüle beinahe erstickend und immer nur durch die glückselige Vorstellung aufrecht erhalten „und wenn sie dich suchen bis an den jüngsten Tag, sie finden dich nicht". Und sie fanden mich auch wirklich nicht, gaben zuletzt alles Suchen auf, brachen das Spiel ab und gingen in die Küche, wo sie, Schemel und Fußbänke an den Herd rückend, unter Verwünschungen gegen mich ihr Vesperbrot verzehrten. Ich aber, wenn ich an dem Stillwerden in Hof und Garten merkte, daß man die Jagd auf mich aufgegeben hatte, wand mich aus meinem Heuloche wieder heraus und erschien nun unter ihnen mit dem Ausdruck höchster Geringschätzung. Ich thue wieder die Frage, worin wurzelt da das Glück?

Begreiflicher als die Versteckspiel-Freude war die Lust am Klettern, wozu, neben anderem, die dicht vor unserem Hause stehenden Kastanienbäume mich gerade herausforderten. Auf den unteren Ästen sich einlogieren, das konnte jeder; aber von der höchsten Spitze her einen blühenden Zweig herunterholen, das war ein lohnender Ehrgeiz, dem ich beinahe mal zum Opfer fiel. Unter dem Baume stand der alte Pietzker, unser Nachbar, ein Holländer, der einen Handel mit Eidamer Käse trieb und nach Art der französischen Bauern immer in einer weißen Zipfelmütze einherging. Er war mein guter Freund und rief mir, in den Baum hinauf, zu „ich sollte mich in Acht nehmen, Kastanienholz bräche leicht".

Es war gut gemeint, aber kam zu spät. Denn im selben Augenblicke gab es auch schon ein Knicken und Knacken und ganz zuletzt noch einmal auf den Hauptast des Baumes aufschlagend, stürzte ich, von oben herab, auf den steinharten Boden, steinhart, weil 10 Fuß breit um das Haus herum Müll und Ziegelschutt aufgeschüttet war. Ich lag da für todt und rührte mich nicht, der Umstand indeß, daß das viele kleine Gezweig zunächst die Vehemenz des Sturzes gemindert hatte, hatte mich doch gerettet und nach kurzer Zeit schlug ich die Augen auf und Pietzker trug mich in die Apotheke, wo man mir mit Salmiakgeist weiter aufzuhelfen trachtete. Geschah auch. Als ich aber über Rücken- und Rippenschmerzen klagte, sagte Pietzker: „Da hilft bloß Mierenspiritus." Und ehe ich „ja oder nein" sagen konnte, wurde ich damit übergossen. Ich hatte immer noch Schmerzen, war jedoch wieder beweglich geworden und konnte, wenn auch freilich nur mit Anstrengung, beim Abendbrod, bei dem die Eltern glücklicherweise fehlten, erscheinen. Es war gerade die schon erwähnte Milchsuppenzeit, was an und für sich gut paßte. Zugleich aber war es auch der Tag, wo aus der herkömmlichen Folge von Reis, Gries, Hirse, gerade die Hirse an der Reihe war, und mit einem Male merkend, daß sich, wohl in weiterer Folge meines Sturzes, die Vorderhälfte des einen Backzahns ablöste, fühlte ich auch schon, wie sich ein Hirsekorn in die offene Stelle einsenkte. Unter furchtbaren Schmerzen verbrachte ich die Nacht und war am andern Tag ein Bild des Jammers. Dazu kam noch die beständige Furcht, ich könnte wegen Kletterns, das natürlich verboten war, abgestraft werden. Das unterblieb aber. Mein Vater trat vielmehr, als ich unglücklich dasaß, zu mir heran und sagte: „Pietzker hat mir Alles erzählt. Du wirst noch den Hals brechen. Wo thut's denn weh?"

Er hatte geglaubt, daß ich auf Kopf und Rücken zeigen würde, ich zeigte aber auf den Zahn und erzählte ihm, daß die Vorderhälfte abgebrochen sei.

„Nun das ist nicht schlimm. Da muß die andere Hälfte auch 'raus. Dann bist Du's los. Weh thut es. Aber das ist die Strafe."

Siegfried Sommer

Maikäferfreuden

Unter den ersten Liedern, die der neue Erdenbürger von seinen liebenden Eltern früher hörte, war auch das naive Poem vom fliegenden Maikäfer, das dann mit dem schaurig wahr gewordenene Vers schloß: „Pommerland ist abgebrannt". Woher die Popularität dieses unschuldigen Brummers kam, konnte niemand genau sagen. Aber schon Wilhelm Busch behauptet in seinen Reimen fest und steif: „Jeder weiß, was so ein Mai-Käfer für ein Vogel sei." Jedenfalls waren die drolligen Burschen schon ein beliebter Frühjahrs-Kamerad unserer Großeltern gewesen. Sozusagen der Hund des ganz kleinen Mannes. Wenn sie auch nicht bellen konnten oder gar mit dem Schweife wedeln.

Ein Maikäfer mit einem echten Persönlichkeitswert mußte vom Besitzer eigenhändig gefangen werden, sonst bestand einfach kein richtiger Kontakt zwischen Herr und Haustier. Äußerstenfalls durfte vielleicht ein Jungtier zur Vervollständigung des eigenen Gestüts noch gegen ein anderes eingetauscht werden. Denn zu einer kompletten Maikäfer-Farm gehörten zuvorderst eine Anzahl Männchen, die man an den langen Fühlern erkannte. Ferner die gleiche Menge Weibchen, deren winziges Gehörn etwas kürzer war. Und außerdem zwei bis drei „Kaminkehrer" mit einem pechschwarzen Nackenschild, zwei „Bäcker", die ein mehliges Genick aufwiesen, und wenn möglich auch noch ein „Türke" oder „Pascha". Diese sehr selten vorkommenden Schwirr-Maschinchen hatten am Flügelansatz ein knalrotes Wappen, ähnlich wie es manche vornehme Inder auf der Stirn tragen.

Die Maikäfer-Pirsch begann bei den erfahrenen Waidmännern manchmal bereits im frühen April. Und zwar stöberten diese Wilderer den kleinen Wicht schon im Winterschlaf auf, indem sie auf Wiesen und leider auch in den Anlagen den Rasen vorsichtig abhoben, um die traumtrunkenen „süßen Vögel der Jugend" mit sanfter Gewalt in ihre Zigarrenschachtel umzuquartieren. Später dann, wenn die armdicken

Bäumchen im Englischen Garten und in den Isarauen ihre ersten zarten Blätter trugen, wurden sie von rauhen Bubenhänden kräftig geschüttelt. Denn in ihren Zweigen nahm der begehrte Braunkittel meistens den Lunch ein. Der geübte Safari-Mann wußte aber, daß er nach dem Purzeln und schweren Aufplumpsen der Beute noch eine Zeitlang warten mußte, damit er die Früchte seiner Leidenschaft auch entdeckte. Denn die erste Minute bleiben die abgeschüttelten Duckmäuser noch mäuschenstill zwischen altem Laub liegen und stellen sich tot. Erst dann versuchten sie, aus der Bauchlage wieder auf alle sechse zu kommen, und verrieten so ihren Liegeplatz durch die Zappelei. Am schönsten aber war das Maikäfertreiben abends auf den Wiesen, wenn sie zu ganzen Staffeln aufstiegen, um die mondgelben Laternen im Sturzflug anzugreifen. Da kauerte der Jungmann dann tief in der Hocke und spähte über die Prärie, denn so sah er das edle Wild schon im ersten Anflugmeter aufsteigen. Mit geschwungenem Sackl gings nun drauflos. Und war es dem Jäger gelungen, einen Liliput-Bomber aus den lauen Lüften herunterzuangeln, warf er sich mit seinen ganzen fünfundvierzig Pfund Lebendgewicht auf die Beute. Die sorgsam zwischen den Falten des Kittels herausgeangelt und dann zuerst einmal unter leisem Erschauern in der warmen Hand gehalten wurde.

In der Gefangenschaft wurde der Maikäfer zwar meistens sehr liebevoll gepflegt. Aber über die Ernährungsweise der leise dahindämmernden Frühlingsboten bestanden doch immer noch größere Unstimmigkeiten. Laugenbretzen, Pfefferminzbonbon oder Kaugummi mußten jedenfalls glattweg abgelehnt werden. Auch die weitverbreitete Meinung, daß die leuchtenden Kerzen der Kastanie ein Maikäferdasein etwas erhellen würden, war falsch. Wenn der Gevatter Brummbach überhaupt etwas fraß in dieser Übergangszeit, dann höchstens junge Lindenblätter. Und davon auch keinen Armvoll, sondern täglich vielleicht zwei.

Das Ende eines gefangenen Maikäfers war fast immer ebenso tragisch wie banal. Wenn ihn nicht eine gute Mutterhand einfach an die Luft setzte, so wurde er einfach vergessen. Und erst nach Wochen zufällig wiederentdeckt. Und da lag er dann mit gefalteten Füßen in der immer noch stark riechenden Seifenschachtel. Immerhin aber war er mit einem Duft von Sauberkeit und Frische gestorben.

III
Im Universum der Phantasie

Bruno Bettelheim

Voraussetzungen für ein reiches Innenleben

Durch das Spiel seiner Phantasie kann das Kind bis zu einem gewissen Grad die Bedrängnisse ausgleichen, die das Leben mit sich bringt oder die in seinem Unbewußten ihren Ursprung haben. Durch seine Phantasien wird es mit dem Inhalt seines Wunschdenkens und mit gewissen sozialen Wünschen besser vertraut. Wenn es zornige und feindselige Phantasien in Kriegsspielen ausagiert oder wenn es sich seine grandiosen Wünsche erfüllt, indem es sich vorstellt, es sei Supermann, der Riese Goliath oder ein König, sucht es nicht nur eine Ersatzbefriedigung in unrealistischen Tagträumen, sondern es versucht auch, andere unter seine Kontrolle zu bekommen, als Ausgleich dafür, daß es selbst so weitgehend der Kontrolle Erwachsener, besonders der seiner Eltern, unterworfen ist.

Hier läßt sich ein bedeutsamer Unterschied zwischen Phantasie und Spiel feststellen. In seiner Phantasie kann das Kind ein absoluter Despot sein, dessen Macht keine Grenzen hat. Wenn es dagegen beginnt, seine Phantasien im Spiel umzusetzen, merkt es sehr bald, daß die Realität der Macht selbst absoluter Herrscher Grenzen setzt. Wenn so ein Despot zum Beispiel ein Gesetz erlassen hat, muß er es auch einhalten – die anderen Kinder werden darauf bestehen. Wenn der angebliche König zu launenhaft ist, wird es mit dem Spiel aus sein, und es wird für Seine Majestät ein böses Erwachen geben. Der Junge wird bald merken, daß selbst der in seiner Phantasie mächtigste Kaiser seinen Thron nur so lange behaupten kann, wie er das Wohlwollen seiner Untertanen besitzt, und daß er seinen Spielkameraden gegenüber nur dann den Herrscher spielen kann, wenn er das Spiel für sie attraktiv macht. Derartige Einschränkungen gibt es für eine frei flutende Phantasie nicht.

Wenn ich hier von den kindlichen Phantasien spreche, denke ich nicht nur an das Kleinkind, sondern auch an beträchtlich ältere Jugendliche. In den Lebensbeschreibungen schöpferischer Menschen finden sich viele Berichte darüber, daß sie als Teenager lange Stunden am Ufer eines Flusses saßen und sich Gedanken machten, daß sie mit einem treuen Hund durch die Wälder streiften oder ihre Träume träumten. Wer hat heute für so etwas noch Zeit und Möglichkeit? Wenn ein Jugendlicher das versucht, werden sich seine Eltern höchstwahrscheinlich Gedanken darüber machen, daß er seine Zeit nicht konstruktiv verwendet, daß er beim Tagträumen kostbare Stunden verschwendet, die er dem Ernst des Lebens widmen sollte. Und dies, obwohl die Entwicklung des Innenlebens, einschließlich der Phantasien und Tagträume, zu den konstruktivsten Dingen gehört, die ein heranwachsender Mensch tun kann.

Die Tage der meisten Kinder unserer Mittelschicht sind mit vorgeplanten Aktivitäten ausgefüllt – mit Pfadfindertreffen, Musik- und Tanzstunden und Sportveranstaltungen –, so daß ihnen kaum noch Zeit für sich selber bleibt. Tatsächlich werden sie dauernd von der Aufgabe, sich selbst zu entdecken, abgelenkt, da sie gezwungen werden, ihre Talente und ihre Persönlichkeit so zu entwickeln, wie es die für richtig halten, die diese verschiedenen Aktivitäten verwalten. Hierher gehört auch die Schule, die heute schon in einem Alter beginnt, das man früher für verfrüht gehalten hätte. Das Fernsehen liefert den Kleinen heute vorgefertigte Phantasien. Noch gefährlicher ist, daß diese Jugendlichen nicht mehr die notwendige Muße haben, ein reiches persönliches Leben zu entwickeln – das nur entstehen und wachsen kann, wenn viel Zeit dafür zur Verfügung steht –, und daß sie deshalb auf die Medien zurückgreifen müssen, damit diese ein Bedürfnis erfüllen, das sie nicht mehr selbst befriedigen können, weil man ihnen keine Gelegenheit gibt, sich mit ihren eigenen Impulsen zu befassen und sich eine eigene Welt zu erträumen. Die modernen Lebensbedingungen und die Einstellung ihrer Eltern berauben die Kinder jener langen Stunden und Tage der Muße, in denen sie ihren eigenen Gedanken nachhängen könnten, was für die Entwicklung der Kreativität unbedingt notwendig wäre. Man kann sich diese Kreativität nicht einfach dadurch erwerben, daß man sich für eine halbe Stunde von anderen Dingen wegstiehlt, die von denen, die unser Leben lenken, für wichtiger gehalten werden.

Goethe hat gesagt, daß ein Talent sich in der Stille bildet. Er sprach dabei von Torquato Tasso, einem anderen großen Dichter, doch meinte er damit auch sich selbst. Er wußte und wollte auch uns erkennen lassen, daß die poetische Imagination, genau wie jedes andere bedeutsame und reiche Phantasieleben, nur nach langen Stunden einer mehr oder weniger spielerischen Konzentration auf unser Innenleben in Erscheinung treten kann.

Wenn ein Kind heute den Eindruck macht, daß es sich in Tagträumen verliert, werden viele besorgte Eltern ihm vorschlagen (oder darauf bestehen), daß es seine Zeit nutzbringender verwende, und sie werden ihm sagen, was es zu tun habe. Das ist jedoch nicht ratsam. Diese Eltern machen sich nicht klar, wie wichtig es für das Kind ist, sein Innenleben selbst zu gestalten, um einmal eine echte Individualität zu entwickeln – wozu viel Energie nötig ist, auch wenn diese nicht sichtbar in Erscheinung tritt. Es gibt dem Jugendlichen außerdem das Gefühl, daß solche Träumereien etwas Unrechtes sind. Die Eltern können zwar den Wunsch aussprechen, daß ihr Kind eine Persönlichkeit werden soll, aber wenn sie ihm nicht die Möglichkeit geben, seine Energie – die dann für andere Dinge nicht zur Verfügung steht – auf dieses wichtige Unterfangen zu konzentrieren, wird es ihnen diesen Wunsch nicht erfüllen können.

Daß das Kind nicht genug Muße hat, ein reiches Innenleben zu entwickeln, ist weitgehend der Grund dafür, daß es seine Eltern quält, ihm Unterhaltung zu verschaffen, oder daß es den Fernseher anstellt. Es geht nicht darum, daß die schlechte Münze eines derartigen Massenprodukts der Unterhaltungsindustrie die wertvolle Münze inneren Reichtums verdrängt. Es geht darum, daß man dem Kind erst gar keine Chance gibt, die wertvolle Münze eines eigenen reichen Innenlebens anzustreben. So kommt es zu einem Teufelskreis, bei dem die nicht vorhandene Möglichkeit, seine Energien größtenteils auf sein Innenleben zu verwenden, und der Mangel an Zeit das Kind veranlassen, sich leicht erreichbaren Reizen zuzuwenden, um die innere Leere auszufüllen, und diese Reize es wiederum daran hindern, sein Innenleben zu entwickeln. Da es nicht genug Gelegenheit hatte, die Voraussetzungen dafür zu erwerben, daß es sich einen eigenen, schön angelegten „heimlichen Garten" erträumen konnte, nimmt es zu der leeren Geschäftigkeit seine Zuflucht, die ihm seine Eltern ermöglichen oder aufzwingen – oder zu noch inhaltsleereren Unterhaltungsmöglichkeiten, die es daran hindern, diesen „heimlichen Garten" mit den schönen Blumen seiner eigenen Phantasie anzulegen, in dem dann für das heranwachsende Kind die reiferen Bilder gedeihen könnten, die seinem Leben eine tiefere Bedeutung geben würden.

Natürlich ist es für das Kind viel bequemer, es anderen zu überlassen, seine Zeit – ob es ihm so gefällt oder nicht – einzuteilen, als in einem langsamen und schwierigen Prozeß von Versuch und Irrtum die eigene Initiative zu entwickeln, sein Leben selbst zu gestalten. Eine solche Initiative kann sich bei Kindern kaum entwickeln, die sich bei der Gestaltung ihres Lebens auf andere verlassen müssen.

Wenn dem Kind bei der Gestaltung seines Lebens viele Fehlstarts und Fehlschläge unterlaufen, geraten die Eltern häufig in Panik. Sie nehmen dem Kind dann jede Gelegenheit zu einer eigenen Entwicklung, und – was noch schlimmer ist – sie machen es überflüssig, daß es sich noch selbst darum bemüht. Wenn Gelegenheit und Notwendigkeit dazu fehlen, entwickeln die meisten Kinder keine eigene Initiative zur Gestaltung ihres Lebens, und die unausgesprochene Überzeugung der Eltern, daß sie dazu nicht in der Lage sind, wird zu einer Prophezeiung, die sich ganz von selbst erfüllt. Nicht zu vergessen ist auch, daß die eigene Initiative nicht entwickelt und getestet werden kann, wenn das Kind nicht hin und wieder einmal Gelegenheit hat, wirklich für kurze Zeit es selbst zu sein, besonders dann nicht, wenn eine von anderen organisierte und befohlene Betätigung schon im Hintergrund wartet. Initiative gedeiht nicht auf unfruchtbarem Boden, wenn es auch gelegentlich einmal ein Kind gibt, das eine solche Initiative besitzt und trotz aller Hindernisse sein eigenes Leben lebt. Es kostet viel Mühe zu lernen, aus eigener Initiative zu leben, und es erfordert viel Mut und Entschlußkraft, die viele Kinder nur aufbringen, wenn ihnen nichts anderes übrigbleibt. Andernfalls werden sie es anderen überlassen, sich darum zu kümmern, gleichzeitig aber wird ihnen das nicht recht sein, und sie werden schließlich über sich selbst, über ihre Eltern und über ihr ganzes Leben tief enttäuscht sein.

Natürlich bringt es gewisse Gefahren mit sich, wenn man ein Kind eigene Initiative entwickeln läßt. Es nützt auch nichts, ein Kind dazu anzuspornen, was manche Eltern versuchen. Unter solchen Umständen kann das Tun und Treiben des Kindes den Anschein erwecken, als geschähe es aus eigener Initiative, aber es selbst weiß, daß dies nicht der Fall ist und daß es nur das tut, was seine Eltern von ihm verlangen. Deshalb können Eltern nichts weiter tun, als sich der Gefahren bewußt sein, wenn ihr Kind in wichtigen Bereichen seines Lebens eigene Initiative zu entwickeln beginnt. Sie können nur nach Kräften versuchen, schlimme Folgen einer solchen Initiative so klein wie möglich zu halten. Wenn ein Kind, solange es noch klein ist, eigene Initiative entwickelt, sind die damit verbundenen Gefahren noch relativ gering, und man kann es leicht vor üblen Konsequenzen bewahren. Aber es kommt auch vor, daß ein Heranwachsender plötzlich sein Leben in die eigenen Hände nimmt und sich dabei gereizt, abwehrend und aggressiv verhält. In solchen Fällen hatte der Betreffende meist keine Gelegenheit, eine echte Initiative zu entwickeln. Dann ist die Wahrscheinlichkeit oft recht groß, daß er schwere Fehler macht und daß ihm ernste Gefahren drohen.

Wenn man Kindern Gelegenheit gibt, ihren eigenen Gedanken nachzuhängen, fangen sie meist schon bald damit an, mit Hilfe von Phantasiespielen Ordnung in ihr chaotisches Innenleben zu bringen oder sich von seinen unerwünschten Auswüchsen zu befreien. Hierdurch wächst ihre Fähigkeit, mit der Realität fertigzuwerden. Alle Kinder versuchen, in eine Phantasiewelt zu entfliehen, wenn ihnen die Realität unerträglich wird, doch versuchen nur emotional schwer gestörte Kinder, auf die Dauer dahin auszuweichen. Bei normalen Kindern dienen Phantasiespiele dazu, ihr inneres Leben in der Phantasie und ihr äußeres Leben in der Realität voneinander zu trennen und auf diese Weise beides zu meistern.

Catarina Carsten

Martin träumt

Der Religionslehrer bestellt die Mutter in die Schule. Dringend. Sie sagt es Martin.

„Weißt du, was er will?"

Martin schüttelt den Kopf.

Der Religionslehrer will sich beschweren. Martin müsse sich viel mehr auf den Unterricht konzentrieren.

„So geht das nicht. Martin träumt."

„Stört er den Unterricht?" fragt die Mutter.

„Nein", sagt der Religionslehrer ungeduldig, „ich sage Ihnen doch: er träumt. Er sieht zum Fenster hinaus. Vielleicht zählt er die Ziegel auf den Dächern. Es ist, als ob ..." er überlegt und fährt ärgerlich fort: „Es ist, als ob er gar nicht da wäre."

Die Mutter bittet um Nachsicht. Der Religionslehrer wiegt den Kopf hin und her.

„Wenn das alle täten ..."

Die Mutter spricht mit Martin.

„Du siehst zum Fenster hinaus, sagt der Religionslehrer."

Martin nickt.

„Zählst du die Dachziegel?"

Martin lacht.

„Darauf kann bloß der Religionslehrer kommen."

„Was dann?"

Martin sieht zum Fenster hinaus.

„Hast du schon mal in die Wolken geschaut?"

„Oh ja."

„Ich meine: ganz lange?"

„Ja."

„Kannst du dir vorstellen, daß man mit den Wolken fliegen kann?"
Die Mutter nickt.
„Siehst du", sagt Martin, „immer höher, bis in den Himmel."
Er sieht noch immer aus dem Fenster und sagt: „Der Religionslehrer tut immer so, als wüßte er alles. Aber er weiß gar nichts."

Eva Rechlin

Neue Begleiter

Es gibt viele Nachmittage, an denen Sofia allein sein muß – weil der Vater nicht mehr da ist, weil die Mutter arbeitet. Bei schönem Wetter geht Sofia gern spazieren. Sie geht zum Kinderspielplatz bei der Grünanlage und lehnt sich dort an einen Baum.

Sofia fühlt sich nie allein. Überallhin begleiten sie die interessantesten Erscheinungen, die sich einer ausdenken kann. Sofia legt sogar Wert darauf, daß sie unsichtbar bleiben. Die Leute würden ja die Köpfe verdrehen und tuscheln über den großen Jäger links neben Sofia.

Manchmal läßt Sofia links neben sich auch den Flammenden Ritter mitspazieren, im Geiste, versteht sich. Flammend an ihrem Ritter ist die Rüstung, ist sein Blick, ist sein Mut, mit dem er sie jederzeit verteidigen würde.

Alle würden jederzeit für Sofia kämpfen: der Große Jäger, der Flammende Ritter, der Astronaut vom andern Stern, der Kluge mit dem Hut, der Obervater, die lustige Zauberhexe und wen Sofias Fantasie sonst noch herbeibeschwören mag. Bisher weiß niemand etwas von Sofias unsichtbarem Gefolge. Sie spricht nie darüber.

Eines schönen Nachmittags jedoch geht ein Junge dicht an ihr vorüber, streicht um ihren Baumstamm, hält plötzlich dicht vor Sofia an und wirft seinen Kopf mit kurzem Ruck zurück: Mach daß du wegkommst!

Sofia versteht sofort: Sieht auch, daß der Junge größer ist als sie. Aber sie hat sich im Geist gerade mit ihrem Obervater und dem Klugen mit dem Hut beschäftigt. Wie im Traum hört sie sich sprechen: „Gib Ruhe, Angeber. Ich bin nicht allein hier, damit du es weißt!"

Der Junge blickt sie sekundenlang scharf an, fragt endlich leise: „Hast du Tarzan dabei, einen Sheriff oder einen Ritter?"

Bei „Ritter" muß Sofia schlucken.

Noch leiser fährt der Junge fort: „Also Ritter? Dachte ich mir gleich.

Mädchen sind immer für solche Typen. Ritter, Jäger, Astronaut mit Wunderwaffe, Prinz ..."

„Prinz nicht!" widerspricht Sofia.

Der Junge lehnt sich gleichfalls an den Baum und fährt raunend fort: „Aber Heldentypen, die dich beschützen sollen. Oder?"

„Und gescheite Typen. Die die Menschen kennen, die Tricks wissen."

„Nicht schlecht", sagte der Junge. Er will Sofias Namen wissen und nennt auch seinen: Jasper. „Ja, Jasper. Falls dir dabei Kaspar einfällt – der gehört zu meiner unsichtbaren Bande."

„Du hast eine ganze Bande? Räuber und sowas?" fragt Sofia schaudernd. Nie würde sie sich mit unrasierten Banditen umgeben, mögen sie noch so unsichtbar bleiben! Doch Jasper erklärt, daß es mehr eine Mannschaft sei, manchmal eine fröhliche Horde, dann wieder eine zuverlässige Truppe, wie er es gerade braucht.

Am meisten wundert es Sofia, daß Jasper darüber spricht. Er versteht, daß sie sich darüber wundert. Auch er hatte seine unsichtbaren Begleiter verschämt verschwiegen – bis dieser Sommer begann.

„Da habe ich mich selbst verraten", fängt Jasper an. „Wer steht gerade noch um dich herum?"

„Mein Großer Jäger, der Kluge mit Hut und die Zauberhexe. Und bei dir?"

„Außer Kasper das schrullige Gespenst und Sindbad der Seefahrer. Hättest du Angst vor denen?"

Im Gegenteil! Sofia bedauert zum erstenmal, daß diese Sorte Begleitung absolut unsichtbar ist.

„Man kann ihnen auch Gestalt geben, wie Herr Mehlmoser es tut", erzählt Jasper. „Der war es, vor dem ich mich selbst verriet. Er sitzt gern drüben in den Anlagen auf einer Bank. Er ist Rentner."

„Und wie hast du dich vor ihm verraten?" fragt Sofia.

„Das war bei Regenwetter. Kein Mensch im Park. Ich war von zu Hause weggelaufen. Ist längst ausgestanden. Ich hatte mich auf eine Bank gehockt. Bei dem Regen waren ja alle leer. Links und rechts von mir mußte noch Platz bleiben, verstehst du?"

„Klar. Für wen damals?"

„Für den Kapitän und den Troll. Eigentlich wollte ich viel weiter von zu Hause weglaufen. Für solche Fälle habe ich den Kapitän."

„Schiffskapitän oder Flugkapitän?"

„Beides. Er kennt die Schiffshäfen so gut wie die Flughäfen."

„Und der Troll?" fragt Sofia.

Jasper fährt fort: „Der Troll ist klein, aber oho! Er kennt alle Verstecke der Welt. Ich saß also mit dem Kapitän und dem Troll im Regen auf der Bank. Wer spaziert bei so einem Wetter schon durch die Anlagen? Kein Mensch. Also redete ich einfach laut mit dem Kapitän und dem Troll."

„Gefährlich, wenn du das erst anfängst", sagt Sofia aus Erfahrung, „du redest mit ihnen drauflos – und deine Mutter denkt, du spinnst!"

„Stimmt", sagt Jasper, „aber Mehlmoser dachte das nicht, als er mich so auf der Parkbank erwischte. Er hatte schon eine ganze Weile zugehört, wie ich mit dem Kapitän und dem Troll redete."

„Er hörte deine Fluchtpläne! Und? Hat er dich verraten?"

Jasper schüttelt den Kopf und fragt: „Wollen wir mal rüber in die Anlagen und gucken, ob er da ist? Du wirst staunen, wie seine heimlichen Begleiter aussehen!"

„Man kann sie sehen?" fragt Sofia wie elektrisiert.

Jasper nimmt ihre Hand und zieht sie mit sich fort. Unterwegs erzählt er, wie es damals weiterging. „Herr Mehlmoser sagte, ich solle ihm einen Platz freimachen. Also bugsierte ich den Troll auf die Rückenlehne, und Herr Mehlmoser setzte sich neben mich auf die nasse Bank und fing an, mir von seinem getarnten Club zu erzählen. Seinen Schirm hielt er über uns beide. Nach fünf Minuten hatte ich meine Fluchtpläne glatt vergessen! Samt Kapitän und Troll. Tatsächlich, da sitzt er!"

Jasper deutet mit der Hand auf eine Bank.

„Der Troll?" fragt Sofia gierig. Daß ihr nie ein Troll eingefallen ist!

Auf der Bank sitzt natürlich Herr Mehlmoser. Er sieht aus wie ein ganz normaler alter Mann. Jasper stellt ihm die neue Freundin mit etwas seltsamen Worten vor: „Sofia! Ihre besten Bekannten sind ähnlich wie unsere alten Bekannten."

Ein junges Paar auf der Bank neben Herrn Mehlmoser kichert laut. Der alte Mann steht auf und schlägt vor: „Wir gehen wohl besser ein bißchen hin und her, wie?" Er und Jasper nehmen Sofia in die Mitte, und Jasper schießt los: „Sofia hat jede Menge Helden um sich. Jäger, Astronaut, Ritter. Aber auch gescheite Typen mit Hut und Hexe!"

„Die Gesellschaft kann sich sehen lassen", lobt Herr Mehlmoser. „Sind sie unsichtbar wie Jaspers Leute oder getarnt wie meine?"

„Unsichtbar", antwortet Jasper. „Aber Sofia platzt bald vor Neugierde auf Ihre getarnten Begleiter!"

Mittlerweile sind sie ein Stückchen von Spielplatz und Bänken wegspaziert. Trotzdem blickt Herr Mehlmoser sich mißtrauisch um.

„Ich habe einen jungen Dichter bei mir und eine kleine Sängerin", verrät er und zieht eine durchsichtige Kunststoffschachtel mit Schiebeverschluß aus seiner Jackentasche. Darin hockt auf wenigen Grashalmen ein Grashüpfer und eine Grille.

„Eigentlich ein Heimchen", erklärt Herr Mehlmoser, „meine Sängerin ist ja nicht eitel. Es macht ihr nichts aus, sich als Grille oder Heimchen zu tarnen."

„Getarnt?" fragt Sofia und kapiert noch nicht recht.

„Er hatte auch mal einen Pfarrer in Regenwurmgestalt", behauptet Jasper, „und einen Professor in Maikäferform!"

Herr Mehlmoser berichtigt: „Der Regenwurm war Archäologe, Jasper. Und der Pfarrer hatte sich als Pfauenauge getarnt, ein dunkler, prachtvoller Schmetterling. Die Tarnung muß zu einem passen!"

„Verstehst du das jetzt, Sofia?" fragt Jasper.

Sie nickt und fragt Herrn Mehlmoser: „Und Sie können mit denen reden wie wir mit unseren Unsichtbaren?"

„Jederzeit. Im Geist natürlich! Man sollte nicht anfangen, laut mit ihnen zu reden", erwidert der alte Mann. „Trotzdem will ich euch ein Gedicht dieses Dichters aufsagen. Mögt ihr sowas hören?"

„Von dem Heuhüpfer?" fragt Sofia atemlos und nickt.

Herr Mehlmoser fährt fort: „Dichter können es eben nicht lassen. Wenn dieser hier auch als grüner Luftikus getarnt ist ... Also er hat es für die Sängerin gedichtet, für ihre hohe dünne Stimme. Paßt auf:

Dein Lied, du kleine Grille,
durchbricht die Abendstille
so winzig hell und fern,
als käme deine Weise
nach himmellanger Reise
von einem andern Stern ..."

Jasper applaudiert.

Sofia fragt verwirrt: „Das haben Sie wirklich von dem Heuhüpfer da gehört? Aber wie denn?"

Herr Mehlmoser beugt sich mit der geöffneten Plastikschachtel über den Wegrand, um seine beiden Tierchen herauszulassen. Er sagt: „Wenn du mit einem deiner Unsichtbaren sprichst – sind dann nicht beide Stimmen in dir? Deine und seine? Als spräche er durch dich?

Siehst du, mit meinen getarnten Freunden ist es nicht anders. Als ich den Grashüpfer einfing, fragte ich mich: Was könnte in ihm stecken? Ich setzte ihn zu dem musizierenden Heimchen in die Schachtel. Und er fing an zu dichten. Hier, durch meinen Kopf! Du verstehst?"

Herr Mehlmoser schüttelt seine Schachtel etwas, und der Dichter saust mit einem Luftsprung heraus und schlägt sich in die Büsche.

Das Heimchen schüttet Herr Mehlmoser behutsam hinterher und erklärt: „Ich lasse alle Bekannten ziemlich rasch wieder frei. Auf diese Weise muß ich ständig neue suchen und lerne immer weitere kennen."

„Haben Sie die nächsten schon avisiert?" fragt Jasper. Sie spazieren jetzt langsam zurück zum Spielplatz.

Herr Mehlmoser gibt zu, daß ihm in seiner Wohnung eine Spinne aufgefallen sei. Dreimal bereits ist sie ihm wieder aus dem Staubsauger entkommen, der sie eingeschlürft hatte. Eine außerordentlich aufregende Spinne! Was für ein Geist mochte in ihr walten?

„Till Eulenspiegel", schlägt Jasper vor, „oder Albert Einstein? Der soll ja irrsinnig klug gewesen sein."

„Aber sie ist eine Spinne", widerspricht Sofia, „da würde ich doch eher an eine Zauberhexe denken. Keine so lustige wie meine zwar ..."

Da gehen sie nun, die drei neuen Freunde. Sie plaudern über ganze Scharen alter Bekannter und was sie alles mit denen erleben. Und sie achten auch noch auf die kleinste Ameise vor ihren Füßen.

Zu Recht.

Immerhin könnte sie eine getarnte Seiltänzerin sein oder ein Oberpferd oder auch Milchstraßenärztin, die Ameise. Weiß man es denn genau?

Armin Krenz

Fragen um den Weihnachtsmann

Es ist Ende November, und Conny – fünf Jahre alt – kommt wie üblich müde vom Kindergarten. Sie legt sich in ihrem Kinderzimmer auf ihr Bett und döst ein wenig vor sich hin. Kurze Zeit später bittet die Mutter Conny zum Mittagessen. Conny scheint schweigsamer als sonst zu sein, doch die Mutter zügelt sich, die übliche Frage „Na, wie war's im Kindergarten?" zu stellen. Sie kann sich gut an ihre eigene Kindergarten- und Schulzeit erinnern, wo sie es gar nicht mochte, immer erzählen zu müssen.

Conny: „Heute im Kindergarten hat Jan gesagt, daß es eigentlich keinen richtigen Weihnachtsmann gibt. Da habe ich ihm erzählt, daß zu uns aber immer einer kommt. Jan lachte und rief, das ist ja alles Baby-Kram. Also Mama, gibt es einen richtigen Weihnachtsmann?"

Mutter: „Ja, es gibt einen Weihnachtsmann."

Conny: „Sind die immer echt?"

Mutter: „Ob das immer so ist, weiß ich nicht. Auf jeden Fall gibt es einen Weihnachtsmann, der ist echt."

Conny: „Jan sagt aber, daß sein Onkel sich als Weihnachtsmann verkleidet hat. Sein Bart ist aus Watte, und mit einem Pferdeschlitten kommt er auch nicht."

Mutter: „Das kann schon sein, daß Jans Onkel den Weihnachtsmann spielt, weil der echte Weihnachtsmann vielleicht nicht alles allein schafft. Stell dir doch mal vor, daß er alle Kinder, und nicht nur die in unserer Straße oder unserer Stadt, sondern überall auf der Welt bescheren möchte. Das schafft er gar nicht allein. Und so hat er Helfer, die ihn bei seiner schweren Aufgabe unterstützen."

Conny: „Aber ich denke, dafür hat er Engel, die ihm die Arbeit abnehmen?"

Mutter: „Vielleicht haben die zu dieser Zeit andere Aufgaben. Viele sind ja als Schutzengel für Kinder unterwegs und passen auf, daß ihnen nichts Schlimmes passiert."

Conny: „Als Antonella vom Baum gefallen ist und sich den Arm gebrochen hat, da war der Schutzengel woanders."

Mutter: „Wie ich es dir gesagt habe. Niemand kann an verschiedenen Orten zur selben Zeit sein."

Conny: „Und woher weiß ich, daß zu uns der echte Weihnachtsmann kommt und nicht sein Diener?"

Mutter: „Du kannst ihn fragen, wenn er wieder zu Weihnachten bei uns ist."

Conny: „Das werde ich tun."

Conny lehnt sich genüßlich auf ihrem Stuhl zurück und macht sich ihre Gedanken. Als es im Dezember soweit ist und der Weihnachtsmann kommt, sagt Conny ihr Gedicht auf und achtet mehr auf das große Buch, das er in den Händen hält und tatsächlich viele Dinge über sie erzählt, die sie gut gemacht hat. Ein paar Sachen allerdings, über die sich ihre Eltern geärgert haben, stehen auch drin und werden vorgelesen. Zum Schluß verabschiedet sich der Weihnachtsmann und verläßt das Haus.

Mutter: „Du hast ja gar nicht gefragt, ob er nun echt oder unecht war."

Conny: „Das brauchte ich auch nicht. Was der alles wußte, konnte nur ein echter Weihnachtsmann wissen. Unserer war echt. Schade, daß der echte Weihnachtsmann nicht zu Jan kommt. Der hätte sich gewundert."

Karla Schneider

Kor, der Engel

Zu der Zeit, als Kor, der Engel, noch regelmäßig einmal im Jahr über uns kreiste, erfand ich ein Spiel, das nur einen einzigen Winter andauerte. In diesem Winter aber haben wir es ziemlich oft wiederholt. Böhmes Annelie konnte sich zweiunddreißig Jahre später, beim Klassentreffen, noch daran erinnern. Trudchen zu fragen war nicht möglich, da Trudchen im Sommer, der besagtem Winter folgte, mit ihrer Mutter, der Generalswitwe, und ihren drei Brüdern nach Rio de Janeiro ausgewandert war.

Am Küchentisch, der vom Fenster ab- und in die Mitte, unter die Deckenlampe, gerückt worden war, saßen also, mit breit ausgelegten Ellenbogen, Böhmes Annelie, Trudchen, Flüchtlingskind aus Reval, das im Haus von Böhmes wohnte und auch mit in unsere Klasse ging, und ich. Vor jeder von uns lag ein Bogen Schreibmaschinenpapier, das meine Mutter, auf mein Quengeln hin, aus Großvaters Kontor abgezweigt hatte. Zuerst hatte sie uns wieder nur die alten Lieferscheine und Rechnungen anbieten wollen, wie sonst, wenn wir malen wollten, aber die hatte ich diesmal als unzumutbar zurückgewiesen, denn es war von größter Wichtigkeit, daß uns auch eine freie Rückseite zur Verfügung stand.

Die drei weißen Blätter nämlich waren weiße Flecke des Universums, die wir mit Bleistiftstrichen in Besitz nahmen, mit Buntstiften kolonisierten und den Gesetzen unserer Zivilisation unterwarfen. Zwischen den drei weißen Papieren rollte, aus seinen Schalen befreit, das Floß der Buntstifte hin und her. Das knöcherne Aufschlagen, wenn ein Stift nach kurzer Benutzung auf den Tisch zurückgeworfen wurde, erinnerte an den Fall eines Würfels. Dazwischen gab es Perioden längerer Beanspruchung, die von hastigem Scharren begleitet wurden wie bei Hunden, die ihre Flöhe abzuwetzen suchen. Ansonsten fielen nur halblaute Bemerkungen, mehr zu uns selbst gesprochene Fragen nach einer bestimmten Farbe, die sich zwischen den Stiften nicht sogleich auffinden ließ. Alles Grundsätzliche hatten wir vorher erörtert und festgelegt, so daß die drei Entwürfe einunddesselben Projekts in gesammeltem Schweigen entstanden.

In die obere Mitte wurde ein Schloßportal gesetzt, dem Stil nach in etwa romanisch; beide Türhälften waren mit eisernen Bändern beschlagen, und wie ein kaum erkennbares Ohr lauerte unter der Türklinke das Schlüsselloch. Links war das Tor von einer Zugglocke flankiert, rechts von einem runden Wolkenfenster – dem Beobachtungsposten vom Petrus, dem himmlischen Hausmeister. Das Tor war der Gipfelpunkt einer endlosen Treppe, die Strich für Strich entstand, also eher einer Leiter gleichend, die auf das untere Ende des Papiers zuwuchs, von Wolken umwallt. Ein Schwall fünfzackiger Sterne und reichlich Kometen kamen auf jede noch freie Stelle der Vorderseite, eintönig wie ein Tapetenmuster, außerdem ein Streifen Orange, der das Glühen der Backöfen symbolisierte.

Der orangene Buntstift, von meiner Mutter in einem Schreibwarenladen aufgetrieben, der später nicht mehr zu finden war, hat mir nicht nur die Stimmenmehrheit gesichert, sondern durfte für sich in Anspruch nehmen, der eigentliche Auslöser für das Projekt gewesen zu sein. Er triumphierte, außer Konkurrenz, über alle anderen Stifte. Gleich danach kam Annelies Rosastift. Mißtrauisch wie Könige, die aus politischen Gründen ihre Zepter austauschen, verfolgte die eine bei der anderen die Größe der auszumalenden Flächen und die Intensität des Aufdrückens. Das Rosa meiner schraffierten Wolken hatte, so fand ich jedenfalls, bei weitem nicht so viel verbraucht wie das Orange, das Annelie zwischen ihre Meteore verteilte. Hinter dem Aufbrauchen der orangenen und der rosa Mine stand das Gespenst des „unwiederbringlich“.

Trudchen sagte: „Bloß mal ganz kurz“, und warf entschuldigende Blicke auf uns, die Inhaberinnen von Rosa und Orange, ehe sie hastig das Notwendigste schraffierte, eher hauchend als malend ein blasses Abbild unserer prangenden Himmelssäle schaffend. Trudchens einziger Beitrag zum Projekt bestand in einem Tintenstift, der von vornherein als unbrauchbar zurückgewiesen werden mußte, da seine Linien nicht korrigiert werden konnten. Denoch haben wir ihr das nicht vorgeworfen, weil ihre beinah heiligmäßige Begeisterung, die sich hin und wieder in tiefen Atemstößen Luft machte, dem Arbeitsklima die moralische Weihe verlieh, die Annelie und ich, von technischen Problemen zu sehr belastet, nicht aufbringen konnten.

Hinzu kam, daß unsere Kunstwerke neben Trudchens mittelmäßigem Produkt, das ohnehin nur Plagiat unserer Höhenflüge war, um so einmaliger erglänzen würden. Auch sonst bedienten wir uns gern Trudchens dankbarer Transusigkeit. Trudchen war bei nahezu allen Gelegenheiten verwendbar. Man konnte sie kneten und formen: zum Publikum, zur treuen Gefolgschaft oder, wie in diesem Fall, zum minder begabten Konkurrenten. Die Siege über Trudchen aus Reval waren leicht errungen und brachten dem Sieger weder Lorbeer noch das flirrende Gefühl eines Kopf-an-Kopf-Rennens, aber sie waren einem sicher, wann immer man sich mit Trudchen einließ.

Ungeduldig warteten Annelie und ich, bis auch Trudchen endlich so weit war und die Vollendung ihrer Skizze *Himmel, außen* bekanntgab. Gleichzeitig wurden nun alle drei Papierbögen umgedreht, das Portal von hinten noch einmal nachgezeichnet, damit es der Vorderseite glich, und alsdann mit einer Schere aufgeschlitzt, damit beide Türflügel sich öffnen ließen, öffnen und schließen.

Dann wurde das Innere der Ewigkeit eingerichtet. Damit das Tor nicht im freien Raum schwebte, entstand ein Pendant der vorderen Treppe, nur führte die nicht hinauf, sondern hinab wie in die Tiefen eines Bergwerks. Zu beiden Seiten des Schachts wurden Stollen angelegt, deren Funktion und Interieur dem individuellen Geschmack überlassen blieben. Wir illustrierten die Gefilde der Seligen als eine Art Manufaktur, in der auf Hochtouren für weihnachtliche Zwecke gearbeitet wurde. Wir malten alles, was sich leicht und, vor allem, gut in Serie zeichnen ließ: Dreieckiges, Rundes, Quadratisches. Kreisel, Bälle und Puppenhäuser, aber auch Puppen, gelblockig und schottenröckig, und Puppenwagen mit Harmonikaverdeck wurden konstruiert. Wir malten Backöfen mit Ziegelsteinen (versetzt gezeichnet), einen Ofen am anderen, das reinste Hexenkrematorium.

Den nicht sichtbaren Engeln gestanden wir Schlafkojen zu mit gekringelten Wolkenkissen; essen sollten sie in einem Refektorium mit langgestreckter Table d'hôte, die durch die Zahl ihrer Tischbeine wie ein Tausendfüßler aussah. Besonders wichtig aber sind bei unserer Zähmung des Elysiums die Aborte gewesen. Einer kam in den rechten, einer in den linken Trakt; einladend geöffnete Klosettdeckel mit Sternemblem ragten schräg; die Zugschnur kennzeichnete die Luxusklasse, in der man das Wasser zum Spülen mühelos aus der Wand herbeirufen konnte. Dieser Punkt schien mir besonders entscheidend, um den Unterschied zu irdischen Lebensbedingungen hervorzuheben, schließlich stand uns, die drei Haushalte meiner Familie zusammengenommen, bloß ein Abort (gesprochen *„bbrd*) mit Fallrohr zur Verfügung.

Den Grund des Himmels ließen wir bis zuletzt; dort sollte, laut Absprache, der Christbaumwald angelegt werden. In umgekehrter Verfahrensweise wie im Busch, wo man den Weg vor sich her erschaffen muß, erschufen wir uns vom Weg aus einen Dschungel aus Tannenspitzen und Tannenzweigen, die, steil und bananenförmig, gegeneinander ragten wie die Brüste von Negerinnen auf Witzbildern, eine Wildnis voller Kugeln und Ketten, die lianengleich herumhingen, und züngelnder Irrlichter, jedes Licht an einen Kerzenstumpf gebannt.

Wir fanden uns nicht gleich in der Küche zurecht, als die Aufforderung an uns erging, den Tisch unverzüglich zu räumen, er würde für das Abendbrot gebraucht. Konfuses Auseinandersortieren der Buntstifte setzte ein, während Trudchen bis zur letzten Sekunde noch Sterne in ihre Zweige hängte, den allgemeinen Wirrwarr nutzte, um sich den Rosastift zu schnappen und hastig Kringel, flüchtig wie Seifenblasen, in ihrem Wald verteilte, während ihr meine Mutter schon den Stuhl unterm Hintern fortzog: „Jetzt mach aber Schluß, das kannst du doch auch zu Hause fertigmalen."

Ziemlich lange habe ich geglaubt, daß der Schüssel für all das, was mit dem ersten Advent losging, in einem bestimmten Lied läge, das heißt in einer bestimmten Zeile, die sich als bloße Aufzählung unter anderen aufgezählten Zeichen und Wundern versteckte und die so hieß: *Bald ist Heilige Nacht* – hier habe ich in Gedanken ein *denn* eingefügt –, *Kor, der Engel erwacht*. Erst das Erwachen von *Kor*, dem Engel, hat in meiner Vorstellung die Gewähr dafür geliefert, daß die Bescherung wirklich stattfinden würde. Das Erwachen von Kor, dem Engel, hatte etwas vom Erwachen der Regentrude im Märchen; auch

Kor, der Engel, wenn er das Patronat über die Zeit übernahm, geriet langsam in Bewegung, rührte sich wie eine Landschaft, die aufstehen will, wie ein Gebirge, das sich vom Schlaf erhebt. Vom Augenblick seines Erwachens an bis zum Heiligabend würde er, so stellte ich es mir vor, nun über uns hinfliegen, würde Kreise ziehen bis Gönnsdorf, Blasewitz, Leuben, Graupa, aber immer wieder, rüttelnd wie ein hungriger Bussard, über Niederpoyritz stehen, weniger menschenähnliches Wesen als elementare Macht.

Im Zuge dieser Machtübernahme kam regelmäßig der Karton zum Vorschein. Er stammte aus zurückliegenden Zeiten; auf seinem Deckel klebte noch die alte Paketadresse. Diese Adresse mit dem Namen meines Vaters erinnerte, wenn wir schon keinen Grabstein mit Inschrift hatten, auf eine handliche, sehr private und durch den Zusammenhang mit dem Anlaß beinah schon mythische Weise daran, daß es einen Mann dieses Namens gegeben und daß er sogar Pakete empfangen hatte. Dieser Karton wurde nicht in der Wohnung aufbewahrt, sondern in einem der Verschläge im Zwischenstock; der Karton galt als Reliquiar, das, wenn alles vorbei war, wieder entfernt werden mußte, um sich ungestört erneuern und elf Monate später, mit Trara wie bei einem Almabtrieb, erneut eingeholt werden zu können, treppauf getragen, abgestaubt, geöffnet und ausgepackt. Der Inhalt wurde auf Schäden und mögliche Reparaturen hin geprüft und anschließend in der Wohnstube verteilt, jedes der heiligen Beinchen und Knöchelchen auf seinen seit Jahren unverrückbar festen Platz.

Dem Innern des Kartons entströmte schwacher Weihrauchduft. Auch der Lamettabatzen, der von Jahr zu Jahr mehr verfilzte, roch nach Weihrauch. Und von Jahr zu Jahr sagte meine Mutter, wenn sie ihn herausfischte, das gleiche. Sie sagte: „Hier, mach mal", und legte den Weichselzopf vor mich hin. „Machen" hieß in dem Fall, noch ein paar halblange Fäden zu finden, die man verwenden konnte.

Auch in den beiden anderen Familienwohnungen, jenseits des großen Treppenflurs bei Tante Lilla, der Zwillingsschwester meiner Mutter, und in den sich anschließenden Räumen meiner Großeltern, tauchten Kartons und Schachteln auf, die nach Weihrauch rochen. Auch dort wurden für gewisse Zeit die Fetische aufgepflanzt, Zeremonien eingeführt, Rituale durchgespielt. Jeder unserer drei Haushalte wurde durch eine eigene Lackbilderkrippe vertreten, deren geknickte Palmen alle Jahre neu mit braunen Klebstreifen gestützt werden mußten. Nur für das rote Glanzpapier hinter dem Stallfenster, wo die Kerze hätte durchschimmern sollen, war nichts Vergleichbares aufzutreiben.

Auf Kredenzen und Büffets standen Holzfiguren, solche mit vorgestreckten Armen, auf denen kleine Kerzen steckten, und solche, die schwarzversengte Mundhöhlen aufrissen. Beinah alle hatten entweder an Gliedmaßen oder Attributen Wesentliches eingebüßt und mußten zum Teil vorsichtig irgendwo angelehnt werden. Ihre Bedienung war ausschließlich den Erwachsenen vorbehalten. Einen der Räuchermänner, meistens den Bergmann mit dem „Arschleder“ und der grünen Kappe, hat mein Großvater immer auf den langen Korridor gestellt, wo unser Zentralabort war, damit es dort ab ersten Advent nicht bloß so streng nach Grube röche, sondern auch noch nach Weihrauch und Myrrhe.

Als meine Großmutter schon sehr alt war, hat sie die Adventsparade lässiger gesehen, mehr von oben, und hat unter die Grünhainichener Engel-Big-Band, die Räuchermänner und Kurrendeknaben auch Osterküken gemischt und Hasen aus Pappmaché, Zahnstochermännchen und Holzvögel mit Pflock im Bauch von den Deckeln alter Nähkommoden.

Im Gegensatz zu dem Karton ist die Emailleschüssel, in der wir vom Oktober an alle abgelutschten und ausgespuckten Pflaumenkerne gesammelt haben, kein Fetisch gewesen; sie stand, stets erreichbar, auf dem Küchenbüffet. Ihre Bedeutung war weniger spirituell, ihr Vorhandensein mehr ein Symptom.

Am Abend vor dem Tag, an dem meine Mutter ihre Stollenzutaten zusammenklaubte, habe ich am Wohnzimmertisch gesessen, auf dem haufenweise alte Zeitungen ausgelegt waren, und einen Pflaumenkern nach dem anderen zertrümmert, stundenlang, mit dem kalten Ingrimm eines Auktionators, daß die ganze Wohnung unter meinen Hammerschlägen dröhnte. Die Mandeln klebten meistens in einer Ecke des zerschlagenen Kerns fest; man konnte ihnen nur beikommen, indem man alles zu Brei haute und dann die Kernpartikel von der zermatschten Mandel ablöste. Die Splitter von den Kernen sprühten und spritzten quer durchs Wohnzimmer, und die Mandeln wurden anschließend mit kochendem Wasser überbrüht, damit man die Schale besser abziehen konnte und das Weiße herausgeschossen kam wie ein loser Zahn.

Am Morgen drauf hat meine Mutter den Butterschmalzklumpen (rationiert), die Zuckerration (gespart), das Mehlsäckchen (gehamstert), die mit dem Wiegemesser atomisierten Pflaumenmandeln, eine Tüte Korinthen und eine grüne Versteinerung, die Zitronat hieß (Zuteilung, jahreszeitlich bedingt), beim Oberen Bäcker abgegeben, zusammen mit Blechpfeilen, auf denen unser Name eingeritzt war. Und abends sind wir mit dem Handwagen, dem Nudelbrett und den Mangeltüchern zum Hof vom Oberen Bäcker gezogen. Dort haben schon andere Frauen darauf gewartet, daß der Bäcker auf die Hintertreppe rauskommt und ihre Namen aufruft. Das Warten war immer langweilig und kalt; in den Zehen habe ich nach einer Weile kaum noch ein Gefühl gehabt. Auch die Frauen sind von einem Fuß auf den anderen getreten, sie haben getrampelt und die Arme um den Körper geworfen, mal so rum, dann wieder so rum. Manche haben laut miteinander geschnattert, andere haben bloß getuschelt, und der stille und der laute Tratsch haben sich, kaum daß sie aus den Mündern herausgefahren sind, zu Lüftchen geballt, weiß wie Gazefetzen. Es wurde immer kälter, von Minute zu Minute, jeder Atemzug hat in den Nasenlöchern geprickelt, und die Schneewächten im Bäckergarten, der Himmel und die Dachziegel, alles was im Freien war, ist nach und nach immer blauer angelaufen, blau wie Lavendelfelder.

Die fertigen Stollen, die meine Mutter endlich zusammen mit dem Bäcker auf dem Nudelbrett herausgetragen und auf unseren Wagen gelegt hat, sind noch ganz nackt gewesen, ungepudert und warm und empfindlich. Es hat geheißen, daß sie beim allerkleinsten Sturz vom Wagen sofort zerbrechen und in Millionen Krümel zerfallen würden. Dann wäre alles für den alten Fritzen gewesen, dem meine Mutter nie etwas gegönnt hat, schon gar nicht unsere heiligen Stollen. Jedes Jahr hat sie eine Angst gehabt, es könnte uns auf dem Heimweg über die Straßenbahnschienen und über das gefrorene Pflaster und vor allem, während wir schräg die Gasse hinaufschoben, vielleicht ein Malheur passieren. Sie und Tante Lilla und die Großeltern haben ihre jeweiligen

Stollen auch nie am selben Tag backen lassen. Denn falls dem Bäcker gerade an dem Tag der Backofen explodiert wäre oder alles verkohlt oder nicht richtig durchgebacken (meine Mutter war eine vorzügliche Katastrophenausmalerin), hätte die Familie dumm dagestanden.

Die letzte Etappe ist das Treppenhaus gewesen, wo wir mit dem Brett und den Stollen in Schieflage uns um die Treppenwindungen haben hinaufschrauben müssen, vorher an der Haustür bei Schüller oder Herchenröther geklingelt, damit schon einer bereitstand, uns die Wohnungstür aufzuschließen. Lag alles heil auf dem Wohnzimmertisch, war Weihnachten gerettet. Ausgeleuchtet wie eine Notoperation, außer der Hängelampenbirne noch die vier Glaskronen oben drüber angeschaltet, sind die Stollen – wir haben in der Regel sechs gehabt, allein für meine Mutter und mich – dann mit warmen, flüssigen, gelben Fetten bepinselt worden, bis die heraustretenden Warzen der Korinthen angefangen haben zu glitzern. Aus einem kleinen Blechsieb wehte es weiß. Mit einem Löffel mahlte meine Mutter in dem Sieb steinharte Klümpchen zu Staub, verbissen wie eine Steinzeitfrau aus der neolithischen Periode, die ihre Getreidekörner zerreibt. Es schneite und stiebte so lange, bis eine weiße Sierra aus sechs Gebirgszügen vor uns lag, die in Prozession – ich vorneweg, die Türen aufreißend, hinterher meine Mutter, nur in diesem Ausnahmefall assistiert von Tante Lilla, was sonst nie vorkam – zum Wäscheschrank im Schlafzimmer getragen wurden wie prominente Täuflinge. Schon am Abend vorher hatte meine Mutter dort ein Fach freigemacht. Unsere Bettwäsche hat dann monatelang nach Gebäck gerochen. In hochgemuter Mattigkeit verlief, was von dem Abend noch übrig war, und sogar die ewigen Bratkartoffeln hatten plötzlich einen sensitiven und irrationalen Beigeschmack, in dem Schwelgen in schwerem Teig mit Zuckerkruste sich ankündigte.

Der Anschnitt ist immer am vierten Advent gewesen, nachmittags, beim Kaffeetrinken, und zwar bei Anwesenheit sämtlicher Familienmitglieder im Wohnzimmer der Großeltern. Mein Großvater hat die Begleitung zu *Alle Jahre wieder* auf dem Klavier zusammengesucht und sich regelmäßig bei *Auf, Tochter Zion* verheddert, während meine Mutter, leise, im Hintergrund, eine völlig andere Melodie, nämlich die von der Loreleiparodie, geträllert hat: „... und da machdr falsche

Griffe, und da fliechdr ausn Schiffe, und da fliechdr ausn Kahn, und da schwimmdr wie-ä Schwan ...", bis meine Großmutter mit dem Kerzenanzünder auf Sofa-Umbau, Beistelltisch, Büffet und Klavierkonsole rum war und meiner Mutter einen Blick zugeworfen hat. Die Großmutter hat die Angelegenheit dann selber in die Hand genommen und versucht, mit skandierendem *Sihihihi* das schnelle Finden der Akkorde mitzubestimmen:

„Sihihihi: hideinköö-nich
koho-hommmtzu-dier,
jahahaha: Hauchze-laudje
Ruhuhuhu: Salämm!"

Niemand von uns hätte sich ein Weihnachten ohne Stollen vorstellen können. Daß mein Vater nicht mit dabeigewesen ist, waren wir ja gewöhnt, daran würde sich auch nichts ändern, und Onkel Herbert, von dem wir mittlerweile wußten, daß er in englischer Gefangenschaft war, wurde in der Zwischenzeit reibungslos verschmerzt. Die Stollen dagegen hätten uns sehr gefehlt.

Ferdinand Oertel

Sammelleidenschaft

Bisher war Daniel kaum zu bewegen, mit den Eltern spazierenzugehen. Jetzt drängt er fast jeden Tag darauf: „Gehst du mit in den Wald spazieren?“

Damit hat es natürlich seine Bewandtnis. Im Herbst ist im Kindergarten mit dem Basteln begonnen worden. Zuerst brauchen die Kinder nur Formen aus buntem Papier auszuscnneiden und können sie auf ein Blatt kleben. Dann sollen sie Figuren kleben: Schiffe, Autos, Häuser.

Daniel kommt nicht nur jeden Tag mit einem neuen Kunstwerk nach Hause und will es in seinem Zimmer an die Wand heften (dem Vorbild von Paps und Mama entsprechend, die in ihren Zimmern auch so viele Bilder hängen haben); in kindlichem Übereifer setzt er nachmittags zu Hause auch die Bastelei fort, die morgens im Kindergarten begonnen hat. Also sieht sein Zimmer in dieser Zeit schlimmer aus als die Dachkammer von Spitzwegs Maler: überall liegen Farbstifte herum, Papierschnitzel, Scheren, halbfertige Bilder; und – für die Mutter – am schlimmsten: überall klebt und pappt es. Doch wer will kindlichem Schöpferdrang Einhalt gebieten?

Schließlich leiten die Kindergärtnerinnen die Phase des „Neo-Realismus“ in der Kinderkunst ein. Sie lassen die Kinder buntes Herbstlaub, farbige Blütenblätter, getrocknete Blumenstiele und Fruchtkerne auf Papier kleben und daraus Wälder und Wiesen gestalten.

Und daher dann plötzlich Daniels Drang in den Wald: Er will sammeln.

„Gib mir eine Tüte“, sagt er und bekommt eine Plastiktragetasche, die mindestens halb so groß ist wie er selbst. Als er mit den Eltern den Wald erreicht, sucht er zuerst gelbe Blätter. Dabei entfaltet er wieder seinen Wissensdrang: „Warum ist das Blatt so rund, warum hat das andere so viele Zacken?“ Der Vater erklärt ihm die verschiedenen Baumarten und Blattformen. Von Spazierengehen kann nicht die Rede sein, denn Daniel entdeckt auf jeder Stelle soviel Interessantes, daß er immer wieder stehenbleibt.

„Warum ist das Blatt gelb und das andere braun? Warum bleiben nicht alle grün?"

Die Erklärung fällt dem Vater schon schwerer. Dann konzentriert sich Daniels Suche auf etwas anderes, womit sich offenbar gut basteln läßt.

„Wo sind Eicheln?"

„Da müssen wir zuerst soweit spazieren, bis wir zu den Eichenbäumen kommen", sagt die Mutter und zieht den Sohn weiter. Aber Daniel entdeckt immer neue Dinge auf dem Boden: Käfer und Ameisen, Zweige und Federn, Tannenzapfen und Baumrinde.

„Das ist eine Eichel!" strahlt er.

„Nein", sagt der Vater, nachdem er den Fund betrachtet hat, „das ist eine Buchecker."

„Eine Eichel", widerspricht Daniel, „Buchecken (er sagt „ecken") sind kleiner."

„Paß mal auf", demonstriert der Vater, „hier das ist eine Hülse, und darin stecken die kleinen Bucheckern."

Der Vater bricht die Hülse auseinander, so daß die Eckern herausfallen. Daniel hat ein Geheimnis der Natur erfahren. Zielstrebig sucht er weitere Bucheckern, findet eine ganze Reihe von Hülsen, muß aber feststellen, daß alle leer sind.

„Wer hat die leergemacht?"

„Die Eichhörnchen."

Daniel weiß genug über Bucheckern, jetzt möchte er doch endlich Eicheln finden.

„Ist das ein Eichelbaum?" fragt er.

„Ein Eichenbaum", berichtigt der Vater.

„Und warum heißt er nicht Eichelbaum?"

Der Vater macht ihm klar, daß der Baum eine Eiche ist, seine Früchte aber Eicheln heißen. Deutsche Sprache, schwierige Sprache.

„Und wo sind Eicheln?" drängt Daniel. Aber sosehr er auch sucht, er findet nur leere Schalen.

Die Mutter will Daniel ablenken und weist ihn auf Tannenzapfen hin.

„Die mag ich nicht", sagt er. Damit könnte er in der Tat kaum ein Blatt bekleben.

„Warum sind keine Eicheln da?" will Daniel wissen.

„Vielleicht haben die Eichhörnchen alle aufgefuttert", meint der Vater.

Nach diesem ersten Spaziergang hat Daniel die Tasche zwar halb voll gesammelt, aber keine Eicheln gefunden. Er ist enttäuscht. Unverdrossen will er am nächsten Tag wieder in den Wald. So geht das eine Woche lang. Zu Hause häufen sich Berge von Blättern, Laub, Bucheckern und auch ein paar Eicheln, die Daniel doch noch findet. Sein Eifer kennt keine Grenzen.

Tagelang schleppt er morgens immer eine Tüte voll gesammelter Schätze mit in den Kindergarten. Eines Morgens sagt er jedoch:

„Wir haben genug, hat das Fräulein gesagt, ich darf alles zu Hause behalten."

Die Mutter denkt: „Wir haben zu Hause auch mehr als genug", aber sie kann das mühsam Gesammelte nicht sofort verschwinden lassen. Obschon sie feststellt, daß Daniels Lust am Kleben und Malen tatsächlich nachläßt.

Eines Nachmittags, als die Mutter wieder spazieren gehen will, erklärt Daniel: „Ich geh' nicht mehr mit in den Wald!"

„Warum denn nicht?" Die Mutter ist überrascht.

„Das ist gar nicht schön, wenn ich immer Blätter und Buchecken und Eicheln sammeln muß."

Ein ganz neuer Aspekt, denkt die Mutter. Zuerst hat es Daniel viel Spaß gemacht, im Wald zu sammeln. Was ist geschehen?

„Du mußt doch nicht unbedingt etwas sammeln", meint die Mutter.

„Doch", beklagt sich das Kind, „müssen wir für den Kindergarten. Ich will aber viel lieber Nachlaufen spielen und Verstecken."

Die Mutter ahnt, was ihren Sohn bedrückt. Irgendwie hat er die ganze Zeit unter Leistungsdruck gestanden, wie die Erwachsenen. Er mußte Blätter und Bucheckern und Eicheln sammeln, vielleicht nicht so sehr, weil die Kindergärtnerinnen es verlangten, sondern weil er nur dadurch mit den anderen mithalten konnte. Sich dem Trend der Masse anpassen müssen, nennt man das in der Welt der Erwachsenen. Zu etwas getrieben werden, weil alle es tun und man sonst nicht mehr mitkommt.

„Wenn du lieber herumspringst und Verstecken spielen willst", beruhigt die Mutter den streßgeplagten Fünfjährigen, „dann kannst du das ruhig tun, auch im Wald. Da kann man sich besonders gut verstecken."

Das Kind atmet hörbar befreit auf: „Wann gehen wir wieder in den Wald?"

Etwas tun, was einem Freude macht, nicht unter Zwang handeln – schon kleine Kinder haben dafür ein feines Gespür. Vater und Mutter nehmen sich vor, wenn möglich immer diese Motivation in der Erziehung anzustreben.

Gisela Steineckert

Grüne Wolken

Ich sage, was machst du da, und das Kind sagt: Siehst du doch. Ich sage, du malst, und das Kind sagt, ja, ich male. Ich sehe zu, wie das Kind malt, und wir sagen eine Weile nichts, dann sagt das Kind: „Meine Wolke ist aber grün." Ich sage, ja, sehr schön grün. Und wundere mich, warum die Stimme des Kindes jetzt unwillig geworden ist. Das Kind sagt: „Manche sagen, es gibt keine grünen Wolken." Ich sage: „Dann haben sie vielleicht noch keine grünen Wolken gesehen, und wir müßten dein Bild an die Wand hängen, damit viele Leute sehen, daß es Wolken gibt, die so aussehen wie ein Apfel, oder ..." „Nein", sagt das Kind, „nicht wie ein Apfel, wie eine grüne Wolke." Ich sage, ja, wie eine Wolke, und das Kind fragt: „Und wie sieht deine Wolke aus?" Ich sage, meine Wolke sieht manchmal aus wie Silber, manchmal ist sie blau, und manchmal ist sie weiß, manchmal ist meine Wolke auch schwarz. Das Kind sagt: „Schwarze Wolken gibt es nicht." Ich sage: „Doch, du hast vielleicht nur noch keine gesehen. Ich gehe jetzt und male eine schwarze Wolke und zeige sie dir."

„Ja", sagt das Kind, „aber in Wirklichkeit gibt es keine schwarzen Wolken, da gibt es nur grüne und die andern alle." Das Kind sagt, was machst du da, du guckst so komisch. Ich sage, ich schreibe ein Gedicht. Wie macht man das? Was ist ein Gedicht? Ich sage, ich mache es genau so wie du. Ich? Aber ich schreibe doch gar keine Gedichte! Doch, du spielst mit deinen Puppen und Stofftieren, und singst dazu alles, was dir einfällt. Du singst, was du denkst, was du gesehen hast, was du haben möchtest, was du nicht leiden kannst, worüber du traurig bist, wen du liebhast, und du singst böse Wörter, und Wörter, die es vorher gar nicht gegeben hat. „Und das machst du auch? Aber du bist doch kein Kind mehr, und ich hab gar nicht gehört, daß du singst."

Ich sage: „Doch, ich singe, aber nicht laut. Und ich schreibe auch auf, was ich als Kind gesehen habe."

„Macht das jeder, alle Kinder und alle Leute?"

Fast alle Kinder, aber wenn sie Leute geworden sind, dann oft nicht mehr. Ist das nicht schade? O ja, das ist schade.

Das Kind sagt: „Deine schwarze Wolke ist nicht schön. Aber meine grüne Wolke ist auch nicht schön. Ich mach lieber eine bunte."

Ich sage: „Aber die grüne und die schwarze Wolke können wir trotzdem behalten." Das Kind sagt: „Nein, die schmeißen wir jetzt weg, die machen wir kaputt."

Wenn das Kind kommt, könnte ich ihm diese Zeilen zu lesen geben, aber das Kind könnte sagen, warum hast du die Anführungen mal hingesetzt und mal nicht? Laune oder System, könnte das Kind fragen, denn es hat inzwischen Germanistik studiert und hat es schwer mit sich, es merkt, wie wenig ihm das gebracht hat. Es kann sich nicht mehr so einfach freuen wie früher, und auf neue Weise freuen hat es auch noch nicht gelernt. Das Kind schreibt, wie das Kalb stehen lernt, wie der Vogel vom Nestrand fliegt. Was soll der Vergleich, könnte das Kind sagen, das Kalb kann eigentlich stehen, der Vogel eigentlich fliegen, beide wissen nur noch nicht, wie man machen muß, was einem eigentlich gegeben ist. Naja, könnte ich sagen, so meinte ich es, wenn ich sage, das Kind schreibt. Das Kind?

Vorbei ist die Zeit, da meine Tochter wissen wollte, warum die Leberwurst keinen Vornamen hat, lang vorbei auch jener Tag, an dem sie auf einem Stein einen Zwerg gesehen hat. Ich sah diesen Zwerg nicht, aber ich neigte schon damals dazu, jedem Menschen das Recht auf seinen Zwerg zu lassen. Weil ich es für möglich hielt, daß einer einen Zwerg sieht und der andere nicht. Das war gütig, aber falsch. Nachdem ich bereits der Dreijährigen zugestanden hatte, daß sie mehr sieht als ich, erwies sich diese Erfahrung als anwendbar für viele Situationen. Denk daran, sagte noch die Fünfzehnjährige, als sie eben die Schulmappe in eine Schultasche umgewechselt hatte und schon mit der ersten Liebe durchbrennen wollte, denk daran, den Zwerg hast du damals auch nicht gesehen. Ich hielt den Zeitpunkt für gekommen, sie zu ernüchtern, und sagte: „Du aber auch nicht!" Da sagte sie: „Doch! Ich habe ihn gesehen! Er stand zuerst auf dem Stein, und dann hat er getanzt!"

Armin Krenz

Von Phantasien und Wirklichkeiten

Kinder haben zu allen Zeiten, in allen Geschichtsepochen und in allen Teilen der Welt *ihre* Fragen gestellt. Alles, was sie nicht begreifen und verstehen konnten, wurde als Frage thematisiert. Nicht anders ist es in unserer heutigen Welt, in der Kinder aufwachsen. Allerdings mit dem Unterschied, daß besondere ökonomische Verhältnisse, ökologische Ereignisse und die Mehrdeutigkeit von Situationen sowie der teilweise ungehemmte Einfluß von Reizen auf Kinder Spuren hinterlassen. Spuren, denen Kinder in ihrer Entwicklung häufig hinterherhinken und zu erfassen versuchen. Sokrates, ein griechischer Philosoph, stellte zu seiner Zeit den Menschen, mit denen er zu tun hatte und von denen er umgeben war, unentwegt Fragen, weil für ihn nichts so war, wie es ist, sondern er fragte sich, warum vieles so sein mußte oder sollte. Die Menschen von Athen waren schließlich so erbost über seine Frageaktivität, daß sie ihn zum Tode verurteilten.

Fragen können verwirren, sie können irritieren und verärgern, Freude auslösen oder traurig machen, Sicherheiten vermitteln oder gefundene Sicherheiten zum Einsturz bringen. Wenn es daher gilt, daß Erwachsene die besondere Aufgabe haben, Kinder in ihrer Entwicklung zu begleiten und zu unterstützen, dann versteht es sich von selbst, Kinderfragen zu hören, zu verstehen und bei der Beantwortung Kindern zu helfen.

Kinderfragen sind ein Teil des Lebens, der nur dadurch berücksichtigt wird, wenn sie auch wirklich voller Respekt aufgegriffen werden. Insofern soll an dieser Stelle der Bereich von Kinderfragen in Kürze zusammengefaßt werden.

1. Es gibt keine wichtigen oder unwichtigen Kinderfragen. Jede Frage, die von Kindern gestellt wird, hat ihren Grund und ist allein durch ihre Existenz von Wichtigkeit geprägt.

2. Hinter vielen Kinderfragen steckt eine ganze Welt voller Erfahrungen und Wünschen, Ängsten und Sorgen. Wir sollten als Erwachsene nicht annehmen, daß mit jeweils *einer* Frage auch nur diese eine Frage gemeint ist.
3. Kinderfragen verlangen nach Zeit, die Erwachsene für Kinder aufbringen müssen. Schnelles Abspeisen mit Antworten verhilft Kindern kaum oder gar nicht dazu, sich auch mit Antworten auseinandersetzen zu können.
4. Viele Kinderfragen scheinen nur auf das erste Hören nach einer Sachantwort zu verlangen, die mehr oder weniger einfach ist. Bei einer Reihe von Kinderfragen geht es aber um „indirekte" Antworten, die Erwachsene nur dadurch begreifen können, wenn auf die Selbstoffenbarung der Frage geachtet wird (was ein Kind *eigentlich* wissen möchte).
5. Keine Kinderfrage ist dumm! Wäre sie tatsächlich überflüssig, würde sie ein Kind nicht stellen.
6. Kinderfragen sind häufig der Anfang für sehr ernst zu nehmende Unterhaltungen. Wer Kinderfragen wertschätzt, nimmt Kinder auch als gleichwertige Gesprächspartner ernst.
7. Auch wenn Kinder auf viele Fragen eine Antwort haben möchten, so ist es eine durchgängige Erfahrung, daß sie häufig auch schon selbst Antworten für sich gefunden und innerlich formuliert haben. Bei einem Antwortgeben vergleichen sie ihre Antwort mit der des Erwachsenen. Aufmerksame und freundliche Gegenfragen sind daher nicht selten die besten Antworten.
8. Kinderfragen sind eine Form des Philosophierens. Dabei kann mit Spaß und Ernst zugleich gemeinsam über Bedeutungen und Sinnzusammenhänge nachgedacht werden, um Möglichkeiten zu entdecken, Phantasien zu entwickeln oder Ideen zu verfolgen.
9. Kinderfragen haben einen Sinn, den es für Erwachsene zu erfassen gilt. Die Art der Kinderfragen gibt häufig Auskunft darüber, wie es einem Kind zumute ist und was die Seele eines Kindes beschäftigt.
10. Kinder stellen Fragen, weil sie etwas nicht verstanden oder durchlebt haben. Ihre Fragen tragen dazu bei, daß neue Erfahrungen ins weite Spektrum der Verhaltensbereiche von Kindern aufgenommen werden können.

11. Kinderfragen zeigen die ungebremste Neugierde der Kinder, ihr Erlebnisumfeld zu erfassen. Kinderfragen sind damit nicht nur Hilfen zur Verarbeitung von Unbekanntem, sondern auch Vorbereitung auf das weitere Leben.
12. Kinderfragen resultieren aus einer Neugierde heraus, Dinge erklärbar zu machen. Unbeantwortete oder bewertete Fragen können Neugierde ersticken und lähmen damit die Kraft, die für das Wachsen der Intelligenz verantwortlich ist.
13. Kinderfragen sind häufig Bewunderungen von Ereignissen, deren Sinn die Kinder in ihrer ganzen Breite für sich nutzbar machen möchten. Insofern ist ein Staunen der Kinder nicht zufällig, sondern das Ergebnis von Betroffenheit.
14. Kinderfragen ziehen ihre grundsätzliche Berechtigung aus der unwidersprochenen Tatsache, daß es zu jedem Warum auch ein Darum, zu jedem Weshalb auch ein Deshalb gibt.
15. Kinderfragen können sich am besten dort entwickeln, wo sie ihre Welt als demokratisch, wenig vorurteilsbeladen und verständnisvoll erleben.
16. Kinderfragen ergeben sich häufig aus dem aktiven Tun, weniger aus dem Reden. Daher ist es hilfreich, Kindern zu ermöglichen, viele Handlungserfahrungen zu machen.
17. Kinderfragen können sich dann am besten entwickeln, wenn Kinder nicht von einer Menge an Spielzeug, Medieneinflüssen oder Überbehütung erdrückt werden. Genauso können sich auch nur dort Kinderfragen ergeben, wo Kinder eine grundsätzliche Sicherheit spüren, bei Eltern/Elternteilen, die für sie da sind, wenn Kinder sie brauchen.
18. Kinderfragen können sich auch aus Fehlern ergeben, die Kinder machen. Da Kindern der Erfahrungsschatz vieler Erwachsener fehlt, können und müssen Vorhaben und Experimente der Kinder auch dann zugelassen werden, wenn wir Erwachsene vom Scheitern bestimmter Tätigkeiten im voraus überzeugt sind. Das hat selbstverständlich dort seine Grenzen, wenn das körperliche Wohl des Kindes oder anderer Kinder in Gefahr gerät.
19. „Peinliche" Kinderfragen dürfen/können nicht den Kindern angelastet werden. Vielmehr geht es darum, als Erwachsener für

sich zu klären, warum für einen selber die Frage des Kindes peinlich ist.

20. Kein Erwachsener muß auf jede Frage sofort eine Antwort wissen. Allerdings sollten Erwachsene dafür Sorge tragen, daß das Kind zu (s)einer Antwort findet.
21. Kinderfragen ergeben sich aus der besonderen Art des Denkens von Kindern. Es ist Aufgabe der Erwachsenen, sich in ihr magisches, von Bildern und Mythen besetztes Denken hineinzuversetzen.
22. Fragen und Antworten sind ein fester Bestandteil unserer Kommunikationskultur. Kinderfragen zu beantworten oder mit Kindern gemeinsam auf die Suche nach Antworten zu gehen bedeutet demnach, Kommunikationskultur sorgsam zu pflegen.
23. Kinderfragen beinhalten häufig ethische Annahmen und wertorientierte Grundlagen/Meinungen. Antworten sind daher dazu geeignet, Ethik und Werte mit Kindern zu erfahren.
24. Kinderfragen entstehen aus der Freiheit der Kinder, sich *ihre* eigenen Gedanken zu machen. Kinderfragen aufzugreifen und wertzuschätzen bedeutet, Kindern zu einer Freiheit zu verhelfen, in der Belastungen und Nöte *nicht* zum Ausgangspunkt des Handelns werden müssen.
25. Kinderfragen, die nicht beantwortet werden können, finden vielleicht durch Bilderbücher oder Kindertexte ihre Antwort. Dort kann ein Kind verweilen. Anders ist es mit den Medien Fernseher, Kassette oder Video, Game-boy oder Video-Spiel. Aktionsszenen können Kindern nicht helfen, Antworten auf ihre Fragen zu finden.
26. Tagträume und Phantasien sind ein Teil der Konzentration der Kinder auf sich selbst. Sehr häufig beschäftigten sich Kinder gerade in dieser Zeit mit ihren Fragen und Antworten. Daher sollte Kindern immer die Chance gegeben werden, auch Tagträume und Phantasien in ihrem Leben zu behalten.
27. Kinderfragen ergeben sich aus der Teilhabe am verantwortungsvollen Leben der Erwachsenen. Nicht der Aufbau marktorientierter „Kinderkultur" und das Hineindrängen von Kindern in isolierte Schutzräume und spezialisierte Fördereinrichtungen hilft Kindern

dabei, Antworten zum Leben zu finden, sondern vielmehr das natürliche Aufwachsen in erlebten Sicherheiten fester Beziehungen zu Erwachsenen.

28. Kinderfragen halten das Denken in stetiger Bewegung. Das Nichtwahrnehmen von Kinderfragen oder ständige Beliefern von fertigen Antworten führt zum Stillstand.
29. Belehrungen auf Kinderfragen ziehen deutliche Denkgrenzen mit sich.
30. Kinderfragen sind ein Ausdruck von Lust, mit eigenen Gedanken und denen anderer zu spielen.
31. Kinderfragen sind ehrliche Zeugnisse darüber, daß Kinder den Mut haben, das in Erfahrung zu bringen, was ihnen wichtig ist. So war es z.B. in dem Märchen von des Kaisers neuen Kleidern ein Kind, das die Wahrheit darüber ausgesprochen hat, daß der Kaiser nichts an Kleidern trug.

Gareth B. Matthews

Beweis für den „ersten Floh“

Es war 1963, als mir das erste Mal ein Zusammenhang zwischen Philosophie und Kindheit in den Sinn kam. Unsere Katze Fluffy hatte Flöhe. Ich kündigte an, Fluffy im Keller wegen ihrer Flöhe zu behandeln. Unsere älteste Tochter Sarah, damals vier Jahre alt, fragte, ob sie dabei zusehen dürfe. Widerstrebend willigte ich ein – unter der Voraussetzung, daß sie oben an der Treppe stehenbleibt, um nicht den Flohpuder einzuatmen. Von der obersten Treppenstufe beobachtete Sarah das einfache Ritual mit großem Interesse. „Daddy“, fragte sie nach einer Weile, „wie hat Fluffy die Flöhe bekommen?“

„Nun“, antwortete ich arglos, „sie wird wohl mit einer anderen Katze gespielt haben, von der sie dann auf Fluffy gehüpft sind.“

Sarah überlegte: „Und wie hat diese Katze die Flöhe gekriegt?“

„Ach so, wahrscheinlich wird sie mit noch einer anderen Katze gespielt haben“, gab ich lässig als Antwort, „von der dann die Flöhe auf die Katze gehüpft sind, mit der Fluffy später gespielt hat.“

Sarah schwieg für eine Weile. „Aber Daddy“, sagte sie darauf ernst, „es kann doch nicht unendlich so weiter gehen, das einzige, was unendlich weitergehen kann, sind Zahlen!“

Als sich diese Episode zutrug, lehrte ich Philosophie an der Universität von Minnesota. Eines meiner Standardthemen, das ich dort in verschiedenen Kursen und Seminaren vortrug, handelte vom kosmologischen Gottesbeweis. Dieser gründet sich auf einem unendlichen Zurückverfolgen von Ursachen, um auf diese Weise zu einer „Ersten Ursache“ zu gelangen, die wir alle, wie uns Thomas von Aquin mit überraschender Überzeugungskraft versichert, „Gott“ nennen. Ich weiß noch, wie ich damals gedacht habe: „Hier bemühe ich mich nun, meinen Studenten den Beweis für eine ‚Erste Ursache‘ nahezubringen, und meine vierjährige Tochter kommt einfach so daher und liefert mir einen Beweis für den ‚Ersten Floh‘.“

IV
Im Schatten der Erwachsenen

Wächst ein Kind auf …

(Anonym)

Wächst ein Kind mit Kritik auf –
Lernt es, zu verurteilen!

Wächst ein Kind mit Haß auf –
Lernt es, zu kämpfen!

Wächst ein Kind mit Spott auf –
Lernt es, scheu zu sein!

Wächst ein Kind mit Schmach auf –
Lernt es, sich schuldig zu fühlen!

Wächst ein Kind mit Toleranz auf –
Lernt es, geduldig zu sein!

Wächst ein Kind mit Ermutigung auf –
Lernt es, selbstsicher zu sein!

Wächst ein Kind mit Lob auf –
Lernt es, dankbar zu sein!

Wächst ein Kind mit Aufrichtigkeit auf –
Lernt es, gerecht zu sein!

Wächst ein Kind mit Sicherheit auf –
Lernt es, zuversichtlich zu sein!

Wächst ein Kind mit Anerkennung auf –
Lernt es, sich selber zu schätzen!

Wächst ein Kind mit Güte und Freundlichkeit auf –
Lernt es, die Welt zu lieben!

Jeanne Van den Brouck

Die elterliche Wohnung

Im allgemeinen bewohnen Eltern Häuser, die von unterschiedlichster Bauart sein können, oder sie leben in Teilen von Häusern, sogenannten Wohnungen, oder auch in Zelten, Wohnwagen, Höhlen, Fässern und auf Bäumen oder an Stellen, wo man es noch weniger erwartet. Kennzeichnend für die elterliche Wohnung sind aber, von einigen ganz seltenen Ausnahmen abgesehen, Unordnung, Schmutz, Verschwendung, Irrationalität. Die Eltern können nichts dafür; es handelt sich hier um einen typischen Zug der Spezies.

Eltern verwenden völlig falsche Ordnungssysteme, und sie klammern sich mit wunderlicher Halsstarrigkeit daran. Zum Beispiel pflegen sie Gegenstände der gleichen Art alle an einem einzigen Ort aufzubewahren. Damit steht eines fest: Wo immer sie sich gerade befinden, sie haben nie all die Dinge zur Hand, deren sie bedürfen. Jedes vernünftige Kind strebt danach, sich bald da, bald dort ein Lager anzulegen, das eine möglichst breite Palette nützlicher oder angenehmer Gegenstände umfaßt, um augenblicklich darüber verfügen zu können, wenn es den Wunsch empfindet. Eltern indessen verlieren Stunden, Tage, ja sogar Monate ihres Lebens, um in der Ferne Gegenstände zu suchen, deren sie bedürfen, und sie nach Gebrauch wieder zurückbringen. Die Unvernunft dieses Vorgehens tritt deutlich zutage, wenn man sich die unüberwindlichen Schwierigkeiten vergegenwärtigt, die sich für den Säugling oder das Kleinkind aus diesem Ordnungsprinzip ergeben. Sie bewegen sich auf allen Vieren oder durch Drehungen um die eigene Achse, folglich liegen die meisten Punkte des elterlichen Ordnungssystems zu hoch für sie, und sie sind gezwungen, andere Personen zu beschäftigen, einzig und allein zu dem Zweck, sich den täglichen Kram aus seinen unerreichbaren Lagern holen zu lassen.

Ich kenne allerdings den Fall eines Vaters, der probiert hat, im Kreise seiner Familie vernünftigere Methoden einzuführen. Er legte die Dinge, deren er sich bediente, genau an der Stelle ab, wo er sie zuletzt benutzt hatte. Er hielt es nämlich für sehr wahrscheinlich, daß sie ihm an eben diesem Platz wieder dienlich sein könnten. Von seinem Sohn einmal abgesehen, zeigten jedoch alle Mitglieder seiner Familie das stumpfsinnigste Unverständnis, und sie bemühten sich unter fadenscheinigsten Vorwänden, seine Organisation durcheinanderzubringen.

Die Wohnung der Eltern ist oftmals schmutzig. Sie schütten dort alle Arten von durchdringend riechenden chemischen Erzeugnissen aus. Dies geschieht in der erklärten Absicht, die natürlichen Gerüche zu verändern oder auszuschalten. Für den Erwachsenen ist es desto „sauberer" je mehr Bohnerwachs, Bleichlauge und Waschmittel im Haus sind.

Eltern versperren ihre Wohnung mit allen Arten von unnützen Gegenständen, die zudem uninteressant, häßlich und für den Verzehr nicht geeignet sind. Diese Dinge sind häufig sehr teuer, und sie werden auf Kosten nützlicher Sachen angeschafft. Der Wert unzähliger Tafeln Schokolade wird solchermaßen in chinesische Vasen, bronzene Plastiken, bunte Bilder, in Pendeluhren und andere Belanglosigkeiten investiert. Väter und Mütter spielen praktisch niemals mit diesem Zeug, aber sie legen unerbittlich großen Wert darauf. Man hat mir den folgenden Fall zugetragen: Ein Vater hatte die ganze Wand seines Wohnzimmers mit einem gläsernen Regal versperrt, das mit zerbrechlichen Gegenständen überladen war. Sie waren größtenteils vollkommen nutzlos, verursachten ihm aber unaufhörliche Sorge. Seine kleine Tochter wollte ihm zu Hilfe kommen, und es gelang ihr eines Tages mit übermenschlicher Anstrengung, das Regal mit seinem ganzen Inhalt zum Umkippen zu bringen. So machte sie mit einem Schlag diesen ganzen Plunder zunichte, der ihren Papa daran hinderte, sich seines Lebens in Ruhe zu erfreuen und sich im Wohnzimmer ungestört zu belustigen. Ob Ihr es mir glaubt oder nicht, als der Vater die Arbeit sah, erlitt er einen regelrechten hysterischen Anfall.

Es ist allem Anschein nach besser, wenn man die Eltern ihren Lebensstil nach ihrem eigenen Geschmack gestalten läßt, selbst wenn sie ihn völlig falsch organisieren. Man bescheide sich mit kleineren und behutsamen Eingriffen, und man führe sie aus, ohne die Aufmerksamkeit der Eltern allzusehr zu erregen, was diese ohnehin nicht zu würdigen wüßten. Auf diese Weise gelangt man oft dahin, im stillen für das Wohl der Eltern zu wirken, ohne daß man ihnen den Grund dafür nennen könnte. Man kann nur hoffen, daß sie die Dinge später verstehen und sich dankbar erweisen werden.

Armin Krenz

Was Erwachsene antworten

Amelie ist traurig und wütend zugleich. Obwohl sie sich für heute nachmittag mit ihrer Freundin Maike verabredet hat, kommt Maike nicht zum vereinbarten Zeitpunkt zu ihr. Amelie steht am Fenster und wartet. Immer wieder guckt sie auf die Uhr und kann es einfach nicht verstehen, warum sie von ihrer Freundin versetzt wurde. Schließlich hält sie es nicht mehr aus. Sie stürmt aus ihrem Zimmer, rennt zur Mutter und fragt: „Wieso kommt Maike heute nicht zu mir? Wir haben uns fest verabredet. Weißt du, warum sie mich sitzenläßt?"

Die Mutter könnte nun auf ganz verschiedene Art und Weise antworten, wie etwa so:

Möglichkeit 1: „Woher soll ich das wissen? Geh zu ihr hin und frag sie."

Möglichkeit 2: „Wieso regst du dich so auf? Laß Maike doch noch etwas Zeit."

Möglichkeit 3: „Du weißt doch, daß Maike fast immer zu spät kommt. Geh solange auf dein Zimmer und spiele. Ich rufe dich, wenn ich sie kommen sehe."

Möglichkeit 4: „Vielleicht habt ihr euch ja gestritten, und nun ist Maike sauer und kommt nicht."

Möglichkeit 5: „Laß mich bitte in Ruhe. Ich habe jetzt selber was zu tun."

Möglichkeit 6: „Du bist ganz schön traurig, daß Maike nicht kommt. Das würde mich auch ärgern."

Möglichkeit 7: „Kann es sein, daß du dich in der Zeit vertan hast?"

Möglichkeit 8: „Maike ist sowieso keine gute Freundin. Ich finde, sie streitet sich viel mit dir. Sei froh, wenn sie gar nicht kommt. Dann brauchst du dich auch nicht über sie zu ärgern."

Möglichkeit 9: „Geh doch zu Stephanie. Ihr beide habt doch auch in den letzten Tagen des öfteren miteinander gespielt."

Möglichkeit 10: „Auf solch eine treulose Tomate würde ich nicht warten. Wenn sie jetzt kommt, sag ihr einfach, du hast was anderes vor."

Möglichkeit 11: „Du würdest Maike sicherlich nicht warten lassen. Vielleicht solltest du das auch mal bei ihr machen."

Möglichkeit 12: „Ich weiß es nicht."

Möglichkeit 13: „Verabredungen sollte man einhalten. Daran können auch Freundschaften kaputtgehen, wenn jemand zu spät kommt."

Möglichkeit 14: „Wenn du willst, dann zieh dir die Jacke an. Ich wollte sowieso in die Stadt zum Einkaufen, und da kannst du jetzt gleich mitkommen."

Möglichkeit 15: „Vielleicht hat sie sich mit einer anderen Freundin getroffen, mit der sie heute lieber spielen wollte."

Möglichkeit 16: „Wisch dir mal die Tränen ab und heul nicht so rum. Davon geht die Welt auch nicht unter."

Möglichkeit 17: „Wolltest du nicht immer schon dein Zimmer aufräumen? Da kannst du ja die Zeit nutzen und mal Ordnung in deine Bude bringen."

Möglichkeit 18: „Ist Maike das überhaupt wert, daß du darüber so traurig bist? Es gibt doch auch noch andere Kinder."

Möglichkeit 19: „Jetzt schlägt's dreizehn. Reiß dich zusammen, und stell dich nicht so an."

Möglichkeit 20: „Ach Amelie, ich kenne das aus der Zeit, als ich auch auf meine Freundinnen gewartet habe und die nicht gekommen sind." (Die Mutter geht ins Wohnzimmer und holt ihr Fotoalbum, um Amelie ihre Kinderfotos und früheren Freundinnen zu zeigen.)

Möglichkeit 21: „Wenn du so traurig bist, dann kann ich dich ja zu Maike fahren. Vielleicht treffen wir sie sogar auf dem Weg dorthin."

Möglichkeit 22: „Lenk dich am besten mit etwas ab. Dann drehen sich deine Gedanken nicht nur um Maike."

Möglichkeit 23: „Ich weiß nicht, wieso du gerade mir die Frage stellst. Ich bin doch nicht Maike, also kann ich es auch nicht wissen."

Möglichkeit 24: (Die Mutter läßt sich nicht von ihrer Arbeit ablenken, schaut nicht hoch und tut so, als hätte sie die Fragen gar nicht gehört.)

Möglichkeit 25: „Beiß die Zähne zusammen. Wenn ich auch über alles heulen würde, worüber ich traurig bin, dann wäre unsere Wohnung überschwemmt."

Möglichkeit 26: „Unpünktlichkeit ist heute offensichtlich keine Ausnahme mehr. Früher war alles anders. Wenn man sich da verabredet hatte, klappte das auch."

Möglichkeit 27: (Die Mutter nickt nur kurz in Richtung Telefon und meint offensichtlich, daß Amelie ihre Freundin Maike anrufen könnte.)

Möglichkeit 28: „Es ist gut zu weinen, wenn man enttäuscht ist. Hinterher geht es einem immer besser."

Möglichkeit 29: „Ach Amelie, es werden noch so viele Enttäuschungen auf dich zukommen, daß du dich freuen wirst, wenn es nur um eine verspätete Verabredungszeit geht."

Möglichkeit 30: „Sag mal, warum du so traurig darüber bist, wenn Maike dich sitzenläßt."

Möglichkeit 31: „Das nervt! Immer, wenn bei dir was nicht klappt, weinst du."

Möglichkeit 32: „Nun lach mal wieder. Es gibt viel, viel schlimmere Sachen, als von einer Freundin versetzt zu werden."

Möglichkeit 33: (Die Mutter nimmt Amelie auf den Schoß, fängt auch an zu weinen und erzählt ihrer Tochter von ihrer Traurigkeit.)

Sicherlich ist die ganze Vielfalt der unterschiedlichen Antwortmöglichkeiten an dieser Stelle nicht genannt, doch gibt sie einen Überblick über die Spannbreite von Antworten.

Zunächst einmal geht es darum, deutlich aufzuzeigen, daß es *immer* sehr, sehr viele Möglichkeiten gibt, auf *eine* Frage zu reagieren:

- ohne Sprache (mit dem Kopf, den Augen, den Händen, den Armen, dem ganzen Körper),
- ohne Sprache und ohne Körperbewegung,
- mit Sprache
  - mit einer Gegenfrage,
  - mit einem Vorwurf,
  - mit einem Ratschlag,
  - mit einer Information,
  - mit dem Nennen des Gefühls, wie es dem Kind wohl zur Zeit geht,

- mit einer Bagatellisierung,
- mit einer Alternative,
- mit einer Ablenkung,
- mit einer eigenen Unmutsbekundung,
- mit einer eigenen Gefühlsentlastung,
- mit einer Bewertung,
- ...).

Immer, auch wenn die hörbare Sprache ausgeschaltet wird oder ist, empfinden Menschen – Kinder und Erwachsene gleichermaßen – jegliches Verhalten der anderen Person als eine Antwort. So ist zum Beispiel das Nichterscheinen der Eltern auf das Schreien eines Kindes, eines Babys, selbstverständlich auch eine Antwort. In gleichem Maße das Aufstehen während eines Streites, das Nichts-Sagen und Verlassen des Raumes; das Zuwerfen einer Türe oder das Zerreißen eines Briefes oder einer Kinderzeichnung, das Zeigen mit dem ausgestreckten Arm und dem geraden Zeigefinger z.B. auf die Türe des Kinderzimmers oder das Hochblicken und Rollen mit den Augen.

Antworten geschehen immer, allein durch die Existenz zweier Menschen, die miteinander in Kontakt sind. Insofern kann es bei der Auseinandersetzung zum Thema „Kinderfragen – Antworten der Erwachsenen" grundsätzlich zwei Ausgangspunkte geben, die allerdings in ihrer Konsequenz deckungsgleich sind. Antworten sind einerseits hörbare Äußerungen der Erwachsenen, andererseits aber auch sichtbare oder unsichtbare Reaktionen, ohne etwas zu hören.

Möglichkeit 1: Das Kind fragt – der Erwachsene spricht.
(Das Kind erhält eine Antwort, unabhängig wie sie ausfällt bzw. ob und wie sie ein Kind [un]zufrieden macht.)
Möglichkeit 2: Das Kind fragt – der Erwachsene reagiert gar nicht.
(Das Kind erhält damit eine Antwort, unabhängig davon, ob der Erwachsene die Frage gehört hat oder nicht gehört „überhört".)
Möglichkeit 3: Das Kind fragt – der Erwachsene reagiert mit einer Bewegung des Körpers.
(Das Kind erhält auch damit eine Antwort und interpretiert diese im Sinne seines Verstehens.)

Robert Walser

Angst vor dem Dunkel

Die Eltern prägen den Kindern die fürchterliche Angst vor dem Dunkel ein und schicken dann zur Strafe die Unartigen in stille, schwarze Kammern. Da greift nun das Kind im Dunkel, im dicken Dunkel und stößt nur auf Dunkel. Des Kindes Angst und das Dunkel kommen ganz gut miteinander aus, aber nicht das Kind mit der Angst. Das Kind hat soviel Talent, Angst zu haben, daß die Angst immer größer wird. Sie bemächtigt sich des kleinen Kindes, denn sie ist etwas so Großes, Dickes, Schweratmendes; das Kind würde zum Beispiel gern schreien wollen, aber es wagt es nicht. Dieses Nicht-Wagen vergrößert noch seine Angst; denn etwas Furchtbares muß da sein, wenn man nicht einmal vor Angst Angstschreie ausstoßen darf. Das Kind glaubt, jemand horche im Dunkel. Wie schwermütig einen das macht, sich solch ein armes Kind vorzustellen. Wie die armen Öhrchen sich anstrengen, ein Geräusch zu erhorchen: nur den tausendsten Teil eines Geräuschleins. Nichts hören ist viel angstvoller als etwas hören, wenn man schon einmal im Dunkel steht und hinhorcht. Überhaupt schon: hinhorchen und beinahe das eigene Horchen hören. Das Kind hört nicht auf zu hören. Manchmal horcht es, und manchmal hört es nur, denn das Kind weiß zu unterscheiden in seiner namenlosen Angst. Wenn man sagt: hören, so wird eigentlich etwas gehört, aber wenn man sagt: horchen, so horcht man vergeblich, man hört nichts, man möchte hören. Horchen ist Sache des Kindes, das in eine dunkle Kammer eingesperrt wird, zur Strafe für Unarten. Denke man sich jetzt, daß jemand herankäme, leise, fürchterlich leise. Nein, das lieber nicht denken. Lieber das nicht denken. Derjenige, der das denkt, stirbt mit dem Kinde vor Schreck. So zarte Seelen haben Kinder, und solchen Seelen solche Schrecknisse zudenken! Eltern, Eltern, stecket nie eure unartigen Kinder in dunkle Kammern, wenn ihr sie vorher gelehrt habt, Angst vor dem sonst so lieben, lieben Dunkel zu empfinden.

Bertolt Brecht

Was ein Kind gesagt bekommt

Der liebe Gott sieht alles.
Man spart für den Fall des Falles.
Die werden nichts, die nichts taugen.
Schmökern ist schlecht für die Augen.
Kohlentragen stärkt die Glieder.
Die schöne Kinderzeit,
Die kommt nicht wieder.
Man lacht nicht über ein Gebrechen.
Du sollst
Erwachsenen nicht widersprechen.
Man greift nicht
Zuerst in die Schüssel bei Tisch.
Sonntagsspaziergang macht frisch.
Zum Alter ist man ehrerbötig.
Süßigkeiten
Sind für den Körper nicht nötig.
Kartoffeln sind gesund.
Ein Kind hält den Mund.

Lis Bickel

Erste Trauer

Es war in einem lang vergangenen Sommer. Wir machten Ferien in einem kleinen Gehöft im Süden Frankreichs. Es war ein besonders heißer Sommer, die Kinder spielten viel in der Nähe des Hauses, und ein junger Kater schlief entweder in der Sonne oder vergnügte sich in einem angebauten Strohschuppen.

Mit einem Male ein Schrei; ein gellender Schrei, und eines der Mädchen kam gerannt. Entsetzen im Gesicht, und weinend legte sie ihren Kopf auf meinen Schoß. Von vielen Schluchzern unterbrochen, brach es aus Ina heraus: „Der Kater, weißt du, erst hat er ja nur gespielt und dann, dann hat er die Maus totgemacht, so eine kleine niedliche Maus mit einem rosa Bauch, und als sie tot war, hat er sie immer in die Luft geworfen und wieder geschnappt." Plötzlich riß sie sich heftig von mir los und schaute mich feindlich an. Ich wußte augenblicklich, was in ihr vorging: Es war ja mein Kater, der die kleine Maus totgebissen hatte und dann auch noch mit ihr spielte. Mit einem Mal fühlte auch ich den Schmerz, ihren Schmerz und ihre Anklage. Sie hatte recht, und zwischen uns stand nun plötzlich die Frage: „Warum gibt es so etwas?"

Es waren viele Fragen und Anklagen, die nun zwischen uns standen. Am Abend dann wurden sie vorgebracht. Ich hatte Ina ins Bett gebracht und zugedeckt. Wir waren beide ernst. Streng und klar fragte sie: „Wo ist die Maus jetzt?" Wie ein Schlag durchzuckte mich ihre Frage. Ja, wo war die Maus jetzt? Liebe und Hilflosigkeit brachten mir eine Antwort in den Sinn: „Vielleicht im Himmel der Mäuse!"

Aber ich fühlte mich selber nicht gut bei dieser schnell gegebenen Antwort. Wußte ich denn, wo die Maus jetzt war? Oder konnte es sein, daß die Maus ganz und gar nicht mehr war? Ich spürte, daß dies für das Kind, das da fragte, niemals annehmbar wäre. Aber schon folgte die nächste Frage: „Und gibt es auch einen Himmel für Katzen?"

Ich zog mir einen Stuhl ans Bett, weil ich bleiben und nicht ausweichen wollte, denn schließlich stand das Geschehen vom Morgen noch zwischen uns und ließ das alte Gefühl von Vertrauen und Nähe nicht zu.

Am Mittag hatten wir alle zusammen ein kleines Grab gemacht, mit der Hacke im Hof. Es war dann schwierig geworden: Wie sollte man die Maus herüberbringen? Auf der Schaufel? – das wäre taktlos gewesen. So hatte ich denn getan, was mir fast unmöglich erschienen war, ich faßte die tote Maus an und wickelte sie in ein großes Malvenblatt. Ich fühlte die schweigenden, bewundernden Blicke der Kinder auf mir und sagte nicht, wie schwer es mir gefallen war.

Die Katze hatten wir ins Haus gesperrt, damit sie die Beerdigung nicht störe. Es schien auch so, daß damit ein Stückchen Gerechtigkeit wiederhergestellt worden war. Wenigstens zur Beerdigung durfte der schreckliche Kater nicht kommen! Die Kinder hatten darauf bestanden, daß das Mäusegrab ein kleines Kreuz bekäme. Und so knüpften wir gemeinsam zwei kleine Stücke mit einem Bastfaden zusammen und steckten das Kreuz ans Kopfende des Grabes. Noch einmal ein schmerzlicher Moment. Ina weinte, als die trockene Erde auf den toten Mäusekörper fiel. Und dann sammelten die Kinder am Ackerrand Kiesel und schmückten das Grab. Einen Namen hatte die Maus auch noch erhalten bei der Beerdigung: es war das Grab von Rosalie.

Und nun, am Abend, saßen wir beieinander und klärten schwierige Fragen. Wo ist denn der Himmel? Und was tun die Mäuse da? Warum ist dann einfach jemand tot? Und was ist das, wenn man tot ist?

Lange sprachen wir miteinander. Ich weiß noch, daß ich nur wenige Antworten wußte. Aber mit Staunen stellte ich fest, daß die Fragende oft selbst die Antwort wußte und gab. Mit der Zeit fühlte ich, daß die Last langsam von uns beiden abfiel. Ich denke nicht, daß es meine eher unbeholfenen Erklärungen waren, sondern vielmehr dieses langsame, leise, suchende Gespräch miteinander, das vom dämmernden Abend begleitet wurde. Als ich aufstand, um Ina noch einen Gute-Nacht-Kuß zu geben und zu gehen, hörte ich noch, wie sie mit schläfriger Stimme sagte: „Und du denkst wirklich, daß es der Rosalie jetzt gut geht?“ Und dann gähnte sie und drehte sich um zum Schlafen.

In den folgenden Tagen wurde das Grab von Rosalie hin und wieder mit einem Blümchen geschmückt und mit Wasser besprengt.

Günter Harnisch

Allein in der Welt

Bärbel, zehn Jahre alt, erzählt folgenden Traum:
Am Abend muß ich schlafen gehen, aber meine Mutter hat gesagt: „Du mußt aber auch was träumen!“ Da schlief ich ein. Ich hatte einen wunderschönen Traum. Ich habe geträumt, daß alle Sachen sprechen würden: der Tisch, die Tafel und der Hund. Es wäre wunderschön, wenn mehrere von ihnen sprechen könnten. Aber es war nur ein Traum. Als ich gerade aufgeweckt worden bin, war der schöne Traum zu Ende.

Bärbel hat Sprachprobleme und ist in ihrer Klasse sehr isoliert. Durch ihre übermäßige Beleibtheit wirkt sie unbeholfen. Zu Hause findet sie ebenfalls kaum Spielgefährten.

In ihrem Traum spiegelt sich die Einsamkeit in dem Wunsch wider, alle Gegenstände und Tiere in ihrer Umgebung könnten sprechen. Auch Bärbels Wunsch, selbst einwandfrei sprechen und so mit den anderen Menschen in ihrer Umgebung besser in Kommunikation treten zu können, teilt sich hier mit. Bärbels Hoffnung, mit Menschen Kontakt aufzunehmen, ist offenbar schon so grundlegend enttäuscht worden, daß das Mädchen seinen Wunsch nach Kommunikation über Sprache nur noch auf Tiere und Gegenstände zu richten wagt.

Susanne, zehn Jahre alt, ist Einzelkind. Ihr fällt es schwer, Kontakte zu knüpfen, da sie schüchtern ist. Ihr Traum spiegelt ihre Kommunikationsprobleme in Bildern von einem Auslandsaufenthalt wider. Wahrscheinlich hat sie bei Ferienaufenthalten mit ihren Eltern im Ausland die Sprachbarrieren als besonders bedrückend erlebt. Jetzt benutzt ihr Traumbewußtsein Bilder der Auslandssituation, um ihr Kommunikationsproblem widerzuspiegeln. Aber in ihrem Traum findet sich eine positive Lösung für ihr Problem. Im Schlußsatz des Traumes klingt Susannes Bedauern an, daß ihr die Problemlösung in der Wirklichkeit ihres Lebens bislang offenbar noch nicht so richtig gelingen will.

Susannes Traum:

Ich habe geträumt, daß ich in den Urlaub gefahren bin, nach Frankreich. Da war ich ganz allein ohne Eltern. Ich konnte die Sprache nicht verstehen. Deshalb habe ich geweint. Da traf ich einen Jungen, der in der Schule Deutsch gelernt hatte und mir alles übersetzen konnte. Er war ganz nett und zeigte mir alles. Sogar in den Euro-Disney-Park lud er mich ein. Wir hatten viel Spaß. Aber das war alles nur ein Traum!

Wieder eine andere Form von Einsamkeit finden wir in Johanns Traum. Hier spielen Verlustängste eine massive Rolle:

Ich war mit meiner Mutter zum Einkaufen in die Stadt gefahren. Im Kaufhaus wollte sie in der Kinderabteilung eine neue Hose für mich kaufen. Ich hatte mich an den anderen Ständen umgesehen. Auf einmal war meine Mutter verschwunden. Ich lief durch das ganze Geschäft. Aber ich fand sie nicht. Als ich auf den Eingang guckte, sah ich sie. Ich ging sofort zu ihr und war sehr froh, sie wiederzusehen.

Der neunjährige Johann ist vor ungefähr einem Jahr im Urlaub in Frankreich seinen Eltern verlorengegangen. Seitdem leidet der Junge sehr stark unter Trennungsängsten. In regelmäßig wiederkehrenden Alpträumen begegnet ihm seine Verlustangst immer wieder aufs neue. Seine Angstträume sind ein Versuch der Bewältigung.

Maja Milosevic

In den Krieg gestoßen

Ich wünsche mir keinen Krieg und daß mein Bruder nicht ums Leben kommt.

Ich wünsche mir den Frieden und daß alle Kinder in ihre Heime zurückkehren können.

Ich wünsche mir, daß wir wie früher mit Oma und Opa, Onkel und Tante und unseren Eltern in Frieden leben können.

Ich wünsche mir, daß wir Kinder wieder vor unseren Häusern hüpfen und spielen können, Schmetterlingen nachlaufen und Blumen pflücken können.

Walter Pacher

Der Stich ins Auge

An einem Sonntag sitzen wir, das sind etwa zehn Personen eines Kurses, in angeregtem Gespräch beieinander. Plötzlich läutet das Telephon. Eine Teilnehmerin erfährt, daß ihr neunjähriger Sohn Böni von seinem gleichaltrigen Freund Stefan mit einer Zeltstange im Auge verletzt wurde. Wir sitzen bestürzt da, während sie fluchtartig nach Hause fährt. Was war geschehen? Sein Freund Stefan war seit gestern stolzer Besitzer eines Zeltes. An diesem Sonntag vormittag stellt er das erste Mal mit Böni das Zelt hinter dem Haus auf der Wiese auf. Als Stefan die Zeltstange zusammensteckt, fährt er bei einer ungeschickten Drehbewegung seinem Freund Böni mit der Stangenspitze ins Gesicht. Augenblicklich rinnt Blut vom Auge herunter. Mit den Händen vor dem Gesicht rennt Böni heulend ins Haus zu seinem Vater und dieser fährt blitzartig mit Böni ins Spital. Stephan aber rennt weinend die Wiese hinunter und schreit fortwährend: „Ich bin nicht schuld! Ich bin nicht schuld!"

Schuld ist ein schlimmes Wort! Für die Eltern der beiden Kinder ist die Situation peinlich. Wie sollten sie sich verhalten. Wie über diesen Vorfall reden? Bei den Eltern von Böni fallen zu Hause gelegentlich so Sätze wie: „Wenn Stefan nicht immer so wild wäre ... Seine Eltern gehen einfach mit dem Jungen falsch um." Oder: „Wenn die Mutter an jenem Sonntag nicht den dämlichen Erziehungskurs besucht hätte. Ja, dann hätte mein Kind vielleicht noch beide Augen."

Auch die Eltern von Stefan besprechen sich zu Hause. Auch sie sind überzeugt: „Unser Sohn ist nicht schuld. Der Böni war schon immer ein Ungeschickter und steht immer am verkehrten Ort." Oder: „Unser Stefan ist eben ein ‚Macher' und nicht so ein Träumer, wie der Böni. Und ... und ..." Unausgesprochen vergrößert sich der Graben zwischen beiden Familien. Wie aber könnten die beiden Familien über diese heikle Situation reden?

Schuldfähigkeit

Wir stellen uns zunächst einmal die Frage: Ist ein Kind überhaupt schuldfähig? Das ist eine grundsätzliche Frage. Denn eine ganze Reihe von Verhaltensforschern und einige psychologische Richtungen sind der Auffassung, daß es die Schuld als solche gar nicht gäbe. Wie dem auch sei. Auf jeden Fall ist das Wort „Schuld" in unserem Alltag allgegenwärtig. Wenn ich zum Beispiel bei einem Autounfall eine Beule verursacht habe, dann schulde ich dem Besitzer für die Reparatur 1000 oder 2000 DM. Wenn die Versicherung diesen Betrag überwiesen hat, bin ich wieder schulden-frei. So weit, so gut. Die Schwierigkeit über Schuld zu reden beginnt dort, wo sie nicht mehr zurückgezahlt werden kann. Wenn unser Böni ein Auge verloren hat, dann können die Eltern mit keiner Million ein neues Auge kaufen. Sie bleiben in der Schuld. Wie gehen Betroffene damit um?

Bei der Frage Schuld oder nicht Schuld geht es um Ablehnung oder Bereitschaft, das ganze Leben eines Menschen unter die Spannung zwischen Schuld und Versöhnung, zwischen Erdrückung und Befreiung zu stellen. Denn entweder hat der Mensch einen freien Willen und ist insofern schuldfähig, oder er ist nicht schuldfähig. Dann muß der Verteidiger dieser Idee damit leben, daß ihm nicht einmal im Ansatz eine freie Entscheidung möglich ist. Er ist Gefangener der Kausalität zwischen Ursache und Wirkung.

Nun zeigt uns aber das Wegrennen von Stefan, daß auch Kinder Schuldgefühle haben können, und zwar sehr starke. Was bedeutet das für meinen Erziehungsalltag?

Positiver Umgang mit seinem Schuldgefühl

Hier ein anderes Beispiel, das ich ebenfalls persönlich miterlebt habe: Ich bin bei einer Familie mit drei Kindern zum Abendessen eingeladen. Beide Eltern haben meinen Kurs besucht.

Beat, achtjährig, benimmt sich während des Essens einmal sehr ungehörig und muß von Mutter getadelt werden.

Nach zehn Minuten scheinen alle diesen Zwischenfall vergessen zu haben. Während ich mich mit dem Vater im Wohnzimmer unterhalte, bringt Mutter Beat ins Bett. Doch diesmal geht es außergewöhnlich lange. Was mag denn nur los sein, daß Mutter nicht und nicht herunter kommt? Ihr Bericht ergibt folgendes: Beat ist heute besonders redselig und will ein Geschichtchen nach dem andern erzählt bekommen. Plötzlich sagt er unvermittelt: „Mama, du verbietest zu viel."

Mutter: „Ja, was denn?"

Beat: „Beim Abendessen. Du mußt nicht immer vor anderen Leuten sagen, was ich falsch mache."

Mutter holt gerade Atem, um zu sagen: „Das war zu stark, was du dir da wieder geleistet hast, und das noch bei Besuch! Da mußte ich ja ..." Aber da besinnt sich die Mutter und versucht, keine Vorwürfe zu machen, sondern ‚aktiv zuzuhören':

Mutter: „Du meinst also, ich wäre zu streng mit dir."

Beat: „Ja, du schimpfst immer, wenn ich etwas falsch mache."

Mutter: „Aha, es ist nicht lustig, einen Fehler zuzugeben und obendrein noch Schimpfe zu bekommen."

Und so ging das Gespräch hin und her. Mutter immer sorgfältig darauf achtend, jetzt nur keinen „Vorwurf" zu plazieren.

Nur – wie und wann sollte das Gespräch enden, ging es Mutter fortwährend durch den Kopf. Doch plötzlich geschah es: Beat nimmt seine Mutter um den Hals und beginnt jämmerlich zu weinen. Mutter versteht überhaupt nichts mehr.

Mutter: „Aber was ist denn los?" fragt sie unsicher.

Beat: „Ich habe es doch gemacht", kommt es stockend aus Beat.

Was war geschehen? Vor etwa drei Wochen machte sich Beat im Nachbarhaus zu schaffen, welches mühelos über die beiden vorgelagerten Gärten der beiden Einfamilienhäuser erreichbar war. Das durfte Beat auch, denn die beiden Familien mit gleichaltrigen Kindern hatten ein gutes Einvernehmen. Doch etwas erregte die Aufmerksamkeit von Beat. Da standen einige Kübel mit Farbe und Pinsel im Hausgang, denn der Nachbar hatte soeben die Kellerräume neu gestrichen. Die Versuchung war groß, mit dem Pinsel in der Farbe herumzurühren. Doch dabei blieb es verständlicherweise nicht. Die Faszination einer weißen Fläche ist für jeden echten Maler eine unwiderstehliche Aufforderung. So entstanden den Gang entlang braune, wellenartige „Kunstwerke". Plötzlich hörte Beat Schritte aus dem oberen Stockwerk. Blitzschnell den Pinsel in den Kübel und durch den Garten in die heimatlichen Mauern. Doch für den Hausherrn war es eine eindeutige Sache: Es war Beat. Beim anschließenden „Verhör" beider Väter mit Beat blieb Beat standhaft bei seinem „Nein, ich war es nicht."

Was tun? Beide Familien kamen überein: Im Zweifelsfalle für den Angeklagten. Beat bekam keine Strafe. Und damit war die Sache für die Eltern erledigt. Nicht so für Beat. Drei Wochen lang hatte der Achtjährige auf eine Gelegenheit gewartet, sein „Schuldgefühl" loszuwerden. Worin bestand denn die Hemmschwelle, daß er es nicht sagen konnte? Es ist das: Die Angst, zu dem Geständnis auch noch Vorwürfe einstecken zu müssen, das will man sich lieber sparen. Dann lieber schweigen.

So ist dieses abendliche Gespräch ein Test von Beat, wie groß das Risiko von Vorwürfen und einer ablehnenden Mutter bei einem Geständnis sein würde.

Mama besteht hier erstmals die Prüfung: Ein Gespräch ohne Vorwürfe! Jetzt ist das Bedürfnis von Beat so stark, daß es kein Halten mehr gibt. Er nimmt seine Mutter um den Hals, läßt seinen Gefühlen freien Lauf und gesteht seine Last, die er drei lange Wochen einsam mit sich herumgetragen hat.

Goldene Gelegenheiten

Solche Gespräche sind jene goldenen Gelegenheiten, bei denen mit Kindern „aufbauende" Gespräche möglich werden. Wie schade, daß viele Eltern sich selbst um solch schöne Erlebnisse mit ihren Kindern bringen. Ihre unüberlegten Vorwürfe machen es unmöglich. Bei diesem Beispiel von Beat sind zwei Begriffe im Spiel: Schuld und Freiheit.

1. Beat hatte ein Schuldgefühl. Schuldgefühle muß man einem Kind nicht extra suggerieren. Auch dem achtjährigen Beat war sofort klar, daß er etwas nicht Richtiges gemacht hatte und deshalb war ihm nicht wohl. Es ist nicht so, daß Schuld eine bösartige menschliche Erfindung ist, um sich andere Mitmenschen gefügig zu machen.
2. Die Eltern standen dem Kind die Freiheit zu, sich freiwillig zu entscheiden, ob und wann es zu seiner Schuld stehen will.
3. Sie haben ihm den Schritt zum Bekennen erleichtert durch die Gewißheit, daß er für seine Offenheit nicht noch Vorwürfe und ein Abwenden der Eltern erwarten muß.

Das Ziel der Erziehung kann nie und nimmer sein, einen Menschen ohne Gewissen heranzubilden. Im Gegenteil! Die Würde des mündigen Menschen besteht ja gerade darin, fähig zu sein, seine Fehlhandlungen erkennen zu können und zu seiner Schuldfähigkeit zu stehen. Es ist eine üble Sache, daß man im Leben immer gut und stark und fehlerlos sein soll. Schwachsein und fehlerhaft sein wird von der Gesellschaft nur schwer akzeptiert. Es wirkt fast tragikomisch, daß Menschen teures Geld an einen Psychiater zahlen, nur für den Gegenwert, einmal von den eigenen Schwächen reden zu können, ohne immer dafür gerügt und mit Lösungen überhäuft zu werden. Der Psychiater verdient sein gutes Geld mit „vorwurfslosem" Zuhören.

Das Kind hat genau das gleiche Bedürfnis wie Erwachsene, nur nicht das nötige Geld. So ist das Kind dem moralischen Leistungsdruck ausgeliefert, gut und intelligent und angenehm sein zu müssen. Ihm bleibt nichts anderes übrig als zu schweigen, zu verheimlichen und langsam aber sicher unaufrichtig zu werden. Dabei hat das Kind ein starkes Bedürfnis, über seine Schwächen und Fehler mit jemandem reden zu können.

Ohne positiven Umgang mit Schuld werde ich nie Zugang zur Seele meines Kindes finden. Wenn es eine Situation gibt, in der wirklich vorwurfsloses und echtes „Aktives Zuhören" nötig ist, dann in der Schuldfrage. Und ohne eine positive Erledigung dieser Sache ist kein Verstehen und keine Besserung der Situation möglich.

Blenden wir noch einmal zurück zu Böni und Stefan. Voraussichtlich werden sich die beiden Kinder unbeschwert weiter miteinander vertragen können, denn Kinder haben noch die Fähigkeit zu vergeben und sich zu versöhnen.

Die Eltern der beiden Kinder hingegen werden länger an der Situation zu kauen haben. Denn Erwachsene tun sich mit Versöhnen und Vergessen schwerer. Trotzdem – es gibt nur einen Weg, von seelischen Belastungen frei zu werden und persönlichen Frieden zu finden: Versöhnung.

Folgende Überlegungen können da eine Hilfe sein: Echte Versöhnung und dadurch echte und wirksame Konfliktlösung beginnt mit der Erkenntnis, daß meiner Beschuldigung des andern in jedem Falle mein eigenes Problem zugrunde liegt. Auch werde ich mit meinen Behauptungen vorsichtiger, wenn mir klar wird, daß ich die Tragweite meines Handelns nie richtig und eindeutig einschätzen kann. Zu meiner Fehlerhaftigkeit und zu meinen Fehldeutungen zu stehen, ist der erste Schritt zum Frieden.

Wenn mir weiter möglich wird zu erkennen, daß die Aggression oder Teilnahmslosigkeit des andern in jedem Falle seiner Notsituation entspringt, daß er sich eben nicht anders zu helfen weiß oder gar die Folge seines Handelns nicht erkennt, kann ich meinen Beschuldigungszwang abbauen. Ich kann mein Kind annehmen, will sagen: Ich kann ihm vergeben.

Wenn ich nicht vergeben kann, habe ich noch nicht richtig verstanden. Nur in dem Maße, in dem ich wahrhaft verstehe, kann ich auch wahrhaft vergeben. Nur wenn ich ganz verstehe, kann ich ganz vergeben. Nur in dem Maße, in dem ich wahrhaft vergeben kann, finde ich echten und dauerhaften Frieden.

Das Ende des Zeltbaues von Böni und Stefan war dann schließlich doch nicht so tragisch. Böni hatte zwar eine große Rißwunde oberhalb des Auges, welche genäht werden mußte. Das Auge selber blieb heil.

Folgende interessante Beobachtung muß aber hier noch vermerkt werden: Stefan wollte am nächsten Tag so schnell wie möglich zu seinem Freund ins Spital. Dies wurde ihm am Montag vormittag während der Schulzeit zugestanden. Natürlich haben die beiden Jungen kein Wort über das sonntägliche Ereignis geredet, aber die Art, wie sie sich in die Augen blickten, sprach Bände. Der Händedruck war für beide nötig. Auf diese Art haben sie sich miteinander ausgesöhnt.

Offensichtlich ging es bei diesen beiden Kindern um Schuld und Versöhnung.

So ungern wie man über den Tod oder eine schwere Krankheit redet, so unangenehm ist es, sich über das Thema Schuld zu unterhalten. Sind schon viele Eltern nicht fähig, mit ihren eigenen Schuldgefühlen positiv umzugehen, können sie es mit ihren Kindern noch viel weniger. Dadurch verbauen sie ihren Kindern die Möglichkeit, über ihre innersten Schwierigkeiten mit jemand Vertrautem zu reden. Denn in der Tat, unzählige Kinder leiden insgeheim an eingebildeten oder wirklichen Schuldgefühlen. Irgendwelche Sätze, mit denen Eltern den Kindern Angst machen wollen. Z.B.: „Der Heiland schaut dir zu. Er sieht genau, was du jetzt wieder gemacht hast." Oder: „Lieber Willi, ich hoffe sehr, daß du dem Herrn die Tulpen im Garten nicht kaputt getreten hast." Gleichzeitig verteidigen Eltern ihre Kinder. „Das kann nicht sein, daß meine Kinder die Katze blau angemalt haben. Mein Sohn lügt nicht!" Anscheinend ist es ihnen wichtig, daß ihre Familie sauber und ohne Schuld sozusagen mit reiner Weste dasteht, und sehr schnell sind die Kinder daran schuld, wenn diese Weste etwas farbig wird. Auch solches Reden setzt Kinder unter Leistungsdruck.

Es kommt nicht darauf an, entgegen der Verhaltensforschung oder entgegen gewisser Strömungen in der Psychologie eine relative, auf bestimmte Bereiche beschränkte Schuldfähigkeit zu verteidigen. Es geht um die Bereitschaft, das ganze Leben eines Menschen unter die Spannung zwischen Schuld und Versöhnung, zwischen Zerstörung und Befreiung des Lebens zu stellen. Das Ziel der Erziehung kann nie und nimmer sein, einen Menschen ohne Schuldgefühle, will sagen ohne Gewissen heranzubilden, der möglichst wie geölt funktioniert. Im Gegenteil: Der mündige Mensch ist ein Individuum, welches Fehlhandlungen erkennen kann. Die Würde des Menschen liegt gerade darin, schuldig werden zu können und dazu auch zu stehen.

Patricia H. Berne, Louis M. Savary

Stabile Wurzeln wachsen lassen

Ich habe mit einer Reihe von Kindern gearbeitet, die entweder Schwierigkeiten mit Beziehungen hatten oder gar keine Beziehungen zu Menschen oder Dingen besaßen, als sie zu mir kamen. Ich denke an Tommy, der den Prellbock der Eisenbahn vor meinem Fenster überhaupt nicht bemerkt hatte; an Sarah, die keine Beziehung zu Menschen oder zur Schule hatte; an Hilda, die stumm und fast bewegungslos war. Kinder, denen dauernd unbewußt zu sein scheint, was sie sehen und wo sie sind, brauchen eine stabile Verwurzelung in einfacher Aktivität. Sie entwickeln diese am sichersten, wenn man ihnen hilft, mit ihrer Umwelt in Kontakt zu kommen.

Andere Kinder geben in schwierigen emotionalen Situationen für eine gewisse Zeit Beziehungen auf und ziehen sich aus dem Kontakt zurück. Die natürliche Umwelt kann auch in solchen Fällen helfen. Ich denke an Christian, der mit seiner Angst vor Trennung und Abschied konfrontiert war, als er zu unserer letzten Sitzung kam. Der Park war für uns eine neutrale Umgebung. Wir ruhten uns auf dem weichen Gras aus und freuten uns an den Formen der Wolken. Wir waren auf eine Weise miteinander in Kontakt, die uns nicht unter Druck setzte. In der Natur läßt sich einfacher Kontakt finden.

Im Frühling ging ich mit Sarah und Hilda Blumen pflücken. Beide Mädchen hatten Angst vor Menschen; sie sollten lernen, Beziehungen positiv zu erleben und mit Menschen zu kommunizieren. Dazu mußten wir etwas finden, das sie und ich gemeinsam als schön, angenehm und vertraut empfinden konnten. Wieder bot die Natur eine Möglichkeit. Wir suchten auf dem Weg von der Schule zu meiner Praxis im Gras nach kleinen Wildblumen. Manchmal schauten wir sie nur an, manchmal pflückten wir ein paar und nahmen sie mit.

Die Aktivität, um die es eigentlich ging, war Beobachten. Es stellte sich heraus, daß wir dabei ohne Druck in Beziehung sein konnten. Die

Tagespatienten unterhielten einen Gemüsegarten neben der Klinik, der für uns ein guter Platz war, an dem wir sitzen und alles mögliche beobachten konnten. Für Sarah, Hilda und mich wurde das beinahe ein Ritual. Wahrscheinlich verbrachten wir mehr Zeit mit dem Betrachten des Gartens als die Patienten.

Ich versuchte Hilda dazu zu motivieren, aktiv mit der Natur eine Beziehung aufzunehmen; sie sollte etwas, das sie in der Natur fand, berühren und damit etwas tun. Zum Beispiel zeigte ich ihr, wie man von den Pusteblumen die reifen Löwenzahnsamen pustet. Niemand hatte ihr das bisher gezeigt. Manchmal wedelte sie mit den Stengeln in der Luft, wie mit Zauberstäben.

Bei all dem hatten wir es mit vertrauten Dingen zu tun, die wir betrachteten. Weil es natürliche und beständige Dinge waren, standen sie in der Umwelt immer zu Verfügung. So repräsentierten sie Verwurzelung im Leben. Die Erde ist eine sehr einfache und konkrete Ebene der Realität. Ob man bewußt darauf achtet oder nicht – das Gras wächst und die Wildblumen blühen.

Noch etwas anderes tut Kindern mit wenig Selbstvertrauen in der Natur gut: die Jahreszeiten. Die Blumen dieses Jahres sind jetzt verblüht, aber die Kinder wissen, daß im nächsten Jahr neue kommen. Ich kann ihnen zeigen, daß es in ihrem Leben ganz ähnlich ist. Manche Gelegenheiten sind jetzt vergangen, aber neue werden sich bald ergeben. Diese Sitzung ist jetzt zu Ende, aber nächste Woche gibt es wieder eine. Die Natur erinnert uns an diese Kontinuität.

Pflegen und Fördern der therapeutischen Beziehung schien sehr dem Bestellen eines Gartens zu ähneln. So wie ein Garten waren wir miteinander immer irgendwo in einem Prozeß. Aus der Beobachtung der Natur lernten die Kinder Vertrauen in den Prozeß der Natur: ihn in seinem eigenen Tempo fortschreiten zu lassen und nicht zu versuchen, ihn anzutreiben.

Manchmal merkte ich, wie ich versuchte, ein Kind dazu zu bringen, etwas zu tun, wozu es nicht reif oder bereit war. Unzählige Male habe ich wie andere Eltern und Lehrer gedacht, ein bestimmtes Kind könne etwas tun, obwohl es in Wirklichkeit noch nicht so weit war. Ich dachte an die Male, als meine Kinder bettelten, ich solle ihnen ein Tier kaufen, und versprachen, sie würden es auch füttern und für es sorgen. Sie bekamen den großen Hund, den sie wollten. Aber als der Hund nicht mehr neu war und die erste Begeisterung verflogen, stellte sich als wahr heraus, was ich prophezeit hatte – trotz all ihrer Beteuerungen des Gegenteils. Die Kinder hatten kein Interesse mehr, ihn zu füttern, auszuführen und hinter ihm sauberzumachen.

Ich merkte zu spät, daß der Enthusiasmus meiner Kinder meinem Wunsch entgegengekommen war, sie wären reif genug, die Verantwortung für einen Hund zu übernehmen. Doch sowohl ihr Enthusiasmus als auch mein Wunsch hatten sich als unrealistisch erwiesen. Ein Hund kann eine wunderbare Brücke zu einer liebevollen Welt sein. In einer Beziehung zu einem Haustier können Kinder viel darüber lernen, wie man eine Beziehung zu einem Menschen pflegt. Aber ich hatte vergessen, daß man verantwortliches Verhalten in einer Beziehung – auch zu einem Hund – nicht über Nacht lernt und Begeisterung allein den Mangel einer gewissen Reife nicht ersetzen kann. Es ist einfach nicht wahrscheinlich, daß kleine Kinder von Anfang an ganz für einen Hund sorgen können – ihn füttern, bürsten, ausführen, waschen, sauber halten –, aber sie können mit einer einzelnen Aufgabe anfangen, zum Beispiel ihn füttern.

Wenn man ein Kind zu verantwortlichem Handeln erziehen will, braucht man dazu eine gewisse Entschlossenheit. Wahrscheinlich ist es leichter zu sagen: „Laß mal, ich füttere den Hund, wenn du zur Schule mußt." Aber auf lange Sicht ist es für ein Kind ein viel größeres Geschenk, wenn man ihm dabei hilft, mit Erfolg die Verantwortung für eine Aufgabe zu übernehmen. Dann kann das Kind sagen: „Das ist mein Hund. Ich füttere ihn."

Erwarten Sie nicht, daß Kinder das schnell lernen. Es ist ein langsamer Reifungsprozeß. Es gibt Augenblicke und Phasen im Leben eines jeden Menschen, in denen das einzige, was man tun kann, etwas sehr Einfaches, Konkretes und Machbares ist. Vielleicht ist das dann für den Moment auch genug.

Prinzip: Wenn das Selbstvertrauen von Kindern zu schwinden anfängt und ihre Beziehungen zu Menschen und ihrer Arbeit schwierig werden, beginnen Sie neu, indem Sie einfachen, konkreten Kontakt mit der natürlichen Welt herstellen.

V
Der große Streß der lieben Kleinen

Spruch an ein Kind

(Indianisch)

Steh für das ein, was richtig ist.
Arbeite hart.
Teile mit anderen;
niemand lebt durch seine eigene Kraft;
aus uns allein sind wir nichts.

Denk daran:
Du bist eine wichtige Person.
Wenn du den Willen hast,
ein Leben in Stärke zu führen,
dann wird es so sein.

Denke an gute Gedanken.
Bete mit deiner ganzen Kraft.
Und du wirst ein gutes Leben führen.

(Oke-Oweenge, Hopi-Tewa)

Rudolf Kaiser

Schafe hüten

Trotz aller Freiheit des Spiels werden heranwachsende Navajo-Kinder schon früh in die Familienarbeit eingeführt. Das bedeutet nicht nur, daß sie die jüngeren Geschwister zu beaufsichtigen haben, sondern daß Jungen und Mädchen auch die bei diesem Stamm so zahlreichen Schafherden begleiten, hüten und beaufsichtigen. Schon Zehnjährige müssen sich mitunter als verantwortliche Schäfer bewähren: Sie ziehen mit den Tieren von einem Wasserloch zum nächsten und von einem Weidegrund zum anderen. Durch diese Nähe zur Natur lernen Navajo-Kinder in der Regel auch heute noch sehr früh den Umgang mit den Kräften der Natur: In der auf Schaf- und Pferdezucht gründenden Gesellschaft der Navajo haben auch kleine Kinder manchmal schon ihre eigenen Tiere mit eigenen Ohrmarken. Die Rechte der Kinder über ihr persönliches Eigentum werden dabei in der Regel streng beachtet. Dieses gilt vor allem für nichtlebendiges Eigentum. Es kommt immer wieder vor, daß weiße Besucher, die Pfeil und Bogen in einem Navajo-Haus sehen und kaufen möchten, von den Eltern an ein Kind verwiesen werden, dem dieses Spielzeug gehört. Auch wenn das Kind erst fünf Jahre alt ist, gilt seine Entscheidung – selbst dann, wenn sie dem Wunsch der Eltern zuwiderläuft. So ist das Eigentum eines Kindes unantastbar. Zugleich ist die Erziehung zur Großzügigkeit und Freigebigkeit zentrales Anliegen indianischer Erziehung. Zwar fördert es das Sicherheitsgefühl eines Kindes, daß es selbst schon Besitzer einiger Tiere ist, aber es wird ihm zugleich auch bewußtgemacht, daß die ganze Familie ein Anrecht auf Unterhalt mit Hilfe der Tiere hat. So muß auch das Kind reihum Fleisch beisteuern, wenn es für die Familie oder für Gäste einer Zeremonie erforderlich ist. Auch bei anderen Produkten (Wolle, Milch, Jungtiere) wird dem Kind die Vorstellung vermittelt, daß ein angemessener Teil davon dem Unterhalt der Familie oder der größeren Gemeinschaft zu dienen hat.

Rudolf Dreikurs, Loren Grey

„Warum immer ich?"

Seine Sachen ordentlich wegzulegen ist nur ein Gebiet, auf dem das Kind zum Wohl der Familie beitragen kann. Im allgemeinen nehmen die Eltern die ganze Verantwortung für einen angemessenen Ablauf des Haushalts auf sich, und die Kinder tun und lassen, was sie wollen. Diese selben Eltern finden sich, wenn sie ihren Kindern Ordnung und Mitarbeit beibringen möchten, auf verlorenem Posten. Sie müssen lernen, wie man die Kinder anregen kann, Ordnung zu halten und Verantwortung zu übernehmen. Das Mittel dazu ist nicht, sie Verantwortung zu lehren, sondern sie ihnen zu geben. Das bedeutet, daß die Eltern Verantwortung teilen müssen. In der folgenden Lage lernt das Kind, was nur wenige Kinder erfahren, daß nämlich Ordnung sowohl zu ihrem Wohl wie zu dem der andern Familienmitglieder beiträgt.

Hans, der nicht nur nicht für seine Sachen sorgen wollte, sondern sich auch weigerte, irgendeine Verpflichtung für die Familie auf sich zu nehmen, machte eine typische verächtliche Bemerkung, als Mutter ihn bat, den Abfalleimer hinauszubringen, was er zu tun versprochen hatte. „Warum muß ich immer was tun?" Woraufhin Mutter ihn zu einer kleinen Unterhaltung einlud. „Wie wär's denn, wenn du einmal eine ganze Woche lang tun dürftest, was du willst, ohne alle Pflichten?" Hans traute seinen Ohren nicht. Natürlich möchte er das. (Es ist wohl der Traum eines jeden richtigen Jungen, tun zu können, was er will.) „Meinst du das ehrlich? Ich brauch' nichts wegzubringen? Ich brauch' mir vor Tisch nicht die Hände zu waschen? Ich brauch' nicht zu baden und keinen Abfalleimer wegzubringen?" Mutter bejahte: „Wenn du es eine Woche lang tun willst, soll es mir recht sein. Aber es ist eine Bedingung dabei." (Hans wußte ja, daß es einen Haken geben mußte; es war zu schön, um wahr zu sein.) „Wenn du darfst, muß ich natürlich das gleiche Recht haben, oder was meinst du?" Was für eine dumme Frage, dachte Hans. Mutter tut doch sowieso immer, was sie will, warum braucht sie eine besondere Erlaubnis? So waren sich beide einig, und der Junge ging glücklich zu Bett und freute sich auf eine Woche völliger Freiheit. Als er am nächsten Morgen herunterkam, wartete kein Frühstück auf ihn. Er rief seine Mutter, die noch zu Bett lag, und fragte nach dem Frühstück. Mutter sagte ihm, sie habe keine Lust aufzustehen. Er könne sich selbst bedienen, wenn er wolle. Es war zwar nicht ganz angenehm, sich das Frühstück selbst zu bereiten, aber doch nur ein kleiner Preis für die Freiheit. Als er zum Mittagessen kam, war nichts fertig. Mutter sagte ihm, daß sie zu einer Freundin zum Essen ginge. Und den ganzen übrigen Tag lang war sie, immer wenn etwas getan werden mußte, mit etwas anderm beschäftigt. Sie hatte keine Lust, Hans zu einem Gruppentreffen zu fahren oder einen Knopf anzunähen oder etwas für ihn zu bügeln usw.

Rudolf Kaiser

Wenn die Kachina kommt

Mit der Erziehung lag auch die Disziplinierung der Kinder nicht nur in den Händen der Eltern, sondern aller Mitglieder der indianischen Großfamilie. Zwar wurden Kinder kaum körperlich gezüchtigt – vor allem Kleinkinder wurden niemals geschlagen; trotzdem sahen Erwachsene natürlich manchmal die Notwendigkeit, Kinder zu bestrafen. Da ist es nun auffallend, daß bei vielen Stämmen nicht die Eltern – oder Onkel – für strengere Bestrafungen zuständig waren, sondern jemand anders. Offensichtlich empfanden diese Indianer, daß durch strenge Bestrafung bei den Kindern ein Ressentiment gegenüber den Strafenden entstehen könne. Eine solche Entfremdung sollte aber nicht zwischen Eltern – oder Onkeln – und Kindern stattfinden.

So gab es bei den Sampil-Indianern im Staate Washington so etwas wie einen Zuchtmeister des Dorfes. Er konnte leichte Schläge austeilen, tat dieses aber nicht nur bei den „straffällig" gewordenen Kindern, sondern immer auch bei ihren Spielkameraden. In ähnlicher Weise wurden auch bei den Hopi nicht nur die Kinder bestraft, die sich schlecht benommen hatten, sondern auch deren Spielkameraden. Die Begründung war, sie hätten das falsche Verhalten der anderen verhindern müssen. Bei diesen Hopi diente eine Kachina (eine als Geistwesen maskierte Person) als Zuchtmeister des Dorfes. Wenn sie an der Tür des Hauses erschien, um dem einen oder anderen Kind ins Gewissen zu reden oder es auch zu züchtigen, so war diese Kachina natürlich vorher von den Eltern informiert worden. Vor den Augen der Kinder aber setzten sich die Eltern dann für ihre Kinder ein oder versuchten gar, diese vor der strafenden Kachina zu beschützen. So wurde das Verhältnis zwischen Eltern und Kindern durch diesen Akt der Disziplinierung eher gefestigt als gefährdet.

Diese „unzivilisierten" Menschen hatten also Methoden entwickelt, die Beziehung zwischen Eltern und Kindern auch dann ziemlich unbelastet zu bewahren, wenn es Erziehungsprobleme in der Familie gab.

„Ich habe mich oft gefragt, warum Eltern und Großeltern in unserer Gesellschaft ihre Kinder nie geschlagen haben. Ich glaube, das liegt an der Achtung und Ehrfurcht. Das erste, was wir unsere Kinder lehren, ist Achtung vor Menschen. Die Erziehung der Kinder liegt in dieser Achtung begründet.

Unsere Großeltern haben uns Kinder nie bestraft. In unserem Stamm – und dasselbe galt für andere Stämme – schlug man Kinder nicht, sondern man lehrte sie vor allem durch Vorbild. Die Großeltern und Eltern lebten nach den Werten und den Prinzipien, die sie auch bei ihren Kindern respektiert sehen wollten“ (Allen Quetone, Kiowa).

(In diesem Zusammenhang dürfte auch ein Charakteristikum der Prärie-Indianer gehören: Wenn sie ihre Pferde einritten, dann „brachen“ sie diese nicht. Ziel war vielmehr eine Einheit von Pferd und Reiter, bei der nicht nur das Pferd dem Reiter zu gehorchen hatte, sondern sich auch der Reiter auf die „ungebrochenen“ Instinkte des Pferdes verlassen konnte.)

Marianne Arlt

In der Zwickmühle

Heute endlich ist mir aufgegangen, wieso ich mich seit Monaten immer wieder so entsetzlich ärgere: Ich ärgere mich über meine eigene Hilf- und Machtlosigkeit. Mein Sohn spielt mit mir Zwickmühle – und ich habe es nicht gemerkt! Nicht gemerkt, daß dahinter System steckt –, wenngleich vielleicht auch nicht so ganz bewußt. (Man muß den Süßen ja immer noch eine Chance lassen!)

Obwohl er den Abendbrottisch abdecken soll, bleibt die Butter darauf stehen.

Das Bonbonpapier liegt nicht in der Abfalltüte, sondern daneben.

Die schmutzige Wäsche liegt halb im Wäschekorb, halb auf dem Fußboden davor.

Seine Schuhe stehen mitten im Zimmereingang.

Die Badewanne hat einen Dreckrand.

Runtergefallenes bleibt liegen, Umgefallenes ebenso.

Nichts Benutztes wird zurückgestellt, jedes meiner Bücher suche ich mir aus seinem Zimmer zusammen ...

Der Trick dabei: Entweder ich mache alles, oder ich rede! Ist das nicht schön?

Entweder ich hebe das Bonbonpapier auf und werfe es für ihn weg, oder ich rufe ihn, sage es ihm und riskiere nicht selten noch Maulerei. Steigerung: Ich sage es mehrmals, weil es immer noch nicht gemacht ist.

Ich habe die Wahl!

Ich will aber weder das eine noch das andere. Ich will weder seine Putzfrau sein noch sein Harlekin.

Ich rede mit ihm. Er streitet das System ab. Allerdings reichlich aggressiv und überhaupt nicht erstaunt. Aha – also es ist ihm nichts Neues und nichts Zufälliges!

Und nun?

Ab sofort werde ich ihn immer dann rufen, wenn er überhaupt nicht damit rechnet. Wenn es ihn stört!

Heute abend habe ich es probiert: Ich habe ihn mitten während des Einschlafens aus dem Bett gescheucht, weil seine ganze schmutzige Wäsche wieder vor und nicht in dem Wäschekorb lag.

Sammelwut

Ich hatte immer gedacht, nun seien es der Sammlungen im Zimmer meines Sohnes genug. Aber heute wurde ich eines Besseren belehrt: Als ich meinen Schreibtischlocher ausleeren will, fällt er mir schreiend in den Arm!

„Neiiin! Die sammel' ich doch!" Und er schleppt ein großes Kaffeeglas an, schon halb voll.

„Soll das Konfetti für den nächsten Fasching sein?" frage ich.

„Nein, dafür sind die doch viel zu schade. Nein, die sammel' ich richtig!"

Und um mir zu beweisen, wiiieee ernsthaft diese Sammlung betrieben wird, schreitet er gleich zur weiteren Produktion. Als er dann allerdings auch das gelochte Papier sorgsam aufhebt, frage ich mich, ob er noch alle Tassen im Schrank hat.

„Aber das kann man doch auch noch mal gebrauchen!"

Ich als ehemaliges Flüchtlingskind, das sich zwei Sommer lang eine leere Konservendose mit Bruder und Cousin als einziges Spielzeug teilen mußte, könnte ja allenfalls noch solche Macken entwickelt haben (mir tut tatsächlich jedes Wegwerfen leid) – aber dieses Wirtschaftswunderkind?

Wenn ich mir so ansehe, was er alles sammelt, dann überlege ich, ob die These stimmt, daß jedes Kind in seiner Entwicklung noch einmal die ganze Menschheitsgeschichte durchmacht, wie manchmal behauptet wird. Dann ist er also jetzt in der Phase der Jäger und Sammler: Briefmarken, Münzen, Bierfilze, Kronkorken, Bleistifte (schon 99

Stück aller Längen!), Zuckerstücke, diverse Buchserien, Comics, Servietten, Aufkleber, Edelsteine, Radiergummis, Anspitzer …

und … ja und … erst als ich hörte, daß auch andere Kinder das sammeln, war ich wieder etwas beruhigt: die Kügelchen aus den Tintenpatronen für Füller.

Was man mit alldem macht?

„Wieso *macht*? Damit *macht* man nichts! Das sammelt man!“

Kindheit

„Mensch, kannst du nicht mal dein Zimmer aufräumen? Kannst du nicht mal was wegräumen oder wegschmeißen oder wegschenken? Das wird doch immer mehr hier. Hier steigt man ja schon gar nicht mehr durch! Ich brauch' doch wenigstens einen Gang von der Tür zum Kleiderschrank und einen zum Fenster!“

„…“

„Hörst du? Tu doch mal was weg! Ständig kommt Neues dazu! Das Zimmer wächst ja schon von den Seiten her zu. Guck mal hier, die kleinen Autos. Mit denen spielst du doch schon lange nicht mehr! Und dann die Kiste mit den Bauklötzen, die hast du seit Jahren nicht angerührt. Und auch die Bilderbücher. Schaff doch mal Platz für all das, was ständig nachkommt! Kannst du dich denn nicht mal von was trennen?“

„Aber Mama! Ich kann die Sachen doch nicht einfach alle weggeben! Mama, das ist doch meine ganze Kindheit!“

Almuth Link

Kuhhandel

Jedes der drei Kinder muß einmal in der Woche die Geschirrspülmaschine ausräumen; eine ungeliebte Tätigkeit, mit deren Ausführung reger Kuhhandel getrieben wird. Paul feilscht mit Dauerlutschern, Josi bietet ausgediente Spielsachen an. In beiden Fällen ist Mützle das Opfer, leicht bestechlich, mühelos zu überzeugen und auch ein wenig geehrt, daß die Großen überhaupt Notiz von ihr nehmen.

Erst wenn die Arbeit aktuell wird, kommt die ganze Mühsal des Lebens ihr zum Bewußtsein. „Immer ich!" Sie angelt eine Tasse heraus und trägt sie umständlich zum Küchenschrank. Da sie nicht hochlangen kann, kehrt sie noch einmal um und holt einen Schemel. „Die Josi ist gemein, und der Paul ist sowieso gemein."

„Aber du hast doch was dafür gekriegt", sage ich, um zur Erhaltung des Geschirrs ihre Laune zu verbessern.

„Aber das schmecke ich ja *heute* nicht mehr ..."

„Gut, aber es war nun mal eine Abmachung zwischen euch, und du hättest dir die Süßigkeiten ja aufheben können, dann hättest du sie heute geschmeckt."

„Süßigkeiten aufheben – aber Mama?" Sie schaut mich grimmig an, ohne weiteren Kommentar.

Ächzend – und immer mit einem Seitenblick auf mich, ob ich's auch höre – trägt sie Tasse für Tasse, Teller für Teller unendlich langsam zum Bestimmungsort. Daß ich kein Mitleid zeige, stört sie. Auch meine gleichmütige Freundlichkeit geht ihr auf die Nerven. Sie bröselt weiter: „... und Kinder müssen sowieso viel zuviel arbeiten."

„Aber Mützle, wo mußt *du* denn zuviel arbeiten?"

„In deinem Haushalt und auch in der Schule."

„Du sitzt doch nun wirklich nicht lange an den Hausaufgaben."

„Nein, aber in der Schule, was wir da alles müssen!"

„Was denn?"

„Na, zum Beispiel, erst haben wir eine Schrift gelernt, und jetzt hat die Frau Hof gesagt, wir müssen schon wieder eine neue Schrift lernen."

„Eine neue Schrift?"

„Ja – die heilige Schrift oder so."

Irmela Wendt

Alles geht nach der Uhr

Alles geht nach der Uhr“, sagt Frau Ureburegurli. „Um ein Uhr haben die Kinder gegessen, bis zwei Uhr arbeiten sie an den Schulaufgaben, bis fünf Uhr dürfen sie spielen, um halb sechs essen sie Abendbrot, danach lernt die Großmutter noch mit den Kindern, und von abends sieben bis morgens sieben schlafen sie. Um acht Uhr gehen sie zur Schule, und um zwölf Uhr dreißig sind sie wieder zu Haus.“

„Ich bin gespannt“, sagt Frau Lustibustigiero, die Nachbarin, „wie lange es dauert, bis Ihre Kinder nur noch tik tak sagen.“

Claudia Gürtler

Stundenpläne und andere Fixpunkte

Claudia Gürtler im Gespräch mit Solange (zehneinhalb Jahre)

Claudia Gürtler:
Beschreibe doch einmal kurz deinen Alltag mit Schule und Freizeit.

Solange:
Am Morgen bekommt mich meine Mutter fast nicht aus dem Bett. Dann gehe ich zur Schule. Am Mittag, wenn ich aus der Schule komme, gibt es das Mittagessen. Dann spiele ich mit den anderen, oder ich gehe wieder in die Schule. Am Abend mache ich die Hausaufgaben. Dann spiele ich wieder.

Findest du, daß dein Tag ganz voll ist?

Nicht immer.

Wenn dich jemand fragt, ob du mit ihm spielst, hast du dann meist Zeit dafür?

Ja, am Nachmittag nach der Schule habe ich am besten Zeit.

Aber hast du manchmal auch keine Zeit? Und stört dich das?

Manchmal muß ich Hausaufgaben machen, wenn die anderen spielen. Das stört mich gewaltig.

Wie ist dein Stundenplan in der Schule im Moment?

Wir haben zuviel Schule, und zu selten fängt sie um neun Uhr an. Ich schlafe gerne aus.

Findest du deinen Alltag sonst gut? Was möchtest du eventuell ändern?

Manchmal ist mir langweilig. Dann wünsche ich mir gute Ideen. Sonst ist mein Alltag gut.

Ein großer Teil des Alltags ist verplant mit Schlafen, Essen, Schule, Stundenplänen, Aufgaben usw. Diese nicht zu umgehende Planung übt zeitweise Druck aus und wird als negativ und belastend empfunden. Ganz besonders gilt dies für unsere Kinder, die ja mit der Einschulung eine große Umstellung erfahren haben. Wenn wir uns anschauen, wieviel freie Zeit unseren Kindern neben der Schule und den Hausaufgaben noch bleibt, so kommen wir nicht auf astronomische Summen. Um so kostbarer muß uns die wirklich freie Zeit sein. Sie sollte wirklich zur Erholung genutzt werden.

Damit die freie Zeit nicht auch noch eine stressige Zeit wird, hüte man sich vor zuviel zusätzlichem Programm. Auch ein Sporttraining oder eine Jugendgruppensitzung, die das Kind an sich gern besucht, können zur Belastung werden, wenn sie zwischen Schule und Musikstunde eingepfercht sind.

Kinder sind selten Realisten. Sie handeln spontan. Sie lassen sich schnell begeistern und wollen überall mittun.

Da Kinder schon keine Realisten sind, sollten die Eltern es in diesem Punkt sein. Ein Kind, das außer der Schule noch Musikstunden und ein Sporttraining besucht, hat keine Zeit für Pfadfinder und Jugendgruppe. Es muß sich beschränken, sich für das eine oder andere entscheiden. Es ist viel befriedigender, sich einer geliebten Freizeitbeschäftigung ganz zu widmen, anstatt bei vieren nur halb dabeizusein.

Also lautet die Devise: man sollte nur das in die Wege leiten, was auch zu schaffen ist.

Ihr Kind wird bestimmt auch dann ein kluges Kind, wenn Sie nicht jede noch so kleine Lücke im Stundenplan mit einem zusätzlichen Kurs füllen. Versuchen Sie das Gegenteil zu verwirklichen: Schaffen Sie Freiräume, die ganz spontan nach Lust und Laune ausgefüllt werden können. Kinder sind sehr kreativ. Sie müssen diese Kreativität auch leben dürfen.

Bruno Bettelheim

Lesenlernen

Der erste Schultag ist für ein Kind nicht eine neue Erfahrung unter den vielen anderen, die es bereits hinter sich hat, so aufregend diese auch gewesen sein mögen; dieser Tag fügt vielmehr seinem Leben eine neue Dimension hinzu, denn von nun an wird es nie mehr so sein wie früher. In der Schule muß das Kind – gewöhnlich zum erstenmal in seinem Leben – allein mit einer Welt fertig werden, die von der in seiner Familie, in seinem Elternhaus und unter seinen Freunden, von allem, was es bisher gekannt hat, völlig verschieden ist. Noch wichtiger ist, daß es in der Schule einer der wichtigsten Einrichtungen der Gesellschaft gegenübersteht, deren erklärtes Ziel es ist, es zu einer Persönlichkeit zu entwickeln, indem sie seinen Geist und seine Aufnahmefähigkeit entwickelt.

Erziehung ist zum größten Einzelunternehmen unserer Gesellschaft geworden. Im Erziehungswesen sind mehr Menschen beschäftigt als in irgendeinem anderen Unternehmen, den öffentlichen Verwaltungsapparat ausgenommen, von dem das Erziehungswesen ein Bestandteil ist. Folglich dient eine umfangreiche und fest verwurzelte Bürokratie nicht nur den Interessen der Kinder, sondern auch eigenen Interessen, die sich nicht immer mit dem decken, was der Erziehung von Kindern am dienlichsten wäre. (Ein gutes Beispiel dafür, daß die legitimen Interessen der Kinder durch das verständliche Eigeninteresse der Lehrer beeinträchtigt werden, ist ein Lehrerstreik.)

Im Tagesablauf der Schulen wird vieles von den Bedürfnissen des Erziehungs-Establishments mitbestimmt, und diese Bedürfnisse haben oft den Vorrang vor denen der Kinder. Man entschuldigt das damit, daß die Erziehung der Kinder leiden würde, wenn das Schulsystem nicht gut funktioniere. So wird das Kind in der Schule nicht nur Erfahrungen ausgesetzt, die nützen, sondern auch anderen, die hauptsächlich von den Interessen der Bürokratie diktiert sind. Das erzeugt Spannungen im Erziehungswesen, unter denen die Kinder und ihre Erziehung leiden. Kinder spüren solche Spannungen auch dann, wenn sie in den unteren Klassen noch zu jung sind, um sie bewußt zu erleben. Trotz solcher Konflikte zwischen dem, was zum Besten des Kindes geschieht, und dem, was geschieht, um die Erfordernisse der Bürokratie zu erfüllen, reagiert das Kind darauf, daß die Schule von der Gesellschaft eingerichtet wurde und unterhalten wird, um sein persönliches und intellektuelles Wachstum zu fördern. Da die Schule speziell für das Kind und seine Altersgenossen geschaffen wurde, tendiert es dazu, sich seine Ansichten über die Gesellschaft nach seinen Erfahrungen in der Schule zu bilden, weshalb die frühen Erfahrungen mit der Schule nicht nur die Grundlage für seine sämtlichen späteren Schulerfahrungen sind, sondern auch in beträchtlichem Maß seine Meinung über sich selbst und seine Beziehung zur Welt im allgemeinen beeinflussen. Diese ersten Erfahrungen mit dem Lernen in der Schule sind oft von entscheidender Bedeutung dafür, welche Meinung sich das Kind über sich selbst als Teil der Gesellschaft bildet. Es hängt von ihnen ab, ob es sich willkommen geheißen und gut behandelt fühlt und daraus schließt, daß es in dieser Gesellschaft etwas erreichen wird, oder ob es das Gefühl hat, daß diese Einrichtung, die angeblich zu seinem Wohl gegründet wurde, seinen Bedürfnissen bestenfalls gleichgültig und schlimmstenfalls direkt feindlich gegenübersteht – und daß es deshalb das gleiche von der übrigen Gesellschaft und ihren Einrichtungen erwartet. Wenn es dazu kommt, dann fühlt sich das Kind schon früh von der Gesellschaft abgelehnt.

Im Kindergarten lernt das Kind, vor allem dann, wenn nicht zu früh und zu streng mit dem Lernen angefangen wird, mit anderen Kindern zu spielen und macht Bekanntschaft mit Dingen, die es auf das offizielle Lernen vorbereiten. Die wichtigste dieser frühen Erfahrungen dürfte die Begegnung mit seiner Lehrerin sein, eine Begegnung, die auf seine künftige Schullaufbahn den größten Einfluß haben wird. Durch sie lernt es das Schulsystem kennen. Geht alles gut, so lernt das Kind auf die richtige Weise mit den Anforderungen, die die Schule stellen wird, fertig zu werden, und die Tatsache, daß es dazu in der Lage ist, gibt ihm ein Gefühl der Befriedigung. Geht die Sache schief, wird es argwöhnisch in bezug auf die Absichten der Lehrer und des gesamten Schulsystems. Es verschließt sich dann den Bemühungen des Lehrers und lernt entweder, das Schulsystem abzulehnen und sich in sich selbst zurückzuziehen, oder es wird zu einem kleinen Rebellen.

Die Fähigkeit zu lesen ist im Schulleben eines Kindes von so einzigartiger Bedeutung, daß die Erfahurng, die es dabei macht, oft ein für allemal sein Schicksal in bezug auf seine Schullaufbahn besiegelt. Was das Kind in der Schule bis zu dem Zeitpunkt, wo es lesen lernt, erlebt hat, ist nur eine Vorbereitung für das ernsthafte Lernen. Es erleichtert oder erschwert den Erfolg bei dieser entscheidenden Lernaufgabe. Wenn seine früheren Erfahrungen zu Hause und in der Schule es nur kümmerlich dafür ausgerüstet haben, dann können seine Erlebnisse beim Lesenlernen den Schaden wieder ausgleichen, wenngleich das nicht einfach sein wird. Macht ihm das Lesen Spaß, dann ist alles gut. Wenn es dagegen nicht richtig lesen lernt, sind die Folgen gewöhnlich nicht wieder gutzumachen.

Wenn das Kind es noch nicht erkannt haben sollte, wird es ihm schnell klar werden, daß unter allem, was man in der Schule lernt, nichts so wichtig ist wie das Lesen; nichts kommt dem an Bedeutung gleich. Deshalb ist es so wichtig, wie es gelehrt wird: Die Erfahrungen beim Lesenlernen sind entscheidend dafür, welche Einstellung das Kind später zum Lernen ganz allgemein haben wird, welche Meinung es über sich selbst in bezug auf seine Lernfähigkeit und als Person im allgemeinen entwickeln wird.

Ob überhaupt, wie bald, wie leicht und wie gut das Kind lesen lernt, hängt bis zu einem gewissen Grad von seiner natürlichen Begabung und in beträchtlichem Maß von seinem Elternhaus ab. Hierzu gehört auch, wie gut seine Fähigkeit, Sprache zu verstehen, anzuwenden und seine Freude daran zu haben, bereits entwickelt ist; ob das Lesen etwas ist, was man ihm als etwas Erstrebenswertes hingestellt hat, und wieviel Vertrauen man ihm zu seiner Intelligenz und seinen schulischen Fähigkeiten eingeflößt hat. Seine Erfahrungen in der Schule können bestenfalls den Einfluß dieser Faktoren ändern, jedoch nur ganz allmählich.

Ohne Rücksicht darauf, was das Kind von zu Hause in die Schule mitbringt, ist – nachdem es in der Klasse sitzt – das Wichtigste beim Lesenlernen die Art, wie das Lesen und der Lesestoff – ihr Wert und ihre Bedeutung – ihm vom Lehrer vor Augen gestellt wird. Erlebt es das Lesen als etwas Interessantes, Wertvolles und Erfreuliches, so wird ihm die Mühe, die das Lesenlernen kostet, im Vergleich zu den Vorteilen, die es einbringt, kein zu hoher Preis sein. Es ist ziemlich einfach, dem Kind diesen Eindruck zu vermitteln, falls man dabei von seinem Elternhaus unterstützt wird. Hat man es dagegen dort nicht auf eine positive Einstellung zum Lesen vorbereitet, so ist es für den Lehrer erheblich schwieriger, das Kind davon zu überzeugen, daß das Lesenkönnen nicht nur im allgemeinen wichtig, sondern auch im Augenblick für es selbst von großem persönlichen Interesse ist.

Es macht großen Spaß und befriedigt außerordentlich, wenn man gelernt hat, ein paar Wörter zu lesen. Das Kind ist stolz darauf, daß es das kann. Aber die Begeisterung darüber schwindet bald, wenn die Texte, die das Kind lesen muß, es zwingen, das gleiche Wort immer und immer wieder zu lesen. Das Erkennen von Wörtern wird rasch zu einem leeren, mechanischen Lernen, wenn es nicht unmittelbar zum Lesen eines sinnvollen Inhalts hinführt.

Ohne Schwierigkeiten lesen zu können, setzt zweifellos voraus, daß man sich die entsprechende Fertigkeit erwirbt, daß man zum Beispiel einzelne Wörter, die man noch nicht kennt, entziffern und aussprechen kann, was dem Kind durchaus bewußt ist. Aber es weiß auch, daß diese Fertigkeit ihm an und für sich kaum etwas nützt, außer daß sie ihm zur Übung dient. Und es wird nicht daran interessiert sein, diese Fertigkeit zu erwerben, wenn man in ihm den Eindruck erweckt, daß es sie um ihrer selbst willen beherrschen soll. Deshalb hängt so viel davon ab, worauf der Lehrer, die Schule und das Lesebuch das Hauptgewicht legen. Das Kind muß von Anfang an davon überzeugt sein, daß die Beherrschung solcher Fertigkeiten nur ein Mittel zum Zweck ist und daß es einzig und allein darauf ankommt, daß es lesen lernt, das heißt, daß es Freude an Büchern haben kann und daß es Nutzen ziehen kann aus dem, was diese zu bieten haben.

Ein Kind, das lesen soll: „Anna hat den Ball – Hans hat das Rad – Anna gab Hans den Ball – Hans gab Anna das Rad“ und noch schlimmeren Unsinn, gewinnt nicht den Eindruck, daß man ihm damit das Lesen beibringen will, denn das, was es da lesen soll, ist ganz offensichtlich dummes Zeug. Es ist nicht etwa so, daß es Kindern keinen

Spaß macht, mit Wörtern zu spielen. Sie lieben es geradezu, neue Wörter zu bilden – einschließlich Unsinnswörtern und -reimen, und sie schwelgen geradezu in diesen neuerworbenen Künsten. Aber wenn solche Wortspielereien Spaß machen sollen, dürfen sie nicht zu einer täglichen Pflichtübung werden, sonst geht die Freude daran und damit am Lesen verloren. Das Kind spielt mit Wörtern, weil es das amüsant und gescheit findet. Aber im Gegensatz zu den spontanen Wortschöpfungen eines Kindes sind die Wortspiele in Abc-Büchern und Fibeln keineswegs gescheit, sondern höchst langweilig, ja schlimmer noch: Solche Bücher stellen geradezu eine Beleidigung für die Intelligenz des Kindes dar.

Kinder sehen ein, daß wiederholtes Üben notwendig sein kann, wenn man gewisse Fertigkeiten, wie zum Beispiel lesen zu lernen, erlangen will, und wenn man einem Kind einpaukt, Buchstaben oder Phoneme zu erkennen oder Wörter zu entziffern, und ihm nicht einzureden versucht, daß es eine Geschichte liest, die seine Aufmerksamkeit verdient, dann lernt es auf diese Weise zwar nicht, was es heißt, gern zu lesen, aber man schadet dem Kind wenigstens nicht. Es kann sogar sein, daß Kinder an solchen Übungen Spaß haben, wenn sie mit dem Lesenlernen anfangen, genau wie sie auch am Erlernen anderer Fertigkeiten Freude haben. Meist spielt das Kind kurze Zeit „Übungsspiele", nachdem es laufen, springen oder seilhüpfen gelernt hat, und ähnliches kann geschehen, wenn es ihm zum erstenmal gelungen ist, Wörter zu entziffern.

Zum Beispiel lesen Kinder zum Entzücken ihrer Eltern begeistert Verkehrsschilder, wenn sie mit ihnen im Auto irgendwohin fahren. Dies und ähnliches zeigt, daß es in solchen Phasen, wenn eine neu erworbene Fähigkeit eingeübt wird – in unserem Beispiel das Entziffern von Wörtern –, wenig darauf ankommt, was da entziffert wird. Das Kind ist entzückt darüber, daß es überhaupt etwas zu entziffern vermag.

Manche Kinder reifen schneller, manche langsamer, und manche lernen viel früher lesen als andere. So variiert auch das Alter beträchtlich, in dem ein Kind Wörter „aus reinem Vergnügen" entziffert, doch sind die meisten Kinder darüber hinaus, sobald sie die erste Klasse halb oder ganz hinter sich gebracht haben. Nun, nachdem die Kinder gelernt haben, Wörter aus reinem Spaß zu entziffern, erwarten sie, daß etwas Interessanteres an die Reihe kommt. Aber an diesem kritischen Punkt erweisen sich ihre Fibeln als unzureichend, weil deren Verfasser der Ansicht sind, Wiederholungsübungen ergäben eine Geschichte, die Kindern Freude macht. Wenn die Geschichte, die das Kind sich übend und wiederholend erliest, dumm, langweilig und für die Intelligenz des Kindes, sein Selbstgefühl und sein aufkeimendes Interesse am Lesen geradezu eine Beleidigung ist, dann ist die Fertigkeit, die es mit dem Lesen einer solchen Geschichte erwirbt, sinnlos. Daß es für unsere Lehrmethoden in Amerika kennzeichnend ist, daß das Hauptgewicht auf die technischen Aspekte des Lesenlernens gelegt wird, nimmt den Kindern die Freude am Lesen und an Büchern.

Wird jedoch die neu erworbene Fähigkeit unmittelbar auf einen Inhalt angewendet, der so gut ist, daß er das Lesen entschieden zu einem Erlebnis macht, das der Mühe wert ist, dann wird die ziemlich inhaltsleere Leistung: „Jetzt kann ich Wörter entziffern" zu dem höchst befriedigenden Gefühl: „Ich lese etwas, das etwas Neues in mein Leben bringt." Aus diesem Grund sollte man die technischen Aspekte des Lesenlernens deutlich von der Einführung des Kindes in die Literatur trennen. Weit besser wäre jedoch, daß man diesen Prozeß des Lesenlernens in zwei Schritten vermeidet und daß das Kind von Anfang an aus seinem spontanen Wunsch heraus, lesen zu können, das heißt, selbst Bücher lesen zu können, das Lesen erlernt.

Tatsächlich lernen nicht wenige Kinder lesen, bevor sie in die Schule kommen oder kurz danach, ohne daß man ihnen das Entziffern von Wörtern oder ähnliches beigebracht hätte. Sie lernen es daheim mehr oder weniger unabhängig davon, was man ihnen in der Schule beibringt. Solche Kinder haben sich ihre Freude am Lesen dadurch erworben, daß man ihnen vorgelesen hat. Ein Kind, das gern vorgelesen bekommt, lernt Bücher lieben. Es ist beeindruckt vom Interesse der Eltern am Lesen und von ihrer Freude am Vorlesen und studiert mit regem Interesse die Geschichten, die es faszinieren. Ganz von sich aus fängt es an, bestimmte Wörter herauszulesen, und es lernt sie mit Hilfe der Eltern oder seiner älteren Geschwister erkennen. Auf diese Weise bringt sich ein Kind das Lesen selber bei.

Ich habe viele Vorschulkinder kennengelernt, die auf diese Weise lesen lernten, doch waren auch einige darunter, die zunächst die Wörter verkehrt herum lasen. Das kam daher, daß sie ältere Geschwister, die ihnen am Tisch gegenübersaßen, oder über ein Schreibpult hinweg beim Lesen beobachteten. Das kleinere Kind deutete dann auf bestimmte Wörter und fragte, was sie bedeuteten, und bekam die Erklärung, ohne daß das Buch herumgedreht wurde, so daß es die Worte zunächst auf den Kopf gestellt erkennen lernte. Kamen solche Kinder dann in die Schule, so fiel es ihnen anfangs schwer, die Wörter richtig herum zu lesen; aber da sie am Lesen großes Interesse hatten, lernten sie es bald.

Kindern, deren Interesse am Lesen schon zu Hause geweckt wurde, fällt es in der Schule leicht, lesen zu lernen, und das sind dann die Kinder, die später in der Schule gut lesen können. Das Erziehungs-Establishment pflegt sie als Beweis dafür anzuführen, daß die beim Leseunterricht angewandten Methoden erfolgreich sind. Aber es waren nicht diese Methoden, die sie zu guten Lesern und später zu Bücherliebhabern gemacht haben. Man möchte geradezu sagen, daß diese Kinder diese Einstellung *trotz* der Erfahrungen erworben haben, denen sie in der Schule ausgesetzt sind. Wenn dem nicht so wäre, woher käme es dann, daß die Kinder gebildeter Eltern gegenüber ebenso begabten Kindern von weniger gebildeten Eltern in bezug auf ihre Schulleistungen so sehr im Vorteil sind? Woher käme es, daß so viele Kinder aus kulturell benachteiligten Elternhäusern später keine Leser werden, obwohl sie sich die nötigen Kenntnisse im Lesen in der Schule erworben haben? Ein Hauptunterschied zwischen den Kindern, die sich zu Hause das Lesen selbst beibringen, und denen, die es erst in der Schule lernen, ist der, daß erstere das Lesen anhand von Texten lernen, die sie interessieren, während die andern dadurch lesen lernen, daß man ihnen das Entziffern und Erkennen von Wörtern anhand von Texten einpaukt, deren Inhalt so banal ist, daß er geradezu eine Beleidigung für die Intelligenz der Kinder darstellt.

Gerhart Hauptmann

Ende der Freiheit

Der durch Jahre vorausgeworfene Schatten des ersten Schultags verdichtete sich. Eines Tages nach Weihnachten sagte meine Mutter zu mir: Wenn das Frühjahr kommt, muß du in die Schule. Ein ernster Schritt, der getan werden muß. Du mußt einmal stillsitzen lernen. Und überhaupt mußt du lernen und lernen, weil auf andere Weise nur ein Taugenichts aus dir werden kann.

Also du mußt! du mußt!

Ich war sehr bestürzt, als mir diese Eröffnung gemacht wurde. Daß ich erst etwas werden solle, da ich doch etwas war, begriff ich nicht. War ich doch völlig eins mit mir! Nur immer so weiter zu sein und zu leben, war der einzige, noch fast unbewußte Wunsch, in dem ich beruhte. Freiheit, Stille, Freude, Selbstherrlichkeit: warum sollte man etwas anderes wollen? Die kleinen Gängelungen der Eltern störten diesen Zustand nicht. Wollte man mir dieses Leben wegnehmen und dafür ein Sollen und Müssen setzen? Wollte man mich verstoßen aus einer so vollkommen schönen, mir so vollkommen angemessenen Daseinsform?

Ich begriff diese Sache im Grunde nicht.

Etwas auf andere Weise zu lernen als die, welche mir halb bewußt geläufig war, hatte ich weder Lust, noch fand ich es zweckmäßig. War ich doch durch und durch Energie und Heiterkeit. Ich beherrschte den Dialekt der Straße, so wie ich das Hochdeutsch der Eltern beherrschte. Erst heute weiß ich, welch eine gigantische Geistesleistung hierin beschlossen ist und daß sie, geschweige von einem Kinde, nicht zu ermessen ist. Spielend und ohne bewußt gelernt zu haben, hantierte ich mit allen Worten und Begriffen eines umfassenden Lexikons und der dazugehörigen Vorstellungswelt.

Ob ich mich nicht wirklich vielleicht ohne Schule schneller, besser und reicher entwickelt hätte?

Vielleicht aber war das Schlimmste ein Seelenschmerz, den ich empfand. Meine Eltern mußten doch wissen, was sie mir antaten. Ich hatte an ihre unendliche, uferlose Liebe geglaubt, und nun lieferten sie mich an etwas aus, ein Fremdes, das mir Grauen erzeugte. Glich das nicht einem wirklichen Ausstoßen? Sie gaben zu, sie befürworteten es, daß man mich in ein Zimmer sperrte, mich, der nur in freier Luft und freier Bewegung zu leben fähig war – daß man mich einem bösen alten Mann auslieferte, von dem man mir erzählt hatte, was ich später genugsam erlebte: daß er die Kinder mit der Hand ins Gesicht, mit dem Stock auf die Handteller oder, so daß rote Schwielen zurückblieben, auf den entblößten Hintern schlug!

Der erste Schultag kam heran. Der erste Gang zur Schule, den ich, an wessen Hand weiß ich nicht mehr, unter Furcht und Zagen zurücklegte. Es schien mir damals ein unendlich langer Weg, und so war ich denn recht erstaunt, als ich ein halbes Jahrhundert später das alte Schulhaus suchte und nur deshalb nicht fand, weil es aus dem Fenster der alten Preußischen Krone sozusagen mit der Hand zu greifen war.

Unterwegs gab es Verzweiflungsauftritte, die nach vielem guten Zureden meiner Begleiterin, und nachdem sie mich an der Schultür unter den dort versammelten Kindern allein gelassen hatte, dumpfe Ergebung ablöste.

Es gab eine kurze Wartezeit, in der sich die kleinen Leidensgenossen tastend miteinander bekannt machten. Im Hausflur der Schule zusammengepfercht, pirschte sich ein kleiner Piks an mich heran und konnte sich gar nicht genugtun in Versuchen, die Angst zu steigern, die er bei mir mit Recht voraussetzte. Diese kleine schmutzige Milbe und Rotznase hatte mich zum Opfer ihres sadistischen Instinktes ausgewählt. Sie schilderte mir das Schulverfahren, das sie ebensowenig kannte wie ich, indem sie den Lehrer als einen Folterknecht darstellte und sich an dem gläubigen Ausdruck meines angstvoll verweinten Gesichts weidete. Er haut, wenn du sprichst, sagte der kleine Lausekerl. Er haut, wenn du schweigst, wenn du niesen mußt. Er haut dich, wenn du die Nase wischst. Wenn er dich ruft, so haut er schon. Paß auf, er haut, wenn du in die Stube trittst.

So ging es, ich weiß nicht wie lange, fort, mit den Worten und Wendungen des Volksdialekts, in dem man sich auf der Straße ausdrückt.

Eine Stunde danach war ich wieder zu Hause, aß mit den Eltern vergnügt und renommistisch das Mittagbrot und stürzte mich mit verdoppelter Lust ins Freie, in die noch lange nicht verlorene Welt meiner kindlichen Ungebundenheit.

Nein, die Dorfschule mit dem alten, immer mißgelaunten Lehrer Brendel zerbrach mich nicht. Kaum wurde mir etwas von meinem Lebensraum und meiner Freiheit weggenommen und gar nichts von meiner Lebenslust.

Roswitha Defersdorf

Läppische Aufgaben?

Es gibt vermutlich genügend Erwachsene, die behaupten, Kinder mit Lernproblemen könnten in der Schule besser sein. Sie müßten sich nur mehr anstrengen, sich besser konzentrieren und ihre Eltern müßten etwas strenger und konsequenter erziehen. Oder sie stempeln ein solches Kind kurzer Hand ab mit den Worten „dumm, faul, frech und ungezogen". Sie kennen den Zusammenhang zwischen Lernproblemen und Wahrnehmungsstörungen nicht.

Geben Sie diesen Menschen die Möglichkeit, sich in die Situation eines wahrnehmungsgestörten Kindes zu versetzen, indem Sie ihre Wahrnehmung vorübergehend irritieren. Dazu möchte ich Ihnen einige Beispiele geben, auf die ich gerne zurückgreife.

Ich bitte mein Gegenüber, einen großen, ruhig ungleichmäßigen Stern mit vielen Zacken auf ein großes Papier zu malen. Anschließend bitte ich ihn, die Linien dieses Sterns nochmals nachzuzeichnen, verdecke aber den Blick auf den Stern durch einen Karton und halte einen Handspiegel so, daß er den Stern nur im Spiegelbild sehen kann. Die visuelle Wahrnehmung wird dadurch erheblich gestört. Das Ergebnis ist meist ein fahriges Gekritzel. Ich steigere das Erlebnis, indem ich gleichzeitig auf mein Gegenüber einrede: „nun beeil dich doch, das ist doch eine läppische Aufgabe, und du stellst dich an, als wäre es wer weiß was, einen Stern zu malen." Unter Streß bleibt der Stift an den Ecken hängen und das Gekritzel wird noch schlimmer. Dann schalte ich um auf Beruhigen und vermittle Wohlwollen und Verständnis. Ich streichel dann beispielsweise über den Rücken, sage, daß wir ganz viel Zeit haben und daß die Bewältigung der Aufgabe schon gelingen wird. Dann löst sich eine Blockade, und der Stern gelingt besser. Diese Erfahrung hat schon viele Eltern und Lehrer aufgerüttelt. Sie unterstellen bei Lernproblemen nicht mehr die mangelnde Bereitschaft des Kindes, sondern sind bereit, seine Problemen zu sehen, etwas gegen sie zu unternehmen und gehen fortan auch anders mit dem jeweiligen Kind um.

Auch mit der nächsten Übung störe ich die Wahrnehmung. Ich bitte mein Gegenüber, seine Adresse auf Papier zu schreiben und gleichzeitig mit dem linken Fuß gleichmäßige Kreise gegen den Uhrzeigersinn auf den Boden zu malen. Das Schriftbild wird ungelenk. Auch bei dieser Demonstration kann ich erst Streß geben und anschließend Wohlwollen und Verständnis vermitteln. Diese unterschiedlichen Bedingungen werden sich ziemlich sicher im Schriftbild niederschlagen.

Ich nenne Ihnen noch eine dritte Möglichkeit, die Wahrnehmung zu stören. Für sie habe ich mir ein DIN A4 Papier vorbereitet. In die erste Zeile habe ich lauter große Punkte in fünf unterschiedlichen Farben gemalt, die sich in unregelmäßiger Reihenfolge aneinander reihen. In die folgenden Zeilen habe ich die Bezeichnungen dieser Farben geschrieben, ebenfalls in unregelmäßiger Reihenfolge. Zum Schreiben habe ich Buntstifte in eben diesen Farben verwendet. Doch habe ich bewußt nicht auf eine Zuordnung des richtigen Buntstifts zu den Farbenbezeichnungen geachtet. Das Wort „grün" kann zwar mit einem grünen Stift geschrieben sein, dies ist aber Zufall. Nun bitte ich mein Gegenüber, die Farben der Punkte so zügig als möglich zu benennen und anschließend die geschriebenen Wörter vorzulesen. Beides bereitet keine Schwierigkeiten. Dann soll er versuchen, in der gleichen Geschwindigkeit die Farben zu benennen, in denen die Worte der Reihenfolge nach geschrieben sind. Er wird mit großer Wahrscheinlichkeit durch die Wahrnehmung der Buchstaben so gestört sein, daß er immer das Wort lesen will, das ja auch eine Farbe ausdrückt, statt die Farbe des Wortes anzugeben. Dann gebe ich wieder Streß. Prompt wird das Lesen noch schlechter. Das beste Ergebnis bei dieser Aufgabe lieferte mir einmal ein legasthenischer Junge. Die Buchstaben haben ihn nicht gestört, sagte er, er hat nur auf die Farben geschaut. Wenn mein Gegenüber die Namen der Farben nicht flüssig vorzutragen vermag, fordere ich ihn auf, sich noch mehr anzustrengen und notfalls den Finger zu Hilfe zu nehmen. Mit dem Finger unter den Buchstaben wird das Lesen dann deutlich besser, weil eben Körperwahrnehmung und Bewegung das Lernen erleichtern.

Die Konsequenz aus der hier gewonnenen Erfahrung ist dies: Wenn ein Kind auch in der dritten Klasse mit dem Finger liest, hilft es also nicht, es aufzufordern, den Finger wegzunehmen, und es hilft auch nicht, wenn es viel übt. Die Probleme liegen viel tiefer und müssen dort angegangen werden.

Ich will Ihnen noch eine letzte Möglichkeit nennen, mit der ich bei anderen Verständnis zu wecken versuche. Ich wende mich meinem Gegenüber zu und bitte ihn, zu erzählen, was er für den nächsten Urlaub geplant hat. Dann klatschen wir uns, während wir weiterreden, überkreuz in die Hände. Viele Menschen können gleichzeitig überkreuz klatschen und reden, obwohl manche schon hier ins Stocken kommen. Entweder können sie reden oder sich bewegen. Dann erhöhe ich die Schwierigkeit, wir stellen uns beide nur auf ein Bein, klatschen überkreuz in die Hände und unterhalten uns weiter. Falls mein Gegenüber auch das noch kann, und ich auch noch nicht aus dem Tritt gekommen bin, bitte ich ihn, weiterzumachen und zusätzlich das linke Auge zu schließen. Er wird nicht mehr überlegt reden, sondern hauptsächlich mit seinem Gleichgewicht kämpfen und irgendwann aufgeben und lachen. Eltern, Lehrer und Ärzte müssen sich klarmachen, daß dies die Situation von Kindern mit Lernproblemen in der Schule ist. Sie sind mit grundlegenden Körperreaktionen beschäftigt und können daher nur mangelhafte Leistung erbringen. Auch sie reagieren oft mit Lachen, es ist aber genausowenig ein glückliches Lachen. Es ist verlegenes Klassenkaspern. Oder aber sie ziehen sich frustriert zurück und werden ganz still. Oder aber sie zeigen Aggressionen. Wenn Sie Ihren Gegenüber lang genug mit den genannten Übungen quälen, wird auch er aggressiv reagieren.

Es ist wichtig, bei den Bezugspersonen eines Kindes mit Lernproblemen Verständnis für seine Schwierigkeiten zu wecken und sie die Auswirkungen von Streß auf die Leistungsfähigkeit des Gehirns erleben zu lassen. Dann hören sie auf zu glauben, es wolle sie ärgern und gebe sich keine Mühe. Sie erkennen seine Not, können mit seinem Verhalten besser umgehen und bemühen sich, Streßsituationen von ihm fernzuhalten. Der Teufelskreis ist unterbrochen. Allein dadurch lösen sich verhängnisvolle Blockaden, und das Kind kann wieder besser lernen.

Michail Sostschenko

Ein Sack voll Sorgen

Gestern, liebe Bürger, sitze ich im Taurischen Garten auf einer Bank. Dreh mir eine Zigarette. Guck mich um. Herrlich überall! Frühling. Die liebe Sonne scheint. Lauter kleine süße Kinderchen tummeln sich im Sand. Neben mir auf der Bank, seh ich, sitzt so ein kleiner Steppke von vielleicht zehn Jahren. Baumelt mit den Beinen.

Ich guck ihn an und dann in die Runde.

Ach, denke ich, was haben doch die Kinderchen für ein vorzügliches Leben gegenüber den Erwachsenen! Wie geht's denn einem Erwachsenen? Mit den Beinen darf er nicht baumeln, im Sand darf er sich nicht wälzen. Baumelt er mit den Beinen – seht, heißt es dann, der Lümmel kann die Beine nicht still halten. Kriegt dafür sogar eins in die Fresse. Ach, denke ich, miserabel hat's ein erwachsener Mensch ... Allerlei Kommissionen, Überkommissionen. Referate und Versammlungen ... Macht er sich mal für drei Minuten frei, um ein bißchen frischen Luft zu schnappen, dann wartet bestimmt schon die Frau, schwingt die Suppenkelle, schimpft auf Deuwel kommt raus, daß er zu spät kommt. Ach, denke ich, eine glückliche Zeit ist das, die goldene Kindheit! Wie unmerklich ist sie doch vergangen, und so sieht nun das Leben aus ...

Noch einmal blicke ich auf die Kinderchen und auf das Bürschchen, das mit den Beinen baumelt, und da packt mich, geradeheraus gesagt, eine solche Zärtlichkeit für ihn, ein solches Gefühl, daß mir die Luft knapp wird.

„Jungchen", sage ich, „du Himmelhund! Spürst überhaupt", sag ich, „was du für ein Glück hast, du Lümmel? Da sitzt du nun", sag ich, „baumelst mit dem Bein und hast keine Sorgen. Kannst auf einen Baum klettern und von dort auf alles niesen. Ach", sag ich, „du liebes Kerlchen, du verdammter Halunke! Wie", sag ich, „heißt du denn? Mit einem Wort, wie ist dein Name?"

Er schweigt. Aus Schüchternheit wohl.

„Aber", sag ich, „du brauchst doch nicht schüchtern zu sein, du liebes Kerlchen. Der alte Knacker will dich doch nicht fressen. Komm", sag ich, „setz dich auf meine Knie, kannst bißchen reiten."

Da dreht sich das Büschchen mir zu und antwortet:

„Ich habe keine Zeit", sagt er, „auf deinen Knien zu schaukeln. Großer Mist ist das mit deinen Knien. Quatsch!" Na, denk ich, das ist mir ja ein Früchtchen. Abgeblitzt hat mich der Knirps. Keine Zeit hat er.

„Wieso", sag ich, „haben Sie keine Zeit? Was, entschuldigen Sie den Vergleich, haben Sie denn zu tun?"

Das Bürschchen, dieses Naturkind, antwortet mir im Baß: „Du wirst zu schnell alt, wenn du zuviel weißt."

Na, denk ich, da bin ich ja an ein liebes Kerlchen geraten.

„Aber", sag ich, „da brauchst du dich doch nicht zu ärgern. Der alte Zausel", sag ich, „möchte doch bloß wissen, was Sie in ihrem zarten Alter schon für Sorgen haben."

Meine Worte schienen das Bürschchen etwas milder zu stimmen.

„Sorgen", sagt er, „hab ich einen Sack voll! Allerlei Kommissionen, Überkommissionen, Referate und Versammlungen. Heute muß ich einen Vortrag über Polen halten. Hab's eilig. Dann natürlich die Schule. Außerdem die körperliche Ertüchtigung … Mach ich mich mal für drei Minuten frei, um ein bißchen frische Luft zu schnappen, dann wartet bestimmt schon Manka Blochina oder Katjuschka Semetschkina und schimpft. Schlimm, schlimm!" Der Kleine holt ein Stäbchen hervor, zündet es an, spuckt durch die Zähne aus wie ein Großer, nickt mir lässig zu und geht seiner Wege.

Ich aber denke bei mir: Glückliche Zeit, du mein goldenes Alter! In die Schule brauch ich, unter anderem, nicht zu gehen. Auch mit körperlicher Ertüchtigung fällt mir keiner auf die Nerven.

Ich habe mir ein Stäbchen angebrannt und bin ebenfalls meiner Wege gegangen.

VI
Kinder unter sich

Helen I. Bachmann

Ein schönes Pärchen

Als ich klein war und morgens vor der Schule das Butterbrot verschlang und die Milch runterkippte, um bereit zu sein, wenn es klingelte und meine Freundin kam, um mich abzuholen – ich konnte den Augenblick kaum erwarten –, sagte meine Mutter oft: „Ihr beide seid ein richtiges Päckchen.“ Sie hatte dabei einen gewissen Glanz in den Augen. Später habe ich mir oft überlegt, was sie wohl damit gemeint haben mag, und im Zuge dieser Überlegungen schlich sich der Verdacht ein, sie könne Päckchen mit Pärchen verwechselt haben. Das Bild eines Päckchens, in dem die zusammengepackten Dinge eng aneinander gepreßt liegen und zum besseren Zusammenhalten außenherum mit einer Schnur verschnürt werden, wollte auf mein Gefühl der Verbundenheit mit meiner Freundin nicht zutreffen.

„Ihr seid ein richtiges Pärchen“, hätte mir besser gefallen, auch wenn man darunter eher den Zusammenschluß von einem Jungen und einem Mädchen versteht. Ein Pärchen dagegen ist auf keinen Fall ein Gegenstand, dessen Einzelteile aneinandergepreßt verharren, sondern es geht um das Zusammensein zweier lebendiger Menschen, und die verhalten sich beweglich zueinander. Ich sah uns, auch wenn meine Freundin nicht da war, in der Fantasie miteinander Dinge tun, miteinander hüpfen, plaudern, uns bei der Hand halten und loslassen, lachen, rennen, zusammenkuscheln oder auch streiten.

Das Bild vom Päckchen wurde immer unbrauchbarer, denn die Schnur erwies sich als vollkommen überflüssig. Zwischen mir und meiner Freundin bestand eine innere Verbindung, eine selbst gefundene oder selbst gewachsene, die elastisch war, und nichts mußte uns von außen halten oder verknoten. Und das war das Entscheidende: Wir hatten es selbst gemacht, nur sie und ich hatten irgendwie gemerkt, daß wir Freundinnen sein wollten.

Und mit dem Augenblick, da sich das Bild des Päckchens auflöste, wurde ich mir meiner kritischen Gedanken der Mutter gegenüber bewußt, ich wurde hellhörig, und ein Feingefühl für die raffinierten Versuche meiner Eltern, mich zu manipulieren, wuchs. Mit den wohlwollenden Päckchenaussprüchen hatte meine Mutter sehr deutlich gezeigt, wie lieb ihr meine Verbindung mit gerade diesem Mädchen war. Bei ähnlichen Äußerungen spürte ich zunehmend Ärger, weil sie meine Wahl in Zweifel zu ziehen versuchte, zumindest diese Freundin als Zufallstreffer betrachtete, der genau in *ihr* Weltbild paßte.

Meine Freundin habe ich in der ersten Klasse kennengelernt, und später durfte ich neben ihr sitzen. Was mich innerlich anzog, kann ich nicht beschreiben. Aber ich erinnere mich daran, daß mich ihre Waden beeindruckten. Meistens trug meine Freundin knappe weiße Kniestrümpfe mit Lochmuster. Und die waren straff über die Waden gezogen, viel zu straff, denn wenn die Strümpfe verrutschten, sah ich eine rötliche Furche in der Wadenhaut, die ich immer wieder anstarren mußte.

Vielleicht lag die Faszination (neben anderem) darin, daß die zu kurzen Strümpfe auf das Wachstum hinwiesen, das ich bei mir selber nicht wahrnehmen konnte. Aus Sparsamkeitsgründen bekam ich immer viel zu große Sachen, in die ich hineinwachsen sollte. Meine Freundin war in der glücklichen Lage, täglich zu merken, daß sie heranwuchs. Und durch die freundliche Identifikation mit ihrer malträtierten Wadenhaut durfte ich mich an ihrem Größerwerden beteiligen. Ganz ähnlich verhielt es sich mit den Röcken, die bei meiner Freundin als ein kesses Fast-zu-Kurz weit über den Knien schwangen, bei mir aber in Kniehöhe schlotterten. Außerdem roch meine Freundin morgens deutlich nach Pfefferminz, und dies sorgte für weitere Irritation meinerseits. Offensichtlich wurde sie zum Zähneputzen nach dem Frühstück angehalten, was damals noch nicht zu den hygienischen Selbstverständlichkeiten gehörte. Auch an dieser Eigenart meiner Freundin partizipierte ich, wenn sie in ihrer Pfefferminzwolke wie eine parfümierte Prinzessin neben mir saß.

Ich hatte einen sehr weiten Schulweg und konnte den Zahnputzgeschmack nicht in die Schule hinein retten, jedenfalls nahm ich ihn an mir, dort angekommen, nicht mehr wahr.

Meine Freundin trug eine Brille, eine leichte, deren Gläser in einen feinen hellen Rahmen gefaßt waren. Sie gaben mit ihren spiegelnden Flächen dem Gesicht einen Ausdruck von so gründlicher Sauberkeit, daß ich auch davon etwas abzukriegen hoffte. Durch diese auf mich abstrahlenden Glanzlichter fühlte ich mich stark aufgewertet.

Was meine Freundin an mir fand, weiß ich nicht, es wurde zwischen uns nie besprochen, was wir aneinander hatten. Ich vermute aber, daß es für sie ähnlich gewesen ist, denn auch sie bestand auf unserem Zusammensein – wir waren uns einig. Wir lachten über die gleichen Situationen, kicherten und tuschelten miteinander und bissen abwechselnd in der anderen Pausenbrot. Später besuchten wir uns gegenseitig zu Hause, und unsere Freundschaft wuchs mit uns in unsere Jungmädchenjahre hinein. Manchmal glaubten wir, nicht ohne einander auskommen zu können.

Später verloren wir uns aus den Augen. Familienbedingte Veränderungen, Trennungen, Umzüge. Christel ist trotzdem meine beste Freundin geblieben, denn es gibt zwischen uns einige ganz frühe Geheimnisse.

Daß genau sie es war und keine andere, auch das bleibt geheimnisvoll. Sie muß für mich ein inneres Gewebe zum Knüpfen des Freundschaftsbandes bereitgehalten haben und ich für sie. Eine undurchschaubare Anziehung, die uns beiden das Gefühl des Vertrautseins und Ineinanderaufgehobenseins vermittelt hat.

Marcel Pagnol
Der Geheimbund

Das Schuljahr in der sechsten Klasse zeichnete sich durch keine anderen nennenswerten Ereignisse aus, als durch die Gründung eines Geheimbundes, der übrigens keinen anderen Zweck verfolgte als den, geheim zu bleiben, und seine Entstehung weder einer Revolution noch einer Ideologie verdankte, sondern einem bloßen Zufall.

Der Vater Berlaudiers importierte Mokka und verkaufte diesen kostbaren Kaffee in kleinen Papiersäckchen, die mit einer Klammer aus Weißblech verschlossen wurden: Diese Klammern hatten die Form eines vierblättrigen Kleeblatts, das, mit rotem Email überzogen, wirklich wunderbar glänzte. Berlaudier hatte zwanzig Stück dieser Kleeblätter stibitzt, die er, ohne bestimmte Absicht, was ihre Verwendung betraf, ins Gymnasium mitbrachte.

Es war mein Verdienst, auf den ersten Blick erkannt zu haben, daß wir den Geheimbund des „Roten Kleeblatts" gründen müßten, was – heimlich – während der Halbeinuhrpause geschah.

Zuerst waren wir nur vier Eingeweihte, Berlaudier, Nelps, Lagneau und ich. Wir fingen damit an, uns mit einer neuen Schreibfeder in die Daumenspitze zu stechen und vermischten diese vier Blutstropfen auf dem Gesicht eines Porträts von Vercingétorix, das wir in Lagneaus Handbuch der Geschichte gefunden hatten. Dann wurde das geheiligte Blatt viermal gefaltet und in einem Winkel des Schulhofs verbrannt.

Heute frage ich mich, was die Gegenwart dieses Auvergnaten für unsere Sache zu bedeuten hatte. Zweifellos wollten wir unser Unternehmen mit der ältesten Vergangenheit unseres Vaterlandes dadurch in Verbindung bringen, daß wir dem zum Scheitern verdammten Mut Ehre erwiesen. Dazu wäre noch zu bemerken, daß Lagneau in seiner Tasche gerade diese Seite bei sich trug, die nur durch die Gründung des „Roten Kleeblatts" im letzten Moment ihrer eigentlichen Bestimmung entging.

Danach befestigten wir die roten Klammern auf unseren Hemden, und zwar mitten auf der Brust unter dem Stoff unserer schwarzen Kittel. Hierauf wurde beschlossen, daß zwei Eingeweihte, wenn sie einander begegneten, mit schnellem Griff ihre Kittel aufreißen und dazu „Vercingétorix" flüstern sollten.

Berlaudier, der wenig poetisch veranlagt war, erklärte, es sei doch zu dumm, einander Erkennungszeichen zu geben, wenn man sich sowieso schon kannte; Nelps erwiderte ihm, daß er sich mit einem solchen Einwand für immer lächerlich mache, und ich fügte leise hinzu: „Jetzt sind wir nur vier, aber was geschieht, wenn wir erst tausend sein werden?"

Der Optimismus dieser Voraussicht war Anlaß, mich zum obersten Chef zu ernennen, und so durfte ich statt einem zwei Kleeblätter auf der Brust tragen.

Noch am selben Abend verfaßte ich eine Geheimschrift, bestehend aus Kreisen, Dreiecken, Kreuzen, Zahlen, Fragezeichen und den verschiedensten Schlangenlinien und verfertigte Kopien für die Eingeweihten. Wir fingen an, einander Botschaften zuzuschicken, und zwar nach dem Verfahren der Weitergabe. Das ging so vor sich, daß ich die vierfach gefaltete Botschaft Rémusat anvertraute und ihn bat: „Gib sie weiter an Berlaudier." Der übergab sie Schmidt, der vor ihm saß, Schmidt händigte sie Bertrami aus, der sie dann schließlich dem Adressaten zustellte. Aber diese diensteifrigen Zwischenträger versäumten nicht, bei der Weitergabe einen Blick in das Innere unserer Depeschen zu werfen und die Hieroglyphen mit lebhaftem Interesse, in das sich ungläubiges Staunen mischte, zu examinieren. Wenn die Botschaft Berlaudier endlich erreichte, beobachteten die Zwischenträger ihn gespannt und voller Neugier, was er jetzt tun würde. Berlaudier vergewisserte sich zuerst, daß Monsieur Payré's Aufmerksamkeit anderweitig beansprucht war (nämlich durch seine Zeitung). Jetzt erst öffnete er die Depesche, die er auf den ersten Blick zu entziffern schien. Dann drehte er sich nach mir um und bestätigte mit ernstem Kopfnicken, daß er den Befehl seines obersten Chefs erhalten habe. Diese Faxen, die sich sowohl während des Unterrichts wie in der Aufgabenstunde wiederholten, reizten bald die Neugier all unserer Mitschüler. Wir waren entzückt, denn wo bliebe das Interesse an einem Geheimbund, wenn von dessen geheimer Existenz niemand gewußt hätte? Was strengstens geheimgehalten werden mußte, war das Ziel unserer Tätigkeit, und das fiel uns verhältnismäßig leicht, denn wir hatten keines.

Mérinos bat als erster dringend um Aufnahme. Seine Kandiatur wurde sorgfältig geprüft, und trotzdem er Externer war, wurde er eingeweiht. Auf den Vorschlag von Nelps nahmen wir Valabrègue auf, der ebenfalls zu den Externen, aber zu Klasse sechs B.2 gehörte: Mir schien es eine gute Politik, in dieser weit entfernten Klasse, die hinter der Galerie residierte, über einige intelligente „Köpfe" zu verfügen.

Jeden Samstag erstatteten die Eingeweihten mir (in Hieroglyphen) Bericht über die Ereignisse der Woche. Daraus zog ich dann meine Schlüsse, die ich in einem Memorandum zusammenfaßte und während der Vieruhrpause im großen Rat verlas.

Bald waren wir, verteilt auf die fünf Sechserklassen, zwanzig Eingeweihte. Eine große Anzahl Externer erniedrigte sich, um die Weihen zu erhalten, so weit, aufgeweichte Karamelbonbons, seltene Briefmarken und achatene Schusser anzubieten. Diese Korruptionsgeschenke wurden von uns mit Verachtung zurückgewiesen.

Wohingegen ich einen großen Fehler beging, indem ich die Kandidatur Carcassone's ablehnte, weil der Lagneau, als dieser aus der Zeichenklasse die Treppe hinunter raste, ein Bein gestellt hatte.

Das war unser Verderb: denn wenn Berlaudier's Vater die roten Kleeblätter gebrauchte, so war es der Vater von Carcassone, der sie millionenweise fabrizierte. Dieser Verräter hatte uns davon nichts verraten, denn er brütete seine Rache aus. Eines Tages brachte er eine Handvoll dieser geheimen Abzeichen mit und verteilte sie insgeheim an alle Arten von Individuen der sechsten und fünften Klasse. Als wir in der Dreiviertelachtuhrpause in den Hof der Externen kamen, verlor der große Rat das Gesicht: An die dreißig Dummköpfe, ein rotes Kleeblatt im Knopfloch, ahmten auf groteske Weise unsere Erkennungszeremonie nach.

Vor einem Halbkreis grinsender Idioten übergab Carcassone mir dann feierlich ein mit Hieroglyphen bedecktes viereckiges Stück Pappkarton und ließ alle Welt wissen, daß er mir einen schönen Gruß von Vercingétorix zu überbringen habe, was einen Sturm brüllenden Hohngelächters entfesselte.

Ich antwortete mit einem wohlgezielten Fußtritt gegen sein Schienbein, während Lagneau ihm ins Gesicht spuckte. Daraufhin gingen die Eingeweihten um mich herum in Stellung, womit eine große und schöne Schlacht begann, als der Tambour von Waterloo zum allgemeinen Rückzug blies ...

So verlor nach sechswöchentlichem, ruhmvollem Gedeihen der Geheimbund des roten Kleeblatts jegliches öffentliche Interesse und wurde schließlich total vergessen.

Helen I. Bachmann

Das Annäherungsritual

Nina hatte bisher nie daran gedacht, am Zipfel der Tischdecke zu ziehen und eine Katastrophe anzurichten, bis Katrin zu ihr zu Besuch kam.

Ninas und Katrins Eltern kannten sich und dachten, es wäre doch nett, wenn die Kinder sich anfreunden könnten. Sie lebten nah beieinander, und der gleiche Kindergarten stand beiden Kindern bevor. Die zwei kannten sich bereits flüchtig, hatten aber noch nie zusammen gespielt.

Nun war der Kaffeetisch gedeckt.

Für Nina war Katrin durchaus ein Begriff, und sie erwartete sie ungeduldig. Immer wieder trippelte sie zur Wohnungstür, als warte sie auf das Klingelzeichen. Kati kommt bald? fragte sie und hielt sich, während sie auf Zehenspitzen hüpfte, mit ihren Speckhändchen den Bauch. Dann holte sie aus ihrem Zimmer den großen Elefanten und stellte ihn vor die Wohnungstür: Kati zeigen. Als die Mutter ihn auf die Seite rücken wollte, protestierte Nina, denn jetzt wollte sie sich auf ihn stellen, um durch den Glaseinsatz der Wohnungstüre den Hauseingang beobachten zu können.

Ja, da kamen sie, großes Hallo. Elternbegrüßung, Kinderbegrüßung. Dann tauchten die Erwachsenen in ihre Gespräche ein. Katrins Mutter verschwand zu Ninas Mutter in die Küche. Katrin löste sich vom Knie des Vaters, der von Ninas Vater ins Arbeitszimmer geführt wurde, und stand nun vor Nina. In dieser „unteren Etage" des Familientreffens entspann sich damit eine ganz eigene Art der Kommunikation, die zunächst weitgehend unbeachtet blieb.

Nina und Katrin betrachteten sich. Sie standen lange still, als warte eine auf eine Aufforderung der anderen. Dann wippte Nina leicht mit ihrem ganzen Körper, indem sie in die Knie ging und wieder hochschnellte. Katrin machte ihr das nach. Das schien Nina große Freude zu bereiten. Sie wiederholte die Bewegung, begann auch neue auszuprobieren, und Katrin folgte ihrem Beispiel, quietschend vor Vergnügen. Ein Frage- und Antwortspiel, das ohne Worte auskam. Die Stimmung stieg, und als sich Nina plötzlich auf den Boden plumpsen ließ und die Beine in die Luft streckte, machte ihr Katrin auch das kreischend nach. Dann sprang sie unvermutet auf und rannte davon. Sie versteckte sich hinter dem Fenstervorhang. Nina rannte hinterher, drohte zu stolpern, konnte sich aber auffangen – kicherndes Getuschel hinter dem Vorhang. Nina tauchte als erste wieder auf, rannte ein Stück durchs Zimmer und blieb stehen, bis Katrin da war. Was jetzt? Auf Ninas Gesicht zeichnete sich die Frage nach weiteren Unterhaltungen ab, die sie Katrin bieten konnte. Ein ganzes knisterndes Gedankenpaket hätte man in einer Sprechblase unterbringen müssen, wäre es eine gezeichnete Szene.

Wieder standen die beiden voreinander. Nina hob die Hände, noch unschlüssig, was nun zu tun sei, und sie bekam, weil sie zufällig nah genug stand, den Zipfel der Tischdecke zu fassen. Da hatte sie etwas in der Hand, das einen gewissen Widerstand bot und zum Ziehen reizte. Nicht, daß Nina nicht gewußt hätte, was auf dem Tisch stand. Sie war ja auch schon groß und konnte über die Tischkante schauen. Aber jetzt gerade schien sie gar nichts zu sehen. Im Banne von Katrins Augen, die auf weitere Aktionen warteten, begann Nina an den Zipfeln zu ziehen. Katrin hüpfte herbei und ergriff den anderen Zipfel der Tischdecke. Sie zog ihrerseits. Noch ein Stückchen und noch ein Stückchen zogen die beiden Lausemädchen das Geschirr in gefährliche Zonen.

Zum Glück kam Ninas Mutter herein, rief die Kinder empört zur Ordnung, verschwand aber gleich wieder, um den Kaffee zu kochen.

Einen Augenblick von diesem lohnenden Tatort abgelenkt, ging das Spiel anders weiter. Aber die Zipfel der Tischdecke hatten es beiden angetan und stellten wahrscheinlich durch das Verbot der Mutter jetzt eine um so größere Herausforderung dar.

Auch wenn für die beiden der Reiz des Verbotenen noch keine allzu große Macht hatte und sie ganz gewiß die Folgen eines Unglücks nicht realistisch voraussehen konnten, so hatten sie doch schon ein Bewußtsein für Dinge, die verboten und solche, die gestattet waren. Und es kam nun darauf an, wie sie sich, oder ob sie sich über all das hinwegsetzen sollten, um in den Augen der jeweils anderen allmächtig oder jedenfalls möglichst stark und selbstbestimmend dazustehen.

Die ganze Sache ist Ausdruck des Interessenkonfliktes zwischen den Notwendigkeiten der Erwachsenen und denen der Kinder. Sie wurde schnell entschieden, als Katrins Augen Nina erwartungsvoll trafen.

Nina hüpfte wie beiläufig wieder in die Nähe des Tisches, schlüpfte unter die Eckzipfel des Tischtuchs und zog. Ermutigt eilte Katrin hinzu und tat es Nina gleich.

Und nun ging alles sehr schnell. Die Zurückhaltung von kurz zuvor mußte sich entladen. Die Mädchen zoppelten und zogen, bis die Gedecke zu Boden klirrten.

Bei diesem Geräusch der Zerstörung aber fiel der ganze Triumph von Stärke und solidarischem Mutwillen in sich zusammen.

Beide Kinder schrieen zu Tode erschrocken auf, die Eltern rannten herbei, ebenfalls schreiend. Die Katastrophe war komplett.

Die erste Regung von Ninas Mutter war, die Kinder wütend ins Kinderzimmer zu schicken. Aber angesichts des Jammers der beiden Mädchen, die beschämt schluchzend auf das Durcheinander starrten, nahmen die Mütter ihre Kinder in die Arme. Die Väter machten sich ans Aufräumen. Der heiße Kaffe hatte noch nicht auf dem Tisch gestanden, und auch sonst hielt sich der Schaden in Grenzen. Der Kaffee wurde getrunken und der Kuchen wurde gegessen.

Für Nina und Katrin war dies der Anfang einer intensiven Freundschaft. Noch am gleichen Nachmittag spielten sie in Ninas Zimmer friedlich und beruhigt miteinander. Sie hatten ihre Annährungsrituale hinter sich und hatten eine Katastrophe überstanden. Jetzt spielten sie vor sich hin schnatternd wie kleine Entchen, die glücklich über ihr Zusammensein sind.

Tisa von der Schulenburg

Ungeschriebene Gesetze

Am ersten Tag der Ferien – in Berlin, Münster, Potsdam innig herbeigesehnt – stürmten wir in den Wald zu unseren Freunden. Sie haben uns erzogen. Dies und das war ihnen an uns nicht recht, und sie scheuten sich nicht, es uns zu sagen. Wir sahen zu ihnen auf wie zu Weisen des Waldes, und das waren sie ja wohl auch. Wir wußten nicht, daß wir in ihnen den Gegenpol zu unserer preußischen Erziehung fanden: das Beharren, das Schweigen, das leise Lachen, die leise Sprache, den „drögen“ Humor. Fritz Reuter.

Dem Befehl „du mußt“ wird ein Mecklenburger ungern gehorchen. Er mag sich dem Unausweichlichen fügen – das ist alles. Man muß ihn bitten – dem englischen would you, could you gleich: wie wäre es, könnten Sie, würden Sie –, und man wird alles erreichen.

Rettich und Schütt waren voller „Snaken und Snurren“. Voller Schnack – d.h. Erzählungen und schnurrigen Geschichten. Die untergehende Sonne warf einen roten Schein über den See. Genau dort hätten Räuber die goldene Wiege mit dem Kind des Wendenherzogs versenkt, das sie im Schloß zu Schwerin gestohlen hätten – vor vielen hundert Jahren.

Um 1850 sei ein ganzes Langholzfuhrwerk über den vereisten See gefahren und eingebrochen – mit vier Pferden und Fuhrknechten und allem.

Wo sollten wir hin? An den See zum Angeln? Ich haßte das Angeln, denn dazu mußte man den Regenwurm auf einen Haken zwängen. Noch schlimmer war es, den Haken aus den Kiemen des Fisches zu lösen. Sollten wir in die Sandkuhle oder zum nächsten Fuchsbau oder zu den Fröschen am Teich? In den Gemüsegarten? Zu den Obstbäumen? Bei all der Fülle waren der Entschluß und die Wahl schwer. Wenn es draußen zu wüst war, zogen wir mit allen Fahrzeugen, die wir hatten, auf den großen Boden, der über das ganze Haus ging. Da rasselte der Kastenwagen, einige brausten klingelnd auf ihrem fliegenden Holländer herum, und ich werde wohl eine Schiebkarre geschoben haben. Jedem das Seine. Aber wir waren ja fast immer draußen. Je wilder der Sturm, desto besser. Es gab Stürme, bei denen die hohen Eichen ächzten und die Tannen sich bogen. Konnte man denn nicht ein bißchen fliegen? Man rannte bei Sturm mit geöffnetem Mantel bergab. Mit dem Wind. Gegen den Wind. Das Fliegen gelang nicht. Dafür aber flogen Albrechts gebastelte Flugzeuge mit aufgeschnurrtem Propeller (mittels Gummischnur) – von uns bewundert – zwanzig bis dreißig Meter weit.

Die älteren Brüder gingen viel auf Jagd, Fritzi hatte an der Jagd kein Interesse, und mir taten die armen Rehe leid. Eins aber vereinte uns alle: Baden und Schwimmen. Es gab jedes Jahr den sommerlichen Ausflug an die Ostsee. Mit Pferd und Wagen nach Wismar und von dort mit einem kleinen Motorschiff nach Wendorf. Dort lag weit draußen in der See eine große Badeanstalt auf hohen Pflöcken. Das grüne Wasser, durchsichtig bis zum hellen Grund, die Schiffe, die Quallen, der Tang und die Muscheln am Strand, alles begeisterte uns. Zwei buntbemalte Schwedenköpfe, holzgeschnitzt, an Eichenpfählen angebracht, markierten die Einfahrt in die schmale Fahrrinne des Wismarer Hafens. Bis 1803 war Wismar unter schwedischer Oberhoheit gewesen – seit dem Dreißigjährigen Krieg. Zu Beginn der Ferien wurde den Brüdern der Kopf ratzekahl geschoren, das war für das Toben das beste. In den Ferien wurde ich mehr als sonst benötigt: für Schlagball, Versteck und für die bei den Brüdern so beliebten Wettkämpfe. Komm, spring! Komm, lauf! Die Sprünge gingen von der hohen Nordterrasse hinunter, und ich hatte solche Angst! Eins der wichtigsten Spiele war: Hütten bauen. Monatelang wurde vorher in der Stadt geplant und erwogen, mit der unvermeidlichen Lageskizze und den Plänen in Fritzis Notizbuch. Eine Hütte: ein Platz zwischen gestapelten Klaftern Holz. Eine Hütte: ein Platz mit schönem Moos im tiefen Dickicht einer Tannenschonung. Die Möbel waren Kisten. Die Hütte mußte immer geheim bleiben, sonst war ihr Zauber hin.

Ungeschriebenes Gesetz: die Hütte der andern wurde nicht beschlichen. Eines Tages sagte Wolfi bei Tisch: „Ich habe übrigens in der Schonung …“ Schon brüllten wir los: „Du hast unsere Hütte gesucht!“

Er verteidigte sich, der Jagdhund habe geschnüffelt und geschnüffelt, bis er zu einer Zigarrenkiste gekommen sei, aus der er Zucker geschleckt habe. Großer Schmerz! Die Hütte, die Vorratskammer entweiht!

Doch auch bei den Großen gab es ein Gerenne und ein Getue, sie schleppten Bretter, der Stellmacher ging mit ihnen in den Wald – wie sollten wir das aushalten! Wir strichen durch den Wald, bis wir das Geheimnis entdeckt hatten: eine richtige Hütte aus Brettern, nur die Fenster fehlten! Wir waren hingerissen! Wir konnten vor den Großen unsere Aufregung nicht verbergen. „Ihr habt ...", riefen sie. Sie betraten die Hütte nicht wieder. Offenbar war sie durch uns entweiht. Der Krieg kam, die Jungens gingen in die Schützengräben, die Hütte verfiel. Ich habe sie später nur mit einem Schauder umstrichen. Wie ein Spiel, das nie gespielt worden war.

Im Sommer gab es alljährlich das Kinderfest für alle Dorfkinder von den Gütern.

Die Brüder teilten die Jungens in zwei Parteien, sie beschlichen sich, bekämpften sich, und es kam zu wilden Schlachten mit langen Haselnußstecken.

Meine Mutter und Miß Bull sammelten die Mädchen auf dem Rasen vor dem Haus, und wir sangen und tanzten die alten Reigen. Hunderttausend Mann, die zogen ins Manöver – Zeigt her eure Füßchen – Mariechen saß auf einem Stein. Es wurde gellend gebrüllt. Zum Schluß bekam jedes Kind ein Geschenk, und es gab Kuchen und Saft. Alles saß auf Bänken und komischen Holzpilzen unter den hohen Buchen. Die Dorfkinder waren mit uns zu scheu, darum spielten wir sonst nicht mit ihnen. Bauernkinder, von den Höfen ringsum, gab es wenige; ich fand aber doch ein kleines Mädchen, das manchmal mit mir spielte und mich besuchte.

Unsere Spiele waren auch zu wild. Eines Tages sah meine Mutter in Tressow zum Fenster hinaus, da sausten und glitten ihre Kinder an den Zweigen der großen Edeltanne herunter. Sie war sonst nicht ängstlich, dieses Spiel wurde verboten. „Warum", fragte Wolfi, „die oberen Zweige treffen ja auf die unteren, was soll da geschehen?" Ich hatte, so muß ich gestehen, viel Angst dabei gehabt.

Friedrich Hebbel

Erste Liebe

Ich lernte in Susannas dumpfer Schulstube auch die Liebe kennen, und zwar in derselben Stunde, wo ich sie betrat, also in meinem vierten Jahre. Die erste Liebe! Wer lächelt nicht, indem er dies liest, wem schwebt nicht irgendein Ännchen oder Gretchen vor, das ihm auch einmal eine Sternenkrone zu tragen und in Himmelblau und Morgengold gekleidet zu sein schien, und das jetzt vielleicht – es wäre frevelhaft, das Gegenbild auszumalen! Doch wer sagt sich nicht auch, daß er damals wie im Fluge an jedem Honigkelch, der im Garten der Erde steht, vorübergeführt wurde, zu rasch freilich, um sich zu berauschen, aber langsam genug, um den heiligen Frühduft einzuatmen! Darum gesellt sich jetzt zum Lächeln die Rührung, indem ich des schönen Maimorgens gedenke, an welchem das längst beschlossene, immer wieder verschobene und endlich unwandelbar auf einen bestimmten Tag festgesetzte große Ereignis, nämlich meine Entlassung aus dem väterlichen Hause in die Schule, wirklich stattfand ... Die Mutter ging mit, um mich feierlich zu introduzieren, der Mops folgte, ich war noch nicht ganz verlassen und stand vor Susanna, ehe ich's dachte. Susanna klopfte mich nach Schulmeisterart auf die Backen und strich mir die Haare zurück, meine Mutter empfahl mir in strengem Ton, der ihr viel Mühe kostete, Fleiß und Gehorsam und entfernte sich eilig, um nicht wieder weich zu werden, der Mops war eine ziemliche Weile unschlüssig, zuletzt schloß er sich ihr an. Ich erhielt einen goldpapiernen Heiligen zum Geschenk, dann wurde mir mein Platz angewiesen, und ich war dem surrenden und sumsenden Kinderbienenstock einverleibt, welcher dem Auftritt neugierig und der Unterbrechung froh zugesehen hatte. Es dauerte einige Zeit, bis ich aufzuschauen wagte, denn ich fühlte, daß ich gemustert wurde, und das setzte mich in Verlegenheit. Endlich tat ich's, und mein erster Blick fiel auf ein schlankes blasses Mädchen, das mir gerade gegenüber saß: sie hieß Emilie und war die Tochter des Kirchspielschreibers. Ein leidenschaftliches Zittern überflog mich, das Blut drang mir zum Herzen, aber auch eine Regung von Scham mischte sich gleich in mein erstes Empfinden, und ich schlug die Augen so rasch wieder zu Boden, als ob ich einen Frevel damit begangen hätte. Seit dieser Stunde kam Emilie mir nicht mehr aus dem Sinn, die vorher so gefürchtete Schule wurde mein Lieblingsaufenthalt, weil ich sie nur dort sehen konnte, die Sonn- und Feiertage, die mich von ihr trennten, waren mir so verhaßt, als sie mir sonst erwünscht gewesen sein würden, ich fühlte mich ordentlich unglücklich, wenn sie einmal ausblieb. Sie schwebte mir vor, wo ich ging und stand, und ich wurde nicht müde, still für mich hin ihren Namen auszusprechen, wenn ich mich allein befand; besonders waren ihre schwarzen Augenbrauen und ihre sehr roten Lippen mir immer gegenwärtig, wogegen ich mich nicht erinnere, daß auch ihre Stimme Eindruck auf mich gemacht hätte, obgleich später gerade hiervon alles bei mir abhing. Daß ich bald das Lob des fleißigsten Schulgängers und des besten Schülers davontrug, versteht sich von selbst; mir war dabei aber eigen zumute, denn ich wußte gar wohl, daß es nicht die Fibel war, die mich zu Susanna hintrieb, und daß ich nicht, um schnell lesen zu lernen, so emsig buchstabierte. Allein niemand durfte ahnen, was in mir vorging, und Emilie am wenigsten: ich floh sie aufs ängstlichste, um mich nur ja nicht zu verraten; ich erwies ihr, wenn die gemeinschaftlichen Spiele uns dennoch zusammenführten, eher Feindseligkeiten als etwas Freundliches; ich zupfte sie von hinten bei den Haaren, um sie doch einmal zu berühren, und tat ihr weh dabei, nur um keinen Verdacht zu erregen. Ein einziges Mal jedoch brach die Natur sich gewaltsam Bahn, weil sie auf eine zu starke Probe gesetzt wurde. Als ich eines Nachmittags nämlich in der Tummelstunde, die dem Unterricht stets voranging, weil die Kinder nur langsam zusammenkamen und Susanna auch gern ein Mittagschläfchen hielt, in die Schulstube trat, bot sich mir ein höchst betrübsamer Anblick dar: Emilie wurde von einem Knaben mißhandelt, und dieser war einer meiner besten Kameraden. Er zupfte und knuffte sie weidlich, und das ertrug ich noch, obgleich nicht ohne große Mühe und mit immer steigender stiller Erbitterung. Endlich aber trieb er sie in einen Winkel, und als er sie wieder herausließ, blutete ihr der Mund, wahrscheinlich, weil er sie irgendwo gekratzt hatte. Da konnte ich mich nicht länger halten, der Anblick des Blutes versetzte mich in Raserei, ich fiel über ihn her, warf ihn zu Boden und gab ihm seine Püffe und Schläge doppelt und dreifach zurück. Aber Emilie, weit entfernt, mir dankbar zu sein, rief selbst für ihren Feind nach Hilfe und Beistand, als ich gar nicht wieder aufhörte, und verriet so unwillkürlich, daß sie ihn lieber hatte als den Rächer. Susanna, durch das Geschrei aus ihrem Schlummer geweckt, eilte herbei und forderte, mürrisch und unwillig, wie sie natürlich war, strenge Rechenschaft wegen meines plötzlichen Wutanfalls; was ich zur Entschuldigung hervorstotterte und stammelte, war unverständlich und unsinnig, und so trug ich denn als Lohn für meinen ersten Ritterdienst eine derbe Züchtigung davon ...

Peter Radtke

Fünf Jahre Seligkeit

Es waren die goldenen Fünfzigerjahre. Aus dieser Zeit stammen meine Erinnerungen an die wöchentlichen Ausflüge auf die Marienhöhe. Dort lebten in einem Blockhaus, gut hundert Meter oberhalb der Donau, Heck, Butz, Heidi und Eckhard mit ihren Eltern. Wie wir uns kennengelernt haben, weiß ich heute nicht mehr. Im Winter per Schlitten, im Sommer per Rad ging es jeden Freitag zu unseren neuen Freunden, draußen vor den Toren der Stadt. Im Dezember, Januar, wenn die Tage kurz waren, lohnte sich kaum der lange Anmarsch zum „Häusel“, wie wir das Stückchen Paradies nannten. Es blieb dann gerade so viel Zeit, daß ich mich auf die warme Ofenplatte setzte und meine erstarrten Glieder auftaute. Dennoch hätte ich um nichts in der Welt auf diese knappe halbe Stunde verzichten mögen.

Nie soll man sich die Vergangenheit zurückwünschen; jede Zeit bringt ihre eigenen Freuden. Doch wenn man mich heute fragt, welche der schönen Stunden meiner Kindheit ich am liebsten nochmals durchleben würde, wären es gewiß die Freitagnachmittage im „Häusel“. Vieles kommt hier zusammen: außergewöhnliche Menschen, die verträumte Lage des Hauses zwischen Wald und Fels, vor allem aber das Gefühl der Selbstverständlichkeit, das die unvergeßliche Atmosphäre der Besuche ausmachte. Bei Spiel und Gesprächen wurde nie besonders Rücksicht auf das „behinderte Peterchen“ genommen. Wie alle Kinder der Familie trank ich den scheußlichen Malventee, der bei uns nie auf den Tisch gekommen wäre, und kaute das unverdauliche Margarinebrot, das zu Hause wenigstens eine Scheibe Schinken aufgewiesen hätte. Meine anfänglichen, schwachen Versuche eines Protestes wurden schlechtweg überhört. Aber im Grunde fühlte ich mich gerade dadurch glücklich, daß keine Extrawurst für mich gebraten wurde.

Auf der Marienhöhe war es zum Beispiel verboten zu schießen, sei es mit Pfeil und Bogen, einem Luftgewehr oder dem ausgestreckten

Arm, dem man ein herausforndernders „Piff, Paff" nachrief. Die Herrin des Hauses war in diesem Punkt äußerst streng, was ihrer Güte keinen Abbruch tat. „In der Welt wird schon so viel Unheil angerichtet, da wollen wir hier oben wenigstens in Frieden miteinander leben", meinte sie ruhig, aber bestimmt. Diese ernste Natürlichkeit, die ihr ganzes Wesen durchzog, bewirkte, daß sie zu den wenigen Menschen zählt, denen ich bis heute aufrichtigen Respekt entgegenbringe.

Eigentliche Adressatin der Besuche auf der Marienhöhe war aber Heidi, das Nesthäkchen der Familie, auch „Krümel" genannt. Wenn sich je zwei Kinder verstanden haben, waren wir es. Ungefähr gleichen Alters, lagen wir auf derselben Wellenlänge. „Theater" hieß unsere gemeinsame Leidenschaft, wobei jeder seine diversen Stoff- und Plüschtiere als Akteure einsetzte. Nie wieder habe ich einen Menschen gefunden, mit dem ich mich in solchem Einklang wußte wie mit „Krümel". Vielleicht war es die vielberufene Unschuld, die dieses Verhältnis so unwiederbringlich harmonisch gestaltete. Noch erfüllte mich nicht jene drängende Unruhe, die unbewußt auf ein vages Mehr hinzielt, und auch meiner Spiegefährtin fehlte das instinktiv vorsichtige Zurückweichen vor etwas, das unausgesprochen und gefährlich im Dunkeln lag. Viele Jahre später sollte ich auf anderer Ebene ein ähnliches Gefühl der Übereinstimmung mit einem Menschen erleben, doch ohne die Anmut des Paradiesischen, die gerade dieses erste Verhältnis kennzeichnete.

Nie hätte ich es damals für möglich gehalten, daß unsere wunderbare Freundschaft kürzer dauern könnte als eine Ewigkeit. Aber Kinderparadiese sind Paradiese auf Zeit. Fünf Jahre währte die Seligkeit. Dann vertauschten unsere Bekannten die Freiheit des Waldes mit dem Häusermeer der Großstadt. Sie zogen nach München. Als ich Jahre danach meine ehemalige Freundin wiedersah, glaubte ich, einer Fremden zu begegnen. Das Naturkind von einst, das seiner Namensvetterin bei Spyri zur Ehre gereicht hätte, war zu einem flotten Teenager herangewachsen. Die Finger lackiert, Augen und Lippen geschminkt, tänzelte die angehende Dame im Rhythmus des Beat und Rock'n' Roll daher – und ich wußte mit diesem Geschöpf aus einer anderen Welt nichts anzufangen. Daß auch ich nicht mehr derselbe war, übersah ich dabei geflissentlich.

Mark Twain
Tom trifft Becky Thatcher

Der Montagmorgen fand Tom Sawyer in trübseliger Stimmung. Das war an jedem Montagmorgen der Fall, denn da fing wieder eine Woche langen Leidens in der Schule an. Gewöhnlich begann er den Tag mit dem Wunsch, daß gar kein Feiertag dazwischengelegen hätte; denn das machte es einem nur um so verhaßter, sich wieder in Gefangenschaft und Ketten zu begeben.

Tom lag da und überlegte. Bald kam ihm der Gedanke, er möchte krank sein; dann könnte er zu Hause bleiben. Hier gab es vielleicht irgendeine Möglichkeit. Er untersuchte seinen Körper. Er fand keinerlei Leiden und forschte von neuem. Diesmal glaubte er, Symptome von Leibschmerzen feststellen zu können, und versuchte recht hoffnungsvoll, sie zu beleben. Sie wurden jedoch immer schwächer und verschwanden bald ganz und gar. Er überlegte weiter. Plötzlich entdeckte er etwas. Einer seiner oberen Zähne wackelte. Das war Glück; schon wollte er beginnen zu stöhnen, „zur Einleitung“, wie er es nannte, da fiel ihm ein: wenn er mit diesem Beweis vor Gericht träte, würde ihm seine Tante den Zahn ziehen, und das täte weh. So beschloß er, den Zahn vorläufig noch in Reserve zu halten und weiter zu suchen. Einige Zeit bot sich nichts, und dann erinnerte er sich, einmal gehört zu haben, wie der Doktor von einem gewissen Leiden sprach, das einen Patienten zwei oder drei Wochen ans Bett fesselte und mit dem Verlust eines Fingers bedrohte. Deshalb zog er nun eifrig seinen wunden Zeh unter der Bettdecke hervor und hielt ihn hoch, um ihn zu inspizieren. Allerdings kannte er nicht die notwendigen Symptome. Immerhin lohnte sich gewiß, es darauf ankommen zu lassen, und so begann er, mit rechter Inbrunst zu stöhnen.

Sid aber schlief weiter und merkte nichts.

Tom stöhnte lauter und bildete sich ein, er beginne Schmerzen im Zeh zu spüren.

Keinerlei Ergebnis bei Sid.

Tom atmete bereits schwer vor Anstrengung. Er ruhte sich ein wenig aus, füllte die Brust mit Luft und gab dann eine Reihe bewundernswerter Ächzlaute von sich.

Sid schnarchte weiter.

Tom wurde ärgerlich. Er rief: „Sid! Sid!" und rüttelte ihn. Diese Methode bewährte sich, und Tom stöhnte von neuem. Sid gähnte und streckte sich, hob sich mit einem Schnaufen auf den Ellenbogen und starrte Tom an. Tom stöhnte weiter. Sid sagte: „Tom! Hörst du, Tom!"

Keine Antwort.

„So hör doch, Tom! Tom! Was ist los, Tom?" Er schüttelte ihn und blickte ihm ängstlich ins Gesicht.

Tom ächzte: „Oh, nicht, Sid. Schüttel mich nicht."

„Warum, was ist denn los, Tom? Ich rufe die Tante."

„Nein, laß. Das geht schon nach und nach vorbei, vielleicht. Ruf niemanden."

„Doch, ich muß! Stöhn nicht so, Tom, das ist ja schrecklich. Wie lange ist dir denn schon so?"

„Stundenlang. Au! Beweg dich nicht so, Sid. Du bringst mich um."

„Tom, warum hast du mich denn nicht vorher geweckt? Ach, nicht doch, Tom! Ich bekomme Gänsehaut, wenn ich dich höre, Tom, was hast du denn?"

„Ich vergeb dir alles, Sid." (Stöhnen.) „Alles, was du mir je getan hast. Wen ich nicht mehr bin ..."

„Oh, Tom, du stirbst doch nicht etwa? Tu's nicht, Tom, tu's nicht. Vielleicht ..."

„Ich vergeb allen, Sid." (Stöhnen.) „Sag's ihnen, Sid. Und Sid, gib meinen Fensterrahmen und meine einäugige Katze dem Mädchen, das neu in die Stadt gekommen ist, und sag ihr ..."

Sid hatte aber bereits seine Sachen aufgerafft und war verschwunden. Tom litt jetzt wirklich, so prächtig arbeitete seine Einbildungskraft, und sein Stöhnen hatte daher den Klang der Echtheit angenommen.

Sid stürzte nach unten und rief: „Oh, Tante Polly, komm schnell! Tom liegt im Sterben!"

„Im Sterben?"

„Jawohl. Laß nicht auf dich warten, schnell, komm!"

„Unsinn! Ich glaub's nicht!"

Nichtsdestoweniger flog sie nach oben, und Sid und Mary hinter ihr her. Ihr Gesicht war ganz weiß, und ihre Lippen zitterten. Als sie am Bett anlangte, stieß sie hervor: „Du, Tom! Tom, was hast du?"

„Oh, Tantchen, ich …"

„Was hast du – was hast du nur, Kind?"

„Ach Tantchen, mein schlimmer Zeh hat den Brand!"

Die alte Dame sank auf einen Stuhl und lachte ein wenig; dann weinte sie ein wenig, und dann tat sie beides gleichzeitig. Dies brachte sie wieder zu sich, und sie sagte: „Tom, was hast du mir für einen Schock versetzt. Jetzt hör aber auf mit dem Unsinn und mach, daß du aus dem Bett kommst."

Das Stöhnen setzte aus, und der Schmerz schwand aus dem Zeh. Der Junge kam sich ein wenig dumm vor und sagte: „Tante Polly, es hat aber wirklich so geschienen, als ob der Brand drin wär, und so weh getan, daß mir mein Zahn gar nichts ausgemacht hat."

„Dein Zahn, so! Was ist denn mit deinem Zahn los?"

„Einer ist locker und tut furchtbar weh."

„Na, na, nun fang nicht gleich wieder an zu stöhnen. Mach mal den Mund auf. Ja, dein Zahn ist wirklich lose, aber daran stirbst du nicht gleich. Mary, hol mir mal einen Seidenfaden und aus der Küche ein brennendes Scheit!"

Tom sagte: „Ach, bitte, Tantchen, zieh ihn nicht raus, er tut gar nicht mehr weh. Ich will tot umfallen, wenn er noch weh tut. Bitte nicht, Tantchen. Ich will doch nicht von der Schule wegbleiben."

„Ach, wirklich? Das ganze Theater war also bloß, weil du geglaubt hast, du kannst von der Schule wegbleiben und angeln gehen. Tom, Tom, ich hab dich so lieb, und du scheinst es bloß drauf anzulegen, deiner alten Tante mit deiner Ungezogenheit das Herz zu brechen."

Mittlerweile waren die zahnärztlichen Instrumente bereit. Die alte Dame befestigte ein Ende des Seidenfadens mit einer Schlinge an Toms Zahn und band das andere um den Bettpfosten. Dann ergriff sie das brennende Scheit und stieß es dem Jungen plötzlich fast ins Gesicht. Schon baumelte der Zahn am Bettpfosten.

Jedes Leid bringt jedoch auch seine Belohnung mit sich. Als Tom sich nach dem Frühstück zur Schule begab, war er der Gegenstand des

Neides aller Jungen, die er traf, weil ihn die Lücke in seiner oberen Zahnreihe befähigte, auf eine neue, bewundernswerte Weise zu spucken. Er sammelte ein recht ansehnliches Gefolge von Jungen um sich, die sich für diese Vorführung interessierten, und einer, der sich in den Finger geschnitten und bis zu diesem Augenblick im Mittelpunkt der Aufmerksamkeit und der Bewunderung gestanden hatte, sah sich jetzt plötzlich von seinen Anhängern verlassen und seines Ruhmes beraubt. Das Herz war ihm schwer, und er sagte mit einer Verachtung, die er nicht empfand, es sei ja gar nichts, so zu spucken wie Tom Sawyer; ein anderer Junge aber meinte: „Die Trauben sind sauer!", und er machte sich davon, ein entthronter Held.

Kurz darauf stieß Tom auf den jugendlichen Paria des Ortes, Huckleberry Finn, den Sohn des Trunkenboldes der kleinen Stadt. Alle Mütter des Ortes haßten und fürchteten Huckleberry von Herzen, weil er faul, gesetzlos, ordinär und ruppig war – und weil ihre Kinder ihn alle so bewunderten, an seiner ihnen verbotenen Gesellschaft großes Vergnügen fanden und wünschten, sie getrauten sich zu sein wie er. Tom ging es wie den übrigen achtbaren Jungen, indem er Huckleberry um die glanzvolle Stellung eines von der Gesellschaft Ausgestoßenen beneidete, und er hatte strengen Befehl, nicht mit ihm zu spielen. Daher spielte er mit ihm, wo sich nur eine Gelegenheit bot. Huckleberry war immer in die abgelegten Sachen erwachsener Männer gekleidet, und sie flatterten zu allen Jahreszeiten prächtig zerlumpt um seine Gestalt. Sein Hut war eine geräumige Ruine, und aus dem Rand war eine große Mondsichel ausgeschnitten; die Jacke hing ihm, wenn er eine trug, fast bis zu den Fersen hinab und hatte die hinteren Knöpfe tief unten sitzen; ein einziger Hosenträger hielt das Beinkleid, dessen Sitzfläche tief hinabhing und nichts enthielt; die ausgefransten Hosenbeine schleiften im Schmutz, wenn sie nicht aufgerollt waren. Huckleberry kam und ging, wie es ihm beliebte. Bei gutem Wetter schlief er auf einer Türschwelle und bei nassem in einem großen leeren Faß; er brauchte weder in die Schule noch in die Kirche zu gehen, noch irgendeinen Menschen seinen Herrn zu nennen, noch jemand zu gehorchen; er konnte angeln und schwimmen gehen, wann und wo er wollte, und so lange dort bleiben, wie es ihm paßte; niemand verbot ihm, sich zu prügeln, und abends konnte er aufbleiben, so lange es ihm Spaß machte; er war stets der erste Junge, der im Frühjahr barfuß ging, und der letzte, der im Herbst die Füße wieder in Leder steckte; er brauchte sich niemals zu waschen und auch keine saubere Kleidung anzuziehen, und fluchen konnte er wunderschön. Mit einem Wort, alles, was dazu gehört, das Leben köstlich zu machen, besaß dieser Junge. So dachte jeder gequälte, behinderte, achtbare Knabe von St. Petersburg.

Tom begrüßte den romantischen Ausgestoßenen: „Hallo, Huckleberry."

„Gleichfalls hallo – mal sehn, ob's dir gefällt."

„Was haste denn da?"

„Tote Katze."

„Zeig mal her, Huck. Donnerwetter, die ist schon mächtig steif. Wo haste die denn her?"

„'nem Jungen abgekauft."

„Was haste denn dafür gegeben?"

„'nen blauen Zettel und 'ne Blase, die ich aus dem Schlachthaus hab."

„Wo hatteste denn den blauen Zettel her?"

„Hab ich Ben Rogers vor zwei Wochen gegen 'nen Stock zum Reifentreiben abgekauft."

„Sag mal, wozu sind denn tote Katzen gut, Huck?"

„Wozu? Warzen damit zu heilen."

„Tatsächlich? Ich weiß was Besseres dazu."

„Wetten, daß es nicht stimmt. Was ist's denn?"

„Na, Wasser von faulem Holz."

„Wasser von faulem Holz! Dafür würd ich nicht 'nen Dreck geben."

„So, würdste nicht? Haste das denn überhaupt schon versucht?"

„Nee, hab ich nicht. Aber Bob Tanner."

„Wer hat dir'n das gesagt?"

„Na, er hat's Jeff Thatcher erzählt, und Jeff hat's Johnny Baker erzählt, und Johnny hat's Jim Hollies erzählt, und Jim hat's Ben Rogers erzählt, und Ben hat's 'nem Nigger erzählt, und der Nigger hat's mir erzählt!"

„Na, und wennschon! Die lügen doch alle. Wenigstens alle außer dem Nigger – den kenn ich nicht. Hab aber noch nie 'nen Nigger gesehen, der nicht gelogen hat. Quatsch! Nun sag mir mal, wie Bob Tanner das gemacht hat, Huck."

„Hat seine Hand genommen und sie in 'nen verfaulten Baumstumpf gehalten, wo Regenwasser drin war."

„Am Tage?"

„Na klar."

„Mit dem Gesicht zum Baumstumpf?"

„Ja, ich glaub wenigstens."

„Hat er auch was dazu gesagt?"

„Glaub ich nicht, weiß nicht."

„Aha! Auf so 'ne idiotische Weise zu versuchen, Warzen mit Wasser von faulem Holz zu kurieren! So nützt's doch überhaupt nicht. Man muß allein mitten in den Wald gehen, zu 'nem fauligen Baumstumpf, den man kennt, wo Wasser drin ist, und genau um Mitternacht muß man sich mit dem Rücken an den Stumpf stellen, die Hand reinplanschen und sagen:

‚Gerstenkorn, Gerstenkorn, Maisgrieß ist Trumpf,
Schluck mir die Warzen, Wasser im Sumpf',

und dann mußt du schnell mit geschlossenen Augen elf Schritte weit gehen, dich dreimal umdrehen und nach Hause gehen, ohne mit jemand zu sprechen. Nämlich, wenn du sprichst, ist der Zauber geplatzt."

„Na, das klingt, als wär's 'ne gute Methode, so hat's aber Bob Tanner nicht gemacht."

„Natürlich nicht, mein Lieber, da kannste Gift drauf nehmen, der ist doch der bewarzteste Junge von der Stadt, und er würde nicht eine Warze haben, wenn er wüßte, wie er mit Wasser von faulem Holz umzugehen hat. Ich hab auf diese Weise schon Tausende von Warzen von meinen Händen fortgekriegt, Huck. Ich spiel so viel mit Fröschen, daß ich immer 'ne erhebliche Menge Warzen hab. Manchmal bring ich sie auch mit 'ner Bohne weg."

„Ja, 'ne Bohne ist gut. Hab ich auch schon gemacht."

„So? Wie ist 'n deine Methode?"

„Du nimmst die Bohne und spaltest sie in der Mitte, dann schneideste dich in die Warze, bis 'n bißchen Blut kommt, dann tuste das Blut auf das eine Stück Bohne, dann nimmste das und gräbst 'n Loch und begräbst's drin, so um Mitternacht, am Kreuzweg, wenn der Mond nicht scheint, und dann verbrennste den Rest von der Bohne. Siehste, das Stück, wo das Blut drauf ist, zieht und zieht und versucht, das andere Stück heranzuholen, und das hilft dem Blut, die Warze rauszuziehen, und ziemlich bald geht sie ab."

„Ja, so ist's richtig, Huck – so ist's richtig; bloß, wenn du sie begräbst, sagst du: ‚Bohne runter, Warze ab, komm nicht wieder, mich zu ärgern!', dann ist's noch besser. So macht's Joe Harper, und der ist beinah bis Coonville und fast überall gewesen. Aber hör mal – wie kuriert man sie denn mit toten Katzen?"

„Na, du nimmst deine Katze und gehst auf 'nen Friedhof, kurz vor Mitternacht, dahin, wo jemand, der 'n schlechter Mensch gewesen ist, begraben liegt, und wenn's Mitternacht ist, kommt 'n Teufel oder vielleicht auch zwei oder drei; du kannst sie aber nicht sehen, du kannst nur was hören, was klingt wie der Wind, oder vielleicht hörste sie reden, und wenn sie den Kerl wegholen, schmeißte deine Katze hinterher und sagst: ‚Teufel folg Leiche, Katze folg Teufel, Warze folg Katze, ich bin euch los!' Das bringt dir jede Warze weg."

„Klingt gut. Haste's schon mal versucht, Huck?"

„Nee, aber die olle Mutter Hopkins hat's mir gesagt."

„Na, dann wird's wohl stimmen; es heißt ja, sie ist 'ne Hexe."

„Wieso heißt – ich weiß doch, daß sie eine ist, Tom. Sie hat Papa behext. Das sagt Papa selbst. Ist eines Tages dahergekommen und hat gesehen, wie sie ihn behext hat; da hat er 'nen Stein genommen, und wenn sie nicht ausgewichen wär, dann hätt er sie gekriegt. Na, und noch in derselben Nacht ist er von 'nem Schuppen gerollt, wo er betrunken gelegen hat, und hat sich den Arm gebrochen."

„Ist ja furchtbar. Woran hat er denn gemerkt, daß sie ihn behext?"

„Du lieber Himmel, das kann Papa doch leicht feststellen. Papa sagt, wenn sie einen immerzu fest angucken, dann behexen sie einen, besonders, wenn sie dabei vor sich hin murmeln. Nämlich, wenn sie vor sich hin murmeln, dann sagen sie das Vaterunser rückwärts auf."

„Sag mal, Huck, wann versuchste denn das mit der Katze?"

„Heut nacht. Ich nehme an, sie kommen heut nacht den alten Ross Williams holen."

„Der ist doch aber schon am Sonnabend begraben worden, Huck. Haben sie ihn denn nicht Sonnabendnacht geholt?"

„Was du nur zusammenredest. Wie kann denn denen ihr Zauber vor Mitternacht wirken? Und dann ist Sonntag. Teufel stromern sonntags nicht viel rum, schätze ich."

„Daran hab ich nicht gedacht. Stimmt. Läßte mich mitkommen?"

„Klar, wenn du keine Angst hast. Und du miaust wieder, wenn du 'ne Möglichkeit hast? Das letztemal haste mich da so lange rummiauen lassen, bis der olle Hays angefangen hat, Steine nach mir zu schmeißen, und gesagt hat: ‚Verdammter Kater!' Da hab ich ihm 'nen Backstein ins Fenster gepfeffert – aber verrat's nicht."

„Tu ich nicht. Ich hab in der Nacht nicht miauen können, weil die Tante auf mich aufgepaßt hat; diesmal werd ich aber miauen. Ach, was ist denn das, Huck?"

„Bloß 'n Holzbock."

„Wo haste 'n den her?"

„Aus 'm Wald."

„Was willste 'n dafür haben?"

„Weiß nicht. Ich will 'n gar nicht verkaufen."

„Na schön. ist sowieso nur 'n mächtig kleiner Holzbock."

„Och, 'nen Holzbock, der einem nicht gehört, kann jeder schlechtmachen. Mir genügt er. Für mich ist er gut genug."

„Klar, 's gibt genug Holzböcke. Ich könnte tausend Stück haben, wenn ich wollte."

„Na, warum willste 'n dann nicht? Weil de genau weißt, daß du nicht kannst. Das hier ist 'n ziemlich früher Holzbock, schätze ich. Ist der erste, den ich dies Jahr gesehn hab."

„Hör mal, Huck, ich geb dir dafür meinen Zahn."

„Zeig mal her."

Tom holte ein Stück Papier hervor und rollte es sorgsam auseinander. Huckleberry sah den Zahn verlangend an. Die Versuchung war sehr groß. Endlich fragte er: „Ist er 'n auch echt?"

Tom zog die Lippe hoch und zeigte seine Zahnlücke.

„Na, ist gut", meinte Huckleberry, „abgemacht."

Tom schloß den Holzbock in die Zündhütchenschachtel ein, die noch vor kurzem das Gefängnis des Kneifkäfers gewesen war; dann trennten sich die Jungen, und jeder von ihnen fühlte sich reicher als zuvor.

Als Tom bei dem kleinen, alleinstehenden hölzernen Schulhaus angelangt war, trat er voller Schwung ein, wie einer, der mit ehrlicher Eile hergekommen ist. Er hängte seinen Hut auf einen Haken und warf sich mit geschäftsmäßiger Beflissenheit auf seinen Platz. Der Lehrer, der droben auf seinem großen Korbsessel thronte, duselte vor sich hin, vom schläfrigen Gesumm der Lernenden eingelullt. Die Unterbrechung weckte ihn auf.

„Thomas Sawyer!"

Tom wußte: Wenn sein Name unverkürzt ausgesprochen wurde, so bedeutete das Verdruß.

„Jawohl, Herr Lehrer."

„Komm mal hier rauf, Freundchen; weshalb bist du, wie gewöhnlich, wieder zu spät gekommen?"

Tom wollte sich gerade in eine Notlüge flüchten, als er zwei lange gelbe Zöpfe einen Rücken herabhängen sah, den er mittels der elektrischen Verbundenheit durch Liebe erkannte, und daneben war der einzige leere Platz auf der Mädchenseite der Schule. Sofort sagte er: „Ich bin unterwegs stehengeblieben und hab mich mit Huckleberry Finn unterhalten."

Dem Lehrer stand das Herz still, und er starrte Tom hilflos an. Das Gesumm der Lernenden hörte auf; die Schüler fragten sich, ob dieser tollkühne Junge wohl den Verstand verloren habe. Der Lehrer sagte: „Du hast – was hast du getan?"

„Bin stehengeblieben und hab mich mit Huckleberry Finn unterhalten." Die Worte waren nicht mißzuverstehen.

„Thomas Sawyer, das ist das erstaunlichste Geständnis, das ich je gehört habe; für dieses Vergehen genügen ein paar mit der Rute nicht. Zieh die Jacke aus."

Der Arm des Lehrers war in Tätigkeit, bis er ermüdete und der Vorrat an Gerten merklich zusammengeschmolzen war. Dann erfolgte der Befehl: „So, Freundchen, jetzt geh und setz dich zu den Mädchen. Und laß dir das zur Warnung dienen."

Das Gekicher, das den Raum durchlief, schien den Jungen in Verlegenheit zu bringen; in Wirklichkeit aber war dieses Ergebnis durch die ehrerbietige Scheu, die er vor seinem unbekannten Idol empfand, und durch die bange Freude über sein Glück verursacht. Er setzte sich auf das Ende der Bank aus Tannenholz, und das Mädchen rückte von ihm ab, wobei es den Kopf in den Nacken warf. Ein Anstoßen, Zwinkern und Flüstern durchlief den Raum; Tom aber saß still, die Arme auf das lange, niedrige Pult vor ihm gestützt, und schien in sein Buch vertieft. Nach und nach ließ die allgemeine Aufmerksamkeit von ihm ab, und das gewohnte Schulgemurmel stieg von neuem eintönig auf. Nun begann der Junge, dem Mädchen verstohlene Blicke zuzuwerfen. Sie bemerkte es, zog ihm eine Schnute und drehte ihm eine Minute lang den Hinterkopf zu. Als sie sich vorsichtig wieder umwandte, lag ein Pfirsich vor ihr. Sie stieß ihn fort, Tom legte ihn sanft wieder zurück; sie stieß ihn von neuem fort, diesmal aber mit weniger Feindseligkeit. Tom legte ihn geduldig wieder auf seinen Platz; da ließ sie ihn liegen. Tom kriztelte auf seine Tafel: „Bitte nimm ihn – ich habe noch mehr." Das Mädchen blickte auf die Worte, verzog aber keine Miene. Jetzt begann der Junge, etwas auf seine Tafel zu zeichnen, wobei er sein Werk mit der linken Hand versteckte. Eine Zeitlang wollte das Mädchen es nicht zur Kenntnis nehmen; bald aber begann sich durch kaum wahrnehmbare Anzeichen eine menschliche Neugier bei ihr bemerkbar zu machen. Der Junge arbeitete weiter, scheinbar ohne sich ihrer Aufmerksamkeit bewußt zu sein. Das Mädchen unternahm einen zu nichts verpflichtenden Versuch, die Zeichnung zu sehen; der Junge verriert aber in keiner Weise, daß er es bemerkt hatte.

Endlich gab sie nach und flüsterte zögernd: „Laß mich mal sehen."

Tom enthüllte nun teilweise die traurige Karikatur eines Hauses mit zwei Giebelenden, aus dessen Schornstein korkzieherförmiger Rauch aufstieg. Jetzt begann das Werk das Interesse des Mädchens zu fesseln, und sie vergaß alles übrige. Als es beendet war, staunte sie es einen Augenblick an und flüsterte dann: „Sieht hübsch aus – mal' einen Mann dazu."

Der Künstler errichtete im Vorgarten einen Mann, der einem Ladebaum glich. Er hätte über das Haus hinwegtreten können; das Mädchen war jedoch nicht übermäßig kritisch; sie war mit dem Ungeheuer zufrieden und flüsterte: „Ein wunderschöner Mann – jetzt male mich, wie ich daherkomme."

Tom zeichnete eine Sanduhr mit einem Vollmond darauf und versah sie mit Strohhalmen als Glieder; die ausgebreiteten Finger bewaffnete er mit einem ungeheuren Fächer. Das Mädchen sagte: „Wie hübsch – ich wollte, ich könnte zeichnen."

„Es ist ganz leicht", flüsterte Tom. „Ich werd's dir beibringen."

„Wirklich? Wann denn?"

„In der Mittagspause. Gehst du zum Essen nach Hause?"

„Wenn du dableibst, bleibe ich auch."

„Gut, abgemacht. Wie heißt du?"

„Becky Thatcher. Wie heißt du? Ach, ich weiß. Thomas Sawyer."

„So nennen sie mich, wenn sie mich verprügeln. Wenn ich artig bin, heiße ich Tom. Du nennst mich Tom, ja?"

„Ja."

Jetzt begann Tom etwas auf die Schiefertafel zu kritzeln und die Worte vor dem Mädchen zu verbergen. Diesmal aber zierte sie sich nicht, sondern bat ihn, es sie lesen zu lassen. Tom sagte: „Ach, 's ist nichts."

„Doch, 's ist was."

„Nein, 's ist nichts, 's interessiert dich gar nicht."

„Doch, wirklich. Bitte laß mich's mal sehen."

„Du verrätst es doch nur."

„Nein, ich verrat's nicht – ganz großes Ehrenwort."

„Du sagst es bestimmt keinem Menschen? Solange du lebst nicht?"

„Nein, ich sag's niemand. Jetzt zeig's mir mal."

„Ach, 's interessiert dich ja gar nicht!"

„Jetzt grade, wenn du mich so behandelst, Tom" – und sie legte ihre schmale Hand auf die seine, worauf sich eine kleine Balgerei entspann. Tom tat, als leiste er ihr ernsthaft Widerstand, ließ aber seine Hand nach und nach beiseite gleiten, bis sie die Worte „Ich liebe dich" freiließ.

„Ach, du ungezogener Bengel, du!" Sie versetzte seiner Hand einen scharfen Klaps, errötete aber und sah aus, als freue es sie doch.

Gerade in diesem kritischen Augenblick fühlte sich der Junge mit schicksalhaftem Griff am Ohr gepackt und von einem stetigen Antrieb in die Höhe gehoben. Wie in einem Schraubstock eingeklemmt, wurde er durch den Raum befördert und auf seinen richtigen Platz abgesetzt, unter dem aufreizenden Gekicher der ganzen Schule. Dann stand der Lehrer einige schreckliche Augenblicke lang über ihn gebeugt und begab sich schließlich fort auf seinen Thron, ohne ein Wort gesagt zu haben. Obgleich Tom das Ohr brannte, war sein Herz doch voller Jubel.

René Goscinny

Luise

Mama hat gesagt, sie bekommt Besuch. Eine Freundin von ihr kommt zum Tee und bringt ihr kleines Mädchen mit und ich war gar nicht besonders froh darüber. Ich kann kleine Mädchen nicht ausstehen, die sind blöd und können nichts anderes spielen als Kaufladen und mit Puppen. Und alle naselang heulen sie. Ich weine natürlich auch manchmal, aber nur, wenn es wirklich schlimm ist so wie neulich, als die Vase im Salon kaputtging und wo Papa mit mir geschimpft hat und das war ganz schrecklich ungerecht, weil ich es doch nicht mit Absicht getan hab und wo die Vase sowieso so häßlich war. Und ich weiß schon, daß Papa es nicht gern hat, wenn ich im Zimmer Ball spiele, aber draußen hat es geregnet.

„Du wirst sehr nett und höflich sein zu Luischen", hat Mama mir gesagt, „sie ist ein reizendes kleines Mädchen, und du mußt zeigen, daß du gut erzogen bist."

Wenn Mama zeigen will, daß ich gut erzogen bin, zieht sie mir den blauen Anzug an und das weiße Hemd, wo man drin aussieht wie ein Hanswurst. Ich habe zu Mama gesagt, ich will lieber mit den anderen Jungen ins Kino und den Cowboy-Film ansehen, aber Mama hat mich groß angeguckt und dann muß man sich vorsehen.

„Also, ich bitte dich, sei nicht so roh mit dem kleinen Mädchen – sonst kriegst du es mit mir zu tun, verstanden?" hat Mama gesagt. Um vier Uhr ist die Freundin von Mama gekommen und hat ihr kleines Mädchen mitgebracht. Mamas Freundin hat mir einen Kuß gegeben und hat gesagt: du bist aber schon ein großer Junge – das sagen alle zu mir, und dann hat sie gesagt, das ist Luischen, und Luischen und ich wir haben uns angesehen. Sie hat ganz gelbes Haar und Zöpfe und blaue Augen, und ihre Nase und ihr Kleid sind ganz rot gewesen. Wir haben uns schnell die Hand gegeben nur mit den Fingerspitzen. Mama hat den Tee aufgetragen und das war prima weil wenn Leute zum Tee kommen gibt es Schokoladenkuchen und man darf zweimal nehmen. Wir haben Kuchen gegessen und Luischen und ich wir haben keinen Ton gesagt. Wir haben gegessen und uns nicht angeguckt. Hinterher hat Mama gesagt: „Jetzt geht spielen, liebe Kinder. Nick, du gehst mit Luischen auf dein Zimmer und zeigst ihr deine schönen Spielsachen." Mama hat ganz süß dabei gelächelt, aber gleichzeitig hat sie große Augen gemacht, so daß man gleich weiß man muß sich vorsehen. Luischen und ich wir sind auf mein Zimmer gegangen und ich hab nicht gewußt, was ich mit ihr sprechen soll. Aber Luischen hat zuerst was gesagt, sie hat gesagt: „Du siehst aus wie ein Affe." Das hat mir gar nicht gefallen und ich habe gesagt: „Und du, du bist nur ein Mädchen", und da hat sie mir eine Ohrfeige gegeben. Ich hätte beinahe angefangen zu weinen, aber ich hab mich zusammengenommen, weil Mama doch gern will, daß ich gut erzogen bin. Und da hab ich Luischen am Zopf gezogen und sie hat mich gegen das Schienbein getreten. Da mußte ich ja doch ujie schreien, weil es so weh tat. Ich wollte ihr eine reinhauen, aber da hat Luischen von was anderem angefangen und hat zu mir gesagt: „Na, und deine Spielsachen? Krieg ich die jetzt zu sehen oder nicht?" Ich wollte ihr gerade sagen: meine Spielsachen sind Spielsachen für Jungen, basta – aber da hat sie meinen kleinen Plüschbären gesehen, den ich halb geschoren habe mit Papas Rasierapparat. Ich habe ihn nur halb rasiert, weil der Rasierapparat dabei kaputtging. „Was, du spielst mit Puppen?" hat Luischen gefragt und hat gelacht. Ich wollte sie an den Zöpfen ziehen und Luischen hat schon ausgeholt um mir eine zu kleben, da ging die Tür auf und unsere Mamas kamen herein, alle beide. „Na, Kinder", hat Mama gesagt, „spielt ihr auch schön?" „O ja", hat Luischen gesagt und hat die Augen ganz weit aufgerissen dabei, und dann hat sie die Augendeckel ganz schnell rauf und runter geklappt und Mama hat ihr einen Kuß gegeben und hat gesagt: „Reizend, also wirklich, ganz bezaubernd. Ein richtiges kleines Nesthäkchen." Und Luischen hat wieder ganz doll mit den Augendeckeln geklappert. „Zeig Lusichen auch mal deine schönen Bilderbücher", hat Mama gesagt und die andere Mama hat gesagt, wir sind zwei reizende kleine Nesthäkchen. Und dann sind sie raus.

Ich habe meine Bücher vom Bücherbrett runtergeholt und hab sie Luischen gegeben. Aber sie hat sie gar nicht angesehen, sondern auf die Erde geschmissen, sogar das wo eine Masse Indianer drin vorkommen – Klasse! „Pöh, Bücher – das interessiert mich nicht", hat sie zu mir gesagt. „Hast du nicht was Lustigeres?" Und dann hat sie auf dem Bücherbrett mein Flugzeug entdeckt, mein prima Flugzeug mit Gummimotor und es ist ganz rot und fliegt Klasse. „Laß das liegen", hab ich gesagt, „das ist nichts für Mädchen – das ist mein Flugzeug!" Und ich hab versucht, ihr das Flugzeug wieder abzunehmen aber Luischen hat sich losgemacht.

„Ich bin eingeladen", hat sie gesagt. „Ich darf mit deinen Sachen spielen, mit allen – und wenn du mich nicht spielen läßt, dann rufe ich meine Mama und dann werden wir ja sehen!" Ich hab nicht gewußt, was ich machen soll, ich wollte natürlich nicht, daß sie es kaputtmacht, das Flugzeug. Aber ich wollte auch nicht, daß sie ihre Mama ruft, weil nämlich so was gibt immer Theater. In der Zeit wo ich nachgedacht hab hat Luischen am Propeller gedreht und den Gummimotor aufgezogen. Und dann hat sie das Flugzeug losgelassen. Sie hat es aus meinem Zimmerfenster rausgelassen was offen war. Und das Flugzeug ist abgebrummt. „Da siehst du, was du gemacht hast – so ein Blödsinn!" hab ich geschrien. „Mein schönes Flugzeug – jetzt is es kaputt!" Und ich hab angefangen zu weinen. „Ist ja gar nicht wahr", hat Luischen gesagt. „Guck mal, da unten im Garten da liegt es. Wir brauchen es nur zu holen."

Wir sind runter in den Salon und ich hab Mama gefragt: Können wir in den Garten spielen gehen? Und Mama hat gesagt, es ist zu kalt. Aber Luischen hat wieder den Trick mit den Augendeckeln gemacht und hat gesagt, sie möchte gern die hübschen Blumen sehn. Da hat meine Mama gesagt, sie ist ein reizendes Geschöpfchen und wir sollen uns nur ja warm anziehen, wenn wir rausgehen. Ich muß das mit dem Augendeckelklappern unbedingt lernen – eine ganz dolle Masche und funktioniert prima!

Unten im Garten hab ich das Flugzeug aufgehoben, war nichts passiert zum Glück. Und Luischen hat zu mir gesagt, was sollen wir machen? „Ich weiß nicht", hab ich gesagt, „du hast ja die Blumen angucken wollen, na bitte, da sind sie, jede Menge." Aber Luischen hat gesagt sie macht sich einen Dreck aus Blumen und unsere Blumen sind der letzte Dreck. Ich hatte richtig Lust, ihr eins auf die Nase zu geben, aber ich habe mich nicht getraut, weil nämlich vom Salonfenster aus kann man in den Garten sehen und unsere beiden Mamas saßen im Salon. „Ich habe keine Spielsachen hier draußen", habe ich gesagt, „außer meinem Fußball, der liegt in der Garage." Luischen hat gesagt, das ist eine prima Idee. Wir haben den Ball geholt und ich kam mir saublöd vor – ich hab Angst gehabt, daß meine Kameraden mich sehn, wie ich mit Mädchen spiele. „Stell dich da zwischen die beiden Bäume", hat Luischen gesagt, „so – und jetzt wollen wir mal sehen, ob du halten kannst." Na, ich hab gedacht, das ist ja 'ne Marke, da kann man ja nur drüber lachen – aber schon ist sie angelaufen und – bumm – ein doller Schuß! Ich habe den Ball nicht halten können und klirr – eine Scheibe vom Garagenfenster war hin.

Die Mamas sind aus dem Haus rausgekommen und meine Mama hat sich das Garagenfenster angesehen und hat gesagt aha! „Nicki!" hat sie gesagt. „Du solltest dich lieber um deine Gäste kümmern, anstatt so rohe Spiele zu spielen. Vor allem, wenn deine Gäste so liebenswürdig sind wie Luischen." Ich hab Luischen angeguckt, aber sie war ganz hinten im Garten und hat an den Blumen gerochen – besonders an den Begonien.

Am Abend habe ich keinen Nachtisch gekriegt zur Strafe. Aber macht nichts – Luischen ist Klasse. Und wenn ich groß bin, wird geheiratet!

Die hat einen dollen Schuß!

Heilwig von der Mehden

Unter Schwestern – unter Brüdern

Geschwister zu haben, das hat ganz gewiß seine Vorteile und auch seine Nachteile. Als Nachteil würde ich es etwa bezeichnen, daß man ihre Kleider, Hosen, Pullover und Mäntel auftragen muß, was zuweilen genierlich und unerfreulich sein kann; als Vorteil hingegen, daß man im Umgang mit Geschwistern bereits in frühester Jugend für den harten Kampf ums Dasein gestählt wird. Daß man seine Brüder und Schwestern liebt, ist wohl eine ziemlich feststehende Tatsache, daß man sie aber auch – zum mindesten in Jugendzeiten – so genau kennt wie sonst niemanden auf der Welt, darf in der Beurteilung des geschwisterlichen Verhältnisses nicht vergessen werden. Da der Mensch nicht immer gut ist, benutzt er nämlich diese genaue Kenntnis nicht nur, um den Bruder oder die Schwester zu behüten, zu verstehen und zu beschützen, sondern leider auch, um sie hin und wieder zu ärgern. Dazu genügt auf Grund der genauen Kenntnis oft nur ein Wort oder eine Gebärde. Ein Griff mit beiden Zeigefingern hinter die Ohren etwa symbolisiert in taktloser, aber wirksamer Form den Schwarm der Schwester, dessen Ohren besonders charakteristisch sind. Laut aufschluchzend verläßt sie den Frühstückstisch, worauf der Bruder, nun wieder mit seinem Frühstücksbrot beschäftigt, erstaunt ausruft: „Was hat sie bloß wieder?" Die Schwester wird sich natürlich zu gegebener Zeit rächen, denn sie weiß ganz genau, daß der geliebte Bruder senkrecht an die Decke gehen möchte vor Empörung, wenn sie sein angebetenes Fräulein Huhnstein „Huhnbein" nennt.

Es soll zwar Geschwister geben, die sich nicht zanken, aber meist herrscht schon auf Grund des innigen Zusammenlebens höchstens eine Art Waffenstillstand, der jederzeit gebrochen werden kann. Kein Grund ist zu nichtig: das Fehlen einer Weintraubenbeere, die angeblich eben noch auf dem Teller war; die Frage, ob ein befreundetes Kind rote oder blonde Haare hat; das Erstrecht auf die Benutzung des

Schaukelstuhls oder Badezimmers; die Erforschung, wer gestern und wer vorgestern den Tisch abgedeckt hat und wer nicht; und das ständige Verschwinden aller Radiergummis. Wenn die armen Eltern, des ewigen Streitens müde, kategorisch Frieden anordnen, dann wird gern unter dem Tisch mit den Beinen weitergekämpft. Es ist unendlich schwierig, solche Streitigkeiten gerecht zu schlichten. Wie soll man Recht sprechen, wenn dem einen ganz aus Versehen sein Pantoffel an das Ohr („gerade das, wo ich im vorigen Jahr Mittelohrentzündung hatte!") des anderen gefallen ist, woraufhin der zurückgeworfen und das Sparschwein getroffen hat. Und dann hat der erste, nur um sich zu wehren, dem zweiten die Arme festgehalten, und der hat dann wieder „extra" auf das Diktatheft getreten, und nun kann man darauf den Gummiabsatz sehen ...

Doch trotz aller Kämpfe bilden Geschwister zuweilen verschworene Notgemeinschaften, wenn es gegen die Macht und Willkür der Erwachsenen geht. Schlechte Schulzensuren, heimliche Fernsehorgien, gemeinsam stibitzte Weckgläser und ein ruinierter Plattenspieler, das läßt alle Streitigkeiten vergessen und jene Einigkeit auf der ganzen Linie herstellen, nach der sich die Eltern sonst so sehnen. Auch ist es ein großer Unterschied, ob man selbst seinen jüngeren Bruder oder seine jüngere Schwester ohrfeigt oder ob das ein anderer tut. Beim anderen wirft man sich als Verteidiger des Kleinen und Schwachen dazwischen, so daß der große Bruder, der gleich kommt und alle bösen Feinde verhaut, geradezu zum Symbol geworden ist auch für die, die im Notfall gar keinen großen Bruder aufzuweisen haben. Aus berufener Quelle wurde mir übrigens berichtet, daß große Brüder besonders von den Mädchen, die keine haben, oft weit überschätzt werden. Nicht immer lieben sie es, mit ihren Schwestern zu tanzen, wenn sonst keiner da ist, nicht immer haben sie reizende Freunde, die sie mit ins Haus bringen, und leider sind sie den Schwestern gegenüber auch längst nicht immer auf die gleiche Weise Kavalier, wie sie es gegenüber anderen Mädchen zu sein bemüht sind. Dafür haben sie oft einen sehr lästigen pädagogischen Ehrgeiz und, auf Grund ihrer gereiften Lebenserfahrung, auch sehr feste Grundsätze das betreffend, was ein junges Mädchen alles nicht tun sollte. Aber auch große Schwestern dürften manchmal schwer zu ertragen sein. Taktloserweise etwa richten sie ihr Augenmerk auf jene schwer zugänglichen Stellen hinter den Ohren oder auf die absolute Trockenheit der Zahnbürste und knüpfen dann nicht gern gehörte Ermahnungen daran. Eines Tages jedoch wäscht sich der Bruder nicht nur den Hals ganz von selbst, sondern auch die Ohren, und dankt, wenn man ihm großmütig einen Nachtischrest überlassen will. Und die strenggehaltene Schwester verlobt sich. Kurzum, sie werden erwachsen. Man geht aus dem Haus und sieht sich nicht mehr tagtäglich. Der Umgangston wird friedlicher, tausendundein Grund zum Streiten sind weggefallen. Man sieht sich gern, man pumpt sich an, vergleicht die Kinderchen und führt tiefsinnige Erwachsenengespräche. Aber nie wieder wird man sich so verbunden fühlen wie damals, als man mit höflich unbewegtem Gesicht brav sein Mittagessen aß und heimlich unter dem Tisch nacheinander trat.

Ursel Scheffler

Der Geheimschrank

Ich weiß, was du zu Weihnachten kriegst!" behauptet Michel.
„Was denn?" fragt Kathrinchen.

„Verrat ich nicht. Bäh. Alle Mädchen sind neugierig!" sagt Michel und grinst. Ziemlich frech, findet Kathrinchen. Michel ärgert seine jüngere Schwester gern. Und diesmal ärgert sich Kathrinchen wirklich sehr.

„Mädchen sind kein bißchen neugieriger als Jungen!" protestiert sie. Aber Michel lacht nur. Wieder ziemlich frech.

Da hat Kathrinchen eine Idee. Sie beschließt, sich zu rächen und Michel ganz, ganz neugierig zu machen. Am Nachmittag schließt sie sich in ihr Zimmer ein.

Mit Tesa klebt sie ein Schild an ihre Tür, auf dem steht: ‚Zutritt strengstens verboten!' Sie bastelt zwar bloß am Weihnachtsschmuck für den Bazar in der Schule. Aber das braucht Michel ja nicht zu wissen. Er kümmert sich anscheinend auch gar nicht darum. Laut pfeifend geht er an der Zimmertür vorbei, als sei ihm das Schild schnurzpiepegal. Kathrinchen läßt jetzt die Tür einen Spalt offen. Auf ihrem Tisch steht eine große Schachtel. ‚Für Michel' steht darauf.

Michel liest im Vorübergehen aus den Augenwinkeln.

Aber er tut natürlich so, als habe er nichts gesehen. Dann ist die Schachtel verschwunden. Die Tür zu Kathrinchens Zimmer steht weit auf. An der Schranktür klebt ein Schild: Geheimschrank! Bitte nicht öffnen!

Einen Tag hält es Michel aus. Am zweiten schleicht er in Kathrinchens Zimmer und dreht ganz zufällig am Schlüssel der Schranktür. Aber die Tür macht er nicht auf, weil in diesem Augenblick Kathrinchen aus der Schule kommt.

Am nächsten Tag ist Kathrinchen bei ihrer Freundin eingeladen. Sie wollen zusammen zum Weihnachtsbazar. Michel ist allein zu Hause. Auf einmal zwickt ihn die Neugier so, daß er es nicht mehr aushält. Er geht in Kathrinchens Zimmer. Vorsichtig dreht er den Schlüssel um. Die Schranktür geht auf. Am Ärmel von Kathrinchens rotem Anorak prankt ein weißes Schild, auf dem steht in Druckbuchstaben: *Ha, wußt' ich's doch! Du bist der Neugierigste von allen.*

Da ärgert sich Michel unheimlich. Als Kathrinchen zurückkommt, sieht sie ihn gespannt an. Er sagt nichts. Aber sie ahnt den Grund für seine schlechte Laune. Michel versucht, sich nichts anmerken zu lassen. Aber daß Mädchen neugieriger sind als Jungen, hat er nie wieder gesagt.

Ursel Scheffler

Das schönste Lied

Papa hat eine Gutenachgeschichte vorgelesen, die so spannend war, daß Tobias und Annika wieder hellwach sind. Jetzt liegen sie im Bett und überlegen, was sie den Eltern zu Weihnachten schenken könnten.

„Wir können doch nicht sagen: Papa gib uns Geld, damit wir dir was kaufen können“, sagt Tobias.

„Und wenn wir Mama fragen, dann sagt sie, wir sollen etwas basteln oder malen. Und hinterher liegt es irgendwo ganz hinten im Küchenschrank herum“, sagt Annika.

„Oder sie sagt, sie freut sich am meisten, wenn wir unser Zimmer aufräumen“, erinnert sich Tobias.

„Aufräumen ist blöd. Das verdirbt einem die ganze Weihnachtslust“, sagt Annika und knautscht das Kopfkissen energisch unter das rechte Ohr.

„Also, wir kaufen diesmal was. Ein richtiges Geschenk. Nicht so Bastelkram. Aber was?“ sagt Tobias. Er dreht sich auf den Bauch und stützt den Kopf in die Hände, weil er so besser nachdenken kann.

„Ich glaube, Mama würde sich über das bunte Tuch freuen, das bei ‚Steffi-Moden‘ im Schaufenster liegt. Es paßt gut zu ihrem braunen Mantel. Sie hat es sich gestern ganz lang angesehen“, sagt Annika.

„Und Papa freut sich über ein lustiges Buch. Ich mag es, wenn er im Sessel sitzt und kichert“, sagt Tobias.

„Das kostet mindestens zwanzig Mark“, sagt Annika.

„Das doppelte“, befürchtet Tobias.

„Wir haben zusammen dreizehn Mark fünfzig. Wo kriegen wir den Rest her?

„Verdienen“, sagt Tobias.

„Aber wie?“ grübelt Annika.

„Denk doch an das arme Mädchen mit den Schwefelhölzchen aus der Geschichte, die Papa vorgelesen hat. Wir haben doch ganz viele

Streichholzschachteln. Papa bringt sie immer als Andenken mit, wenn er auf Reisen ist. Keiner braucht sie. Die könnten wir doch verkaufen."

„Das ist blöd", sagt Annika. „Kein Mensch kauft uns Streichhölzer ab. Außerdem haben die meisten Leute ein Feuerzeug."

„Dann müssen wir spielen!" ruft Tobias und sitzt senkrecht im Bett.

„Meinst du im Lotto spielen?" erkundigt sich Annika.

„Ach Quatsch. Ich meine Lieder spielen, Musik machen. Da sitzen immer jede Menge Leute in der Stadt in der Fußgängerzone. Neulich war da einer mit Gitarre, der hatte eine ganze Mütze voller Geldstücke."

„Hm", sagt Annika nachdenklich. „Ich kann doch erst ein paar Lieder. Vor fremden Leuten spielen? Na, ich weiß nicht ..."

Seit Annika zum achten Geburtstag ihr Flöte bekommen hat, geht sie einmal in der Woche zum Unterricht. Aber in zwei Jahren wird man noch kein Weltmeister.

„Ich spiele auch nicht viel besser. Wir spielen halt immer dasselbe. Das übt. Zu zweit schaffen wir das schon", ermutigt sie der ältere Bruder.

„Wenn du meinst. Wir können es ja versuchen", murmelt Annika und gähnt. Es klingt schläfrig. Sie dreht ihre Lieblingslocke um den rechten Zeigefinger, und dann ist sie schon eingeschlafen.

Die Mutter wundert sich, als sich die beiden am nächsten Tag freiwillig ganz warm anziehen, ehe sie das Haus verlassen.

„Wir gehen zu Silvia zum Flöte üben", sagt Annika.

Die Mutter ist gerührt. Am Ende wird das eine Weihnachtsüberraschung? So fragt sie nicht weiter.

Als Tobias und Annika in der Fußgängerzone ankommen, spielen schon mehrere Gruppen. Hübsch klingt die Geige mit der Klarinette, die vor der Buchhandlung spielt. Weniger hübsch die Tonbandmusik, die aus den Kaufhauslautsprechern dröhnt. Ein Cello und eine Querflöte spielen vor dem Haushaltgeschäft.

Das klingt schön. Mindestens zehn Leute bleiben stehen und hören zu.

„Sehr schön", sagt ein Mann leise.

Er hat früher selbst einmal Cello gespielt. Jetzt wirft er eine Silbermünze in den Hut.

„Na siehste“, sagt Tobias und knufft seine Schwester aufmunternd in die Rippen. Die beiden suchen sich eine freie Ecke.Dann packen sie die Flöten aus. Sie können die Noten kaum umblättern, weil die Hände so kalt sind. Als sie die Flöte stimmen wollen, scheinen die Töne eingefroren. Zunächst will gar nichts gelingen. Nicht mal ‚Oh Tannenbaum‘.

Eine Frau bleibt neugierig stehen und sieht den Bemühungen der beiden Musikanten zu. Dann sagt sie zu ihrer Freundin:

„Oh Gott, die armen Kinder! Sie sind ja total unmusikalisch!“

Voller Mitleid wirft sie eine Münze in das aufgestellte Körbchen. Tobias und Annika sehen sich an. Sie haben nicht gehört, was die Frau gesagt hat. Die Münze ermutigt sie. Sie blasen schneller und lauter. Schrill und falsch spielen sie die altbekannten Melodien. Aber seltsamerweise bleiben die Leute trotzdem stehen und werfen den „armen Kindern“ Münzen ins Körbchen. Der Mann, der am Stand an der Ecke Hustenbonbons verkauft, kann es nicht mehr ertragen.

„Sagt, was spielt ihr da eigentlich?“ sagt er.

„Das heißt ‚Ich steh an deiner Krippe hier‘ und ist von Bach“, sagt Tobias stolz.

„Von Bach? Der Krach? Na ja, ach so“, sagt der Mann und lächelt. Dann schenkt er den beiden eine Tüte Hustenbonbons und läßt ein Geldstück ins Körbchen gleiten.

„Sind die nicht niedlich? Das Mädchen sieht aus wie meine Enkeltochter. Die wohnt in Berlin und ist jetzt neun“, sagt eine alte Dame zu ihrer Freundin. Sie zückt ebenfalls die Börse. Und dann kommt der Mann, dem der Laden gehört, vor dem sie spielen. „Sehr schön macht ihr das“, sagt er. „Aber wißt ihr was, ich gebe euch fünf Mark, wenn ihr den Rest des Nachmittags auf der anderen Straßenseite spielt. Da wohnt einer, den ich besonders mag.“

Tobias steckt voller Freude das Geld ein. Aber auch der Mann auf der anderen Seite möchte den Kunstgenuß gern mit anderen teilen. Er gibt ihnen ebenfalls Geld, wenn sie woanders spielen. Gegen fünf wird es dunkel. Die Weihnachtsbeleuchtung wird eingeschaltet. Siebenmal haben sie jetzt ihren Standort gewechselt. Tobias zählt das Geld und sagt:

„Ich glaube, es reicht längst. Für das Buch und das Tuch!“

„Ein Lied noch“, sagt Annika. Sie hat nicht gedacht, daß Flöte spielen solchen Spaß macht! Ihr und den anderen Leuten, die sie überall hin weiterempfehlen. Und ist es nicht schön, wenn man anderen Menschen eine Freude machen kann? Sie putzt die Nase und setzt dann die Flöte zum letzten und schönsten Lied an die Lippen. Da kommt eine Frau aus der Haustür und sagt:

„Ich wohne direkt über euch. Im ersten Stock. Ich habe Kopfschmerzen und kann es nicht mehr aushalten. Ich gebe euch zehn Mark, wenn ihr sofort aufhört und verschwindet.“

„Das tut uns leid“, sagt Annika. „Und gute Besserung.“

So bleibt das letzte und schönste Lied leider ungespielt.

Manfred Hausmann

Stern unter Sternen

„Sieht wunderbar aus", sagte mein Bruder. Vor lauter Dunkelheit konnte ich ihn nicht erkennen, obwohl er nur ein paar Meter von mir entfernt stand.

„Einfach wunderbar", sagte ich, „wir haben einen neuen Stern erfunden. Junge, Junge!"

Ich fühlte mit dem Fuß nach einem Maulwurfshaufen und drückte den Stock hinein, an den ich die Drachenschnur geknotet hatte. Die Wiese war so trocken und hart, daß man den Stock nur dort in die Erde bekam, wo sich ein Maulwurfshaufen befand. Dann ging ich ein bißchen hin und her, ohne den gelblichen Lichtpunkt aus den Augen zu lassen, der dort oben in der Nacht schwebte, himmelhoch über den Häusern von Göttingen.

So viel Drachenschnur wie in diesem Herbst hatten wir noch nie gehabt. Und so war unser Drachen denn höher gestiegen als alle anderen, jeden Nachmittag. Die Schnur hatten wir während des Sommers in Raten aus dem väterlichen Kontor geholt, nicht eben auf gesetzliche Weise, aber das machte uns wenig aus. Unser Drachen sollte am höchsten stehen. Darauf kam es an. Und bislang hatte keiner mithalten können.

Jetzt war es Nacht, eine mondlose, aber sternklare Nacht. Wir hatten einen kleinen Lampion an den Schwanz unseres Drachens gehängt und ihn dann in die Finsternis emporrauschen lassen. Es war gar nicht so einfach gewesen, den Lampion hochzukriegen, ohne daß er in Brand geriet. Als er sich jedoch erst einmal vom Boden abgehoben hatte, gab es keine Schwierigkeiten mehr. Das Licht schwebte höher und höher. Zuerst konnte man noch das untere Ende des Schwanzes erkennen, das der Schein aus dem Inneren des Lampions hell machte. Aber dann war nur noch das gelbliche Licht da. Es wurde immer kleiner. Und nun sah es tatsächlich wie ein Stern aus, der unter den anderen Sternen schimmerte. Ganz ruhig. Je höher ein Drachen steht, um so weniger bewegt er sich, weil der Wind dort oben gleichmäßiger weht als in der Nähe der Erde. Gleichmäßiger und stärker. Es kostete mich allerlei Kraft, den Stock zu halten. Deshalb steckte ich ihn in den Maulwurfhaufen und trat ein paarmal darauf, bis er festsaß.

„Ob ihn schon jemand entdeckt hat?" sagte mein Bruder.

„Sicher", sagte ich. „Guckt doch immer mal einer in den Himmel."

„Vielleicht stehen sie schon in den Straßen und zeigen hinauf", sagte mein Bruder. „Das wäre aber was."

„Denken, sie sähen einen Stern", sagte ich, „und dabei ist es nur unser Lampion. Ob ich ihn den Eltern mal zeige? Vielleicht fallen sie ja darauf herein."

„Lieber nicht."

„Warum nicht?"

„Bei den Eltern weiß man nie."

„Ich möchte aber."

„Lieber nicht."

„Ich geh mal eben hin. Paß gut auf!"

„Was soll denn passieren?"

Ich schwang mich mit einer Flanke über unseren Gartenzaun, ging durch den Garten, der hinter unserem Haus lag, und bog ums Haus.

Meine Mutter spielte auf dem Klavier, mein Vater las. Er interessierte sich sehr für den neuen Stern. Meiner Mutter war es, wie sie unterm Klavierspielen zu verstehen gab, ziemlich gleichgültig, ob ein Stern mehr oder weniger am Himmel stand. Aber mein Vater legte gleich sein Buch weg, öffnete das Fenster und sah hinauf. Eine Weile sagte er nichts, dann meinte er, es könne ein Stern sein, es könne aber auch etwas anderes sein.

„Was anderes denn?"

„Zum Beispiel eine Laterne."

„Wie kommt die denn da hinauf?"

„Zum Beispiel mit einem Drachen."

„Den Jungen möchte ich mal sehen, der so viel Bindfaden hat."

„Er könnte ihn zum Beispiel aus irgendeinem Kontor gestohlen haben. Heutzutage bringen die Jungen ja alles fertig." Er sah wieder hinauf und sagte mit zusammengekniffenen Augen, er wolle einmal mit der Sternwarte telefonieren. Wenn es sich tatsächlich um einen Drachen mit einer Laterne handele, dann sei es ein bodenloser Leichtsinn. Der Drachen könne jeden Augenblick in Brand geraten und beim Abstürzen eine Feuersbrunst verursachen.

Ich sagte, wahrscheinlich habe der Junge die Laterne an den Schwanz des Drachens gehängt.

„Und wenn der Schwanz anfängt zu brennen?"

„Wahrscheinlich hat der Junge am Ende des Schwanzes einen dünnen Draht befestigt und die Laterne unten an den Draht gehängt."

„Ambronn wird es schon herausbekommen."

Professor Ambronn war der Direktor der Sternwarte. Mein Vater ging auf die Diele. Ich hörte, wie er sich mit der Sternwarte verbinden ließ. Damals mußte man noch die Nummer ins Telefon rufen, und dann stellte ein Fräulein auf dem Postamt die Verbindung her. „Bitte zwei fünfundfünfzig", sagte mein Vater. Ich hoffte, daß die Sternwarte sich nicht meldete. Aber dann war Ambronn selbst am Apparat. Aus dem Gespräch ging hervor, daß er den neuen Stern schon entdeckt hatte.

„Ganz meiner Ansicht", sagte mein Vater. „Natürlich ... Bitte? ... Richtig. Völlig richtig ... Hätte ich auch getan. So etwas gehört vor die Polizei ... Bodenloser Leichtsinn ... Die Polizei wird den Betreffenden schon finden ... Was Sie nicht sagen, die Schnur zeigt hierher? Können Sie das denn in der Dunkelheit erkennen? ... Freilich, freilich mit Ihrem großen Fernrohr ... Ja ... Schon unterwegs. Die sind aber ..."

Ich wartete das Ende des Gespräches nicht ab, sondern schlüpfte an meinem Vater vorbei aus der Haustür und rannte los. Schon vom Garten aus rief ich meinem Bruder mit gedämpfter Stimme zu, er solle den Drachen herunterholen. Aber er verstand nicht, was ich wollte. „Runter!" zischte ich, als ich bei ihm war. „So schnell wie möglich runter!"

Während ich Hand über Hand die Schnur einholte, berichtete ich ihm von dem Telefongespräch. „Die Polizei ist schon unterwegs."

„Glaube ich nicht", sagte er. Mein Bruder war immer so.

„Erst mal runter! Dieser schurkische Ambronn mit seinem Fernrohr!"

Nach ein paar Minuten hatte ich den Drachen unten. Mein Bruder fing den Lampion auf und blies die Kerze aus. Der Drachen schlurfte raschelnd übers Gras. Nachdem wir ihn mitsamt dem Bindfadengeschlängel und dem Lampion unter der Hecke versteckt hatten, schlichen wir auf den Zehen ins Haus.

„Was für eine Nummer hat er verlangt?“ flüsterte mein Bruder auf der Diele.

„Zwei fünfundfünfzig.“

Er schlug das Telefonbuch auf. Die Sternwarte hatte sechs null acht.

„Bist du sicher, daß es zwei fünfundfünfzig war?“

„Ich hab's noch im Ohr“, sagte ich. „Zwei fünfundfünfzig. Sieh mal unter ‚Ambronn‘ nach!“

Ambronns Nummer war drei siebenundzwanzig.

„Irrst du dich auch nicht mit zwei fünfundfünfzig?“

„Mensch!“

„Dann hat er uns reingelegt“, sagte mein Bruder.

„Na“, sagte ich. „Aber nächstes Mal legen wir ihn rein.“

„Gar nicht so leicht“, sagte mein Bruder. „Wir haben nämlich einen verdammt schlauen Vater. Der ist nämlich verdammt schlau.“

„Na“, sagte ich.

VII
Wie im wirklichen Leben

Wenn ich ein Mann bin …

(Indianisch)

Wenn ich ein Mann bin, dann werde ich
ein Jäger sein, Vater!

Ya ha ha ha.

Wenn ich ein Mann bin, dann werde ich
ein Harpunenwerfer sein, Vater!

Ya ha ha ha.

Wenn ich ein Mann bin, dann werde ich
ein Kanubauer sein, Vater!

Ya ha ha ha.

Wenn ich ein Mann bin, dann werde ich
ein Zimmermann sein, Vater!

Ya ha ha ha.

Wenn ich ein Mann bin, dann werde ich
ein Mechaniker sein, Vater!

Ya ha ha ha.

Darum werden wir nicht arm sein, Vater!

Ya ha ha ha.

(Kwakiutl)

Ferdinand Oertel

Was tun mit dem Taschengeld?

Irgendwann kommt ein Zeitpunkt, wo Kinder die Bedeutung des Geldes erfahren müssen. Bei Daniel besteht die Vorstufe darin, daß er Taschengeld bekommen möchte wie seine Schwestern. Getreu den Anweisungen seiner Eltern steckt er es jedoch sofort ins Sparschwein.

Daß er sich selbst etwas dabei denkt, erfahren die Eltern, als ihr Sohn eines Tages wieder Zukunftspläne schmiedet.

„Ich heirate die Nicola", erklärt er unvermittelt.

„Gut", stimmt die Mutter zu, um dann aber anzumerken, daß Heiraten doch nicht so einfach ist: „Man braucht dafür Geld, denn man muß eine Wohnung bezahlen –"

„– ich wohne mit Nicola hier im Haus", unterbricht Daniel.

„Auch gut", fährt die Mutter fort, findet die Erklärung der Miete jedoch zu kompliziert und weist lieber auf andere Voraussetzungen hin: „Man braucht auch Geld, um das Essen kaufen zu können, und wenn ihr mal Kinder kriegt, müßt ihr Sachen zum Anziehen und zum Spielen kaufen."

Auch dieses Problem weiß Daniel zu lösen. Mit der größten Selbstverständlichkeit der Welt erklärt er: „Nicola und ich, wir machen keine Kinder!"

Die Mutter staunt: „Warum wollt ihr denn keine Kinder bekommen?" Daniels Antwort zeugt von seinem neuen Verhältnis zum Geld: „Sonst müßte ich denen doch immer Taschengeld geben!"

Die Mutter meint, diese Sicht ihres Sohnes etwas korrigieren zu müssen: „Wenn man Kinder hat, tut man das aber gerne. Papa oder ich geben dir doch auch Taschengeld, und wir freuen uns, wenn du dich dann auch freust. Warum willst du deinen Kindern denn keine Freude machen?"

Daniel überlegt kurz und sagt dann kleinlaut: „Na gut, ich habe das ja auch mit Nicola noch nicht beredet mit den Kindern ..." Doch dann kommt Daniel auf das Geld zurück: „Warum kriege ich Sonntagsgeld und Barbara nicht?"

Die Mutter sagt ihm, daß seine ältere Schwester Monatsgeld bekommt, weil sie schon älter ist. Er mißversteht jedoch „Monatsgeld", wie seine nächste Frage beweist: „Das ist aber viel: Sonntagsgeld, Montagsgeld, Mittwochsgeld – für jeden Tag!"

Das Mißverständnis verlangt nach weiterer Aufklärung. „Soviel Geld können wir dir nicht geben", sagt die Mutter. „Papa muß arbeiten, damit er das Geld verdient, und du mußt später auch arbeiten, um selbst Geld zu verdienen."

„Dann werde ich Feuerwehrmann", sagt Daniel spontan, „und fahre immer mit dem roten Auto und mache huiii-huiii." Er ahmt nicht das Tattü-Tattü der deutschen Sirenen nach, sondern das Geheul der amerikanischen Feuerwehr – da sage einer, das Fernsehen habe keine Bildungsfunktion!

„Oder ich werde Krankenhausarzt", begeistert sich Daniel selbst, „verdienen Krankenhausärzte mehr als Feuerwehrmänner?"

Der Mutter fällt die Antwort schwer. Müßte sie ihrem Sohn nun nahebringen, daß nicht die Höhe des Verdienstes ausschlaggebend für den Beruf sein soll, sondern Neigung und Zufriedenheit? Daniel hat jedenfalls ganz bestimmte Vorstellungen über sein Lebensziel: Er will heiraten, dazu braucht man Geld, also will er viel verdienen.

Am nächsten Morgen, als der Vater ihn und die drei Mädchen der Nachbarschaft wie üblich zum Kindergarten fährt, drückt Daniel seinen Selbstwert auch sehr plastisch aus. Er läßt die drei Mädchen hinten in den Wagen einsteigen und will selbst nach vorne neben den Vater. Dabei stellt er überlegen fest: „Ich bin nämlich die Nummer 1!"

Der Vater muß den Sohn enttäuschen: Da es verboten ist, kleine Kinder vorne im Auto sitzen zu lassen, muß die Nummer 1 notgedrungen auch nach hinten. Wer sich selbst erhöht ...

Daniel trägt es mit Fassung. Und sogar mit innerer Überlegenheit. Manchmal ist er es zwar leid, als einziger Junge immer nur mit Mädchen zusammensein zu müssen. Diesmal erweist er sich jedoch als Kavalier, denn er hat eine Bitte an den Vater: „Kannst du mir schon das Sonntagsgeld geben?"

„Warum?" fragt der Vater.

„Ich will Blumen kaufen", antwortet Daniel.

„Für wen willst du Blumen haben?"

Der Sohn lächelt charmant: „Für Nicola." Doch um es mit niemandem zu verderben, hängt er sofort an: „Und für Katja und für Sandra." Das kann ein teures Leben werden, denkt der Vater. Aber solange Geld nicht die Welt, sondern die Liebe regiert, ist es gut investiert ...

Im übrigen bringt der Blumenkavalier Daniel seinen Vater wenig später in arge Verlegenheit. Der Vater nimmt ihn auf einer kurzen Flugreise mit zum Besuch der Mutter, die eine Kur macht. Im Flugzeug kontrolliert eine Stewardeß vor dem Abflug, ob alle Passagiere angeschnallt sind. Die Stewardeß hat lange schwarze Haare – Daniels Schwarm. Er ist so begeistert, daß er sich an den Vater wendet und sagt: „Gib mir mal die Blumen, die du da hast." Der Vater hat einen Strauß gekauft, den er der Mutter schenken will.

„Was willst du denn mit den Blumen?" forscht er.

Daniel lächelt verschämt: „Der Stewardeß geben. Die ist so nett." Der Vater stellt sich die Komplikationen vor, die daraus entstehen könnten: Die Stewardeß würde sicher denken, daß der Vater seinen Sohn als Überbringer eines Blumengrußes vorschickt. Und wenn die Mutter erführe, daß ihre Blumen einer Stewardeß geschenkt worden wären ...

„Die Blumen sind doch für Mutti", erklärt der Vater seinem Kavaliers-Sohn. Und greift seinerseits jenen Ausspruch wieder auf, mit dem Daniel sich selbst charakterisiert: „Für mich ist Mutti nämlich die Nummer 1!"

Almuth Link

Die Wahl

Mützles Wahl zur Klassensprecherin schlägt in der Familie ein wie eine kleine Bombe. Alle übrigen geben beim Mittagessen freimütig zu, noch nie von einer Klasse gewählt worden zu sein, geschweige denn für sie gesprochen zu haben. Und Mützle ist noch so klein, denken wir, nicht ohne Stolz. Welcher demagogisch begabte Ahnherr sich da wohl durchgesetzt hat?

Am Nachmittag erfahre ich es als erste, daß ich meinen Stolz und den Ahnherrn wieder verdrängen muß, weil Mützle mich angeschwindelt hat. „Doofe Mütze hat nicht *eine* Stimme gekriegt!" höre ich Alexander über den Gartenzaun schreien; „ich hab' wenigstens *eine*!"

„Und das ist deine eigene!" Mützle sagt es mit einem zittrigen Rest von Selbstbewußtsein. Hastig schließe ich das Fenster. – Abends, auf dem Rand des Kinderbettes, will ich den Grund für diese Erfindung wissen.

„Na ja, ich dachte halt, ihr freut euch, wenn hier mal jemand Erfolg hat. Es ist auch so zum Stolzsein, und wo ich auch nun schon mit soviel Mühe kandidiert habe ..."

„Du hast kandidiert?" (Ich wußte gar nicht, daß sie solch ein schwieriges Wort kennt.)

„Klar hab' ich kandidiert, mit allem Drum und Dran, Wahlreden und so ..."

„Ja um Gottes Willen, was hast du denn da geredet?"

„Ich bin auf die Mistständе gekommen, zu viele Hausaufgaben, zu früh aufstehen, und was eben so alles zu den Mistständen dazugehört. Und mein Werbeknallbonbon hieß ‚Erfolg ohne Arbeit', das hat der Kurt erfunden."

„Ach ja", hauche ich und wünsche ängstlich, daß sie mit ihrem Bericht mehr im allgemeinen bliebe. Aber Mützle wird deutlicher.

„Ich hab' auch Wahlversprechen gemacht, für die Buben und Mädchen differenziert."

„Differenziert?"

„Natürlich, die brauchen ja ganz verschiedene Eingeständnisse."

Feige verkneife ich mir die Frage nach der Art der „Eingeständnisse", und Mützle erzählt weiter: „Aber der Josef hat eben eine lautere Stimme als ich, der traut sich soviel zu sagen, auch wenn's gar nicht stimmt. Kann spucken wie 'ne Pistole, und der sagt auch immer, man soll seine Wut an den Weibern auslassen, und tritt uns ans Bein. Jetzt darf er regieren, und alle bewundern ihn, und er kriegt ganz von selber Freunde, das ist immer so. Dem Paul gibst du auch Schokolade, nur weil er mal nicht frech ist. Ach du kannst dir überhaupt nicht vorstellen, wie das ist, wenn man keine Stimme kriegt. So, und jetzt laß mich bitte noch ein bißchen lesen, in dem Buch geht die Geschichte wenigstens gut aus, ich hab' von hinten angefangen."

Karin Dörner

Eine Katze kommt ins Haus

Lena kommt aus der Schule. Mit gesenktem Kopf trottet sie den Weg entlang, patscht ab und zu mal mit den Gummistiefeln in eine Pfütze. Sie ist traurig und mit ihren Gedanken weit weg. Lena lebt seit vier Wochen mit ihrer Mutter hier, in diesem neuen Stadtviertel. Ihre Eltern haben sich getrennt. Sie mußten ihre große Wohnung aufgeben, und Lena zog mit ihrer Mutter in eine kleinere Wohnung.

Lena wollte das alles nicht: Sie wollte nicht wegziehen. Sie wollte, daß ihre Eltern zusammenblieben. Sie wollte ihren Moritz nicht verlassen, den kleinen weißen Terrier. Nein, nichts von alldem hatte sie gewollt. Nun ist sie den ganzen Tag allein, weil ihre Mutter eine Stellung in einem Anwaltsbüro gefunden hat. Ihre Freundinnen sind weit weg, und dann muß sie über Mittag noch in einen Kinderhort zum Essen. Auch das will sie nicht. Sie will überhaupt nichts mehr müssen. Sie will, daß sich ihre Eltern wieder vertragen. Sie will ihren Moritz wiederhaben, und sie will in ihre alte Umgebung zurück. Die Erwachsenen sind so gemein. Und nun laufen ihr die dicken Tränen über die Wangen. „Nein", denkt sie, „ich habe keinen Bock, auf nichts." Wütend wischt sie die Tränen ab und zieht kräftig hoch. Und dann die neue Klasse! Alle gucken sie blöd an. In der Pause ist sie allein und steht verloren in einer Ecke. Sie traut sich nicht, jemanden anzusprechen.

Na ja, so ist das eben. Mit einem entschlossenen Schniefen reckt sie den Kopf in die Höhe. Halt, da hört sie doch etwas: ein Piepen oder eher ein Maunzen. Sie schaut sich suchend um. Das Gepiepse kommt aus einem Gebüsch. Was das wohl sein kann? Leise und vorsichtig schleicht sie sich an das Gebüsch heran. Da, etwas bewegt sich dort! Sie beugt sich langsam herunter, und dann sieht sie es. Ganz verborgen unter einem dornigen Zweig sitzt eine winzig kleine Katze, schwarz, mit weißem Lätzchen auf der Brust und piepst ganz leise, wie ein kleiner Vogel. Lena kniet sich hin und streckt ganz langsam ihre Hand aus, um die Kleine nicht zu erschrecken. Sie streichelt ganz sacht über das nasse, struppige Fell. Das Kätzchen läßt es sich gern gefallen.

Nach einer Weile fängt es sogar an zu schnurren und reibt sein Köpfchen an Lenas Hand. Lena fühlt sich ganz glücklich. Wie kann ein so kleines Tier bloß so laut schnurren! Sie nimmt das Tierchen hoch und drückt es an sich. Es ist wirklich so leicht wie ein Federbällchen und fühlt sich in Lenas Arm offensichtlich sehr wohl. Und dann leckt es sogar noch mit der winzigen rosa Zunge über Lenas Hand. Das ist ein seltsames, rauhes Gefühl. Lena muß lachen. Ist diese Katze süß!

Auf einmal ertönt eine Fahrradklingel, und als Lena sich umdreht, sieht sie einen Jungen auf einem Rennrad auf sich zurasen. Erschrokken hält Lena den Atem an. Kurz vor ihr bremst der Junge mit einem kühnen Schwung. Ach, das ist ja Thomas aus ihrer Klasse, einer der Jungen, die sie überhaupt nicht beachten und sich über alle Mädchen lustig machen. „Zeig mal", ruft Thomas, „was hast du denn da?" Lena wird rot. Schüchtern hält sie Thomas die Katze hin. „Die ist ja niedlich", sagt Thomas, „woher hast du sie?"

Lena ist verlegen, weiß gar nicht so recht, wohin sie blicken soll, und spürt, wie ihr Gesicht heiß ist. „Sie saß hier umGebüsch", murmelt sie und räuspert sich. „Dann ist sie wohl ausgesetzt worden", meint Thomas, „gib sie mal her!" Er streckt seine Hände aus und nimmt die Katze etwas unsanft aus Lenas Arm. Die Katze miaut verängstigt. Lena spürt zugleich Ärger und Angst hochsteigen. „Die nehme ich mit nach Hause", sagt Thomas und versucht kurzerhand, das Kätzchen vorn unter seine Jacke zu stopfen. Die Katze zappelt und maunzt ganz laut. In diesem Augenblick erwacht in Lena der glühende Wunsch, die Katze selbst zu behalten. Nein, Thomas soll sie nicht mitnehmen, schließlich hat sie die Katze gefunden. Wenn sie sich doch bloß trauen würde, etwas zu sagen. Unschlüssig nagt sie an ihrer Unterlippe und schaut auf die Katze, die zappelt und sich gegen Thomas' unsanfte Behandlung wehrt. Die arme Kleine, sie weiß gar nicht, wie ihr geschieht. „Dummes Tier", sagt Thomas und packt sie fester.

Wie sagt ihre Mutter immer, was sie macht, wenn sie nicht weiter weiß? *Tief durchatmen, nachdenken und nur Mut!* Lena schließt kurz die Augen, atmet ganz tief durch. Dann nimmt sie all ihren Mut zusammen und sagt mit fester Stimme: „Gib mir die Katze zurück! Sie gehört mir, denn ich habe sie gefunden. *Ich* will sie mit nach Hause nehmen." Thomas guckt sie ganz verblüfft an. Damit hat er nicht gerechnet. „Na gut", sagt er mürrisch, „die ist sowieso echt zickig, typisch Mädchen".

Damit schwingt er sich auf sein Fahrrad, wirft Lena noch einen giftigen Blick zu und rast davon. Lena drückt das ängstliche kleine Bündel an sich, streichelt es und murmelt beruhigende Worte. Und während sie spürt, daß die Katze sich langsam beruhigt, vergeht auch ihre eigene Aufregung. Nach ein paar Minuten fängt die Katze an zu schnurren und kuschelt sich wohlig in Lenas Arm zusammen. Lena drückt ihr Gesicht an das weiche Fell und fühlt sich wohl. Sie ist sehr stolz, daß sie ihre Schüchternheit überwunden und sich gegen Thomas durchgesetzt hat.

Nach einer Weile mischt sich jedoch in ihr Glücksgefühl ein leichtes Unbehagen. Wie soll sie es ihrer Mutter erklären? Sie arbeitet den ganzen Tag. Deshalb konnten sie doch auch Moritz nicht mitnehmen. Und da ist auch noch dieser mürrische Hausmeister, der das Halten von Tieren verboten hat! „Ach", Lena seufzt ganz mutlos. Ihre Gedanken drehen sich im Kreis. Sie merkt, daß sie ganz wirr im Kopf wird. „Nein, so hat das keinen Zweck", ermahnt sie sich in Gedanken. „Du mußt ruhig sein und einen Schritt nach dem anderen tun. Nur so kriegst du etwas Vernünftiges zustande." Mit entschlossenen Schritten macht sie sich auf den Weg nach Hause. Heute wird sie nicht zum Mittagessen in den Kinderhort gehen. Die kleine Katze muß versorgt werden, und Lena will in aller Ruhe überlegen, wie es ihr gelingen kann, die Katze zu behalten.

Lena zeigt Mut

Lena steht vor der Haustür und sucht nach dem Schlüssel. Ihr ist ein wenig mulmig zumute. Hoffentlich sieht keiner der Hausbewohner, daß sie eine Katze einschmuggeln will. Pech! Da hört sie auch schon die Stimme von Frau Müller aus dem dritten Stock hinter sich: „Na, Lena, was machst du denn hier um die Mittagszeit? Solltest du nicht im Kindergarten sein?" Neugierige Ziege, denkt Lena böse, was geht die das an? Sie versteckt, so gut es geht, die Katze unter ihrer Jacke. Frau Müller kommt näher und schaut ihr über die Schulter. „Was hältst du denn da im Arm versteckt?" Die Katze bewegt sich und steckt ihr kleines, kohlrabenschwarzes Gesicht vorwitzig unter der Jacke hervor. Lena erschrickt. „Zeig mal", sagt Frau Müller, „ist die aber süß. Woher hast du sie denn?" Lena weiß nicht, was sie sagen soll. Glühende Röte schießt ihr in das Gesicht. Ihr Kopf ist vor Aufregung ganz leer, ihr fällt überhaupt nichts Vernünftiges ein. Bange blickt sie auf und traut sich gar nicht, Frau Müller anzusehen. Deshalb merkt sie nicht, daß diese ganz freundlich lächelt. Aber Lena denkt: *„Erst mal Luft holen und dann raus mit der Sprache!"* Sie schluckt ein paarmal vor Aufregung, dann atmet sie tief durch und fängt an, zu erzählen. Frau Müller hört ihr aufmerksam zu, und am Ende sagt sie: „Das hast du richtig gemacht. Es ist unrecht, so ein Kätzchen einfach auszusetzen."

Lena fällt ein riesiger Stein vom Herzen; nein, fast schon eher ein Felsbrocken. Frau Müller ist ja gar nicht so streng, wie sie dachte; ganz im Gegenteil. Lena merkt, wie ihre Aufregung abnimmt. Sie schöpft Atem und sagt dann mit leiser Stimme: „Ich habe bloß Angst, daß ich sie nicht behalten darf. Der Hausmeister mag doch keine Tiere hier im Haus, und meine Mutter ist auch den ganzen Tag weg. Und ich muß zur Schule." – „Ja", sagt Frau Müller, „das ist ein großes Problem. Laß uns mal zusammen überlegen, was wir machen können. Komm, wir gehen erst einmal zu mir und essen was. So habe ich ein wenig Gesellschaft, und du bekommst etwas Warmes in den Magen." Und so sitzen Lena und Frau Müller an einem hübsch gedeckten Eßtisch und essen voller Genuß einen Bohneneintopf ratzekahl auf. Hm, ist das lecker! So etwas Gutes hat Lena schon lange nicht mehr gegessen.

Die Katze liegt auf dem Teppich in der Sonne und leckt sich ausgiebig das Fell. Manchmal hascht sie nach einem Sonnenkringel, manchmal springt sie auf und dreht sich wie ein Kreisel, um ihren Schwanz zu fangen. Lena schaut ihr begeistert zu und muß immer wieder lachen über die drolligen Bewegungen. „So, jetzt spülen wir das Geschirr ab, und dann wird nachgedacht", sagt Frau Müller. Sie stellt der Katze noch einen Napf mit etwas Milch und Brotbröckchen in die Küche, und beide schauen zu, wie das Tierchen voller Behagen alles bis auf das kleinste Restchen aufschleckt.

„Ich muß sie behalten", denkt Lena. „Wie stelle ich es nur an, damit ich die Erlaubnis bekomme?" Sie ist schon wieder ganz mutlos und sieht gar keinen Ausweg. „Du mußt zuerst mit dem Hausmeister reden", sagt Frau Müller in Lenas Gedanken hinein. „Er ist eigentlich ein ganz netter Mann. Vielleicht macht er einmal eine Ausnahme. Dann wird deine Mutter sicherlich auch zustimmen. Eine Katze macht ja nicht soviel Arbeit wie ein Hund, und ich würde mich auch um sie kümmern, wenn ihr nicht da seid." Ja, so könnte es gehen. Lena ist erleichtert, aber wenn sie an das Gespräch mit dem Hauswirt denkt, steigt doch Angst in ihr hoch. Beklommen schaut sie Frau Müller an. Die nickt ihr aufmunternd zu und sagt: „Du wirst es schon schaffen. Du wirst schon sehen."

Der Hauswirt wohnt unten im Erdgeschoß. Er ist ein pensionierter älterer Mann, der immer ziemlich griesgrämig ausschaut. Mit klopfendem Herzen steht Lena vor seiner Wohnungstür. Am liebsten würde sie weglaufen. Aber nein, sie will die Katze haben. Das ist ihr größter Wunsch. Also atmet sie ein paarmal tief durch. Das hat ihr vorhin auch geholfen, und dann drückt sie entschlossen auf den Klingelknopf. Herr Haupt öffnet die Tür und schaut sie durch seine Brille mit gerunzelter Stirn an. Ach du liebe Zeit – Lena läßt ihre Schultern sinken und fühlt sich ganz hilflos. „Gu ... Guten Tag", stottert sie und weiß nicht mehr weiter. Unruhig tritt sie von einem Fuß auf den andern und merkt, wie ihre Hände feucht werden. Herr Haupt schaut sie abwartend an und nimmt dann seine Brille ab. Mit Daumen und Zeigefinger reibt er sich eine Stelle über der Nasenwurzel und blinzelt ein paarmal. „Durch meine Lesebrille kann ich nicht so gut sehen", sagt er zu Lena. „Aber jetzt erkenne ich dich, du bist doch Lena aus dem vierten Stock. Na, was hast du denn auf dem Herzen?" Lena traut ihren Ohren nicht. Das klingt doch gar nicht so abweisend wie erwartet.

Sie atmet noch einmal tief durch, hebt den Kopf und sieht Herrn Haupt direkt an. Sie räuspert sich. „Ich wollte Sie was fragen", gibt sie sich einen Ruck. „Na, dann komm mal rein", sagt Herr Haupt, „das wollen wir doch nicht auf dem Hausflur erledigen". Er führt sie in ein gemütliches Wohnzimmer. Überall liegen Zeitungen herum, und so ganz ordentlich ist es auch nicht. Lena schaut sich neugierig um und sieht zu ihrer Überraschung einen Vogelkäfig auf der Fensterbank stehen, in dem zwei Wellensittiche schnäbeln. Herr Haupt bemerkt Lenas Blick und sagt: „Das sind die Lieblinge meiner Frau. Sie ist gerade bei unserer Tochter und hütet die Enkelkinder. So muß ich die Vögel versorgen. Was für eine Arbeit!" Er bückt sich, um ein paar Körner aufzuheben. Viel nützt es nicht, denn um den Käfig herum liegen viele Körner. Lena muß lachen, sie ist ein wenig erleichtert. Herr Haupt ist wirklich ganz nett, und Tiere hat er auch.

So fängt sie nun an, noch einmal die Geschichte von der Katze zu erzählen, und merkt dabei, wie ihre Stimme immer sicherer klingt. Als sie am Ende angekommen ist, schaut sie Herrn Haupt bittend an: „Und nun wollte ich Sie fragen, ob ich die Katze in unserer Wohnung behalten darf. Ich wünsche mir das so sehr. Frau Müller hat auch nichts dagegen." – „Tja", Herr Haupt wiegt seinen Kopf hin und her, „eigentlich steht im Mietvertrag, daß Tierhaltung im Haus verboten ist".

„Ach bitte", Lena schaut ihn wieder ganz direkt an, „machen Sie doch eine Ausnahme! Die Katze ist ja so winzig. Ihre Frau liebt doch auch Tiere, wie Frau Müller." Herr Haupt schweigt eine Weile nachdenklich. Lena hält den Atem an, und dann sieht sie ein Schmunzeln in seinem Gesicht. „Du bist recht klug, kleines Fräulein", lacht er. „Ich glaube, ich muß dir die Erlaubnis geben. Sonst kriege ich noch Ärger mit den Frauen hier im Haus. Und das möchte ich wirklich nicht." Er lacht aus voller Kehle. „Oh danke, danke", ruft Lena glücklich, „das muß ich sofort Frau Müller erzählen". Sie läuft fröhlich nach oben. Sie hat's geschafft, weil sie ihre Schüchternheit überwunden und mutig für ihre kleine Katze gekämpft hat.

Lena sitzt auf dem Sofa in ihrer Wohnung und streichelt das Kätzchen. Sie hört das zufriedene Schnurren und spürt das warme weiche Fell unter ihren Händen. Sie läßt ihre Gedanken wandern und schläft langsam ein. In ihren Träumen spielt sie mit dem Kätzchen auf einer sonnigen bunten Blumenwiese und fühlt sich so leicht und schwerelos wie eine Flaumfeder im Wind.

Wie wird Lenas Mutter entscheiden?

Lena erwacht gähnend aus ihrem Schlaf und hört ein Geräusch an der Wohnungstür. Erschrocken fährt sie zusammen. Wer kann das sein? Und dann hört sie auch schon die Stimme ihrer Mutter: „Lena, Lena, bist du hier?" Ganz aufgeregt und atemlos klingt ihre Stimme.

„Ja, Mami, ich bin hier", ruft Lena und will aufspringen. Plötzlich fällt ihr die Katze ein. Sie hat sich in ihrer Armbeuge zusammengekringelt und macht gerade ein Schläfchen. Vorsichtig hebt Lena das Tierchen hoch und legt es in die Sofaecke. Zögernd steht sie auf und geht in den Flur. Was soll sie ihrer Mutter sagen? Und wieso ist ihre Mutter überhaupt schon zu Hause? Es ist doch noch nicht fünf Uhr. Ihre Mutter stürzt auf sie zu und nimmt sie in den Arm. „Ich bin ja so erleichtert", sagt sie zu Lena und knuddelt sie. „Ich hatte mir solche Sorgen gemacht. Die Leiterin des Kinderhortes hat mich im Büro angerufen, weil du nicht zum Mittagessen gekommen bist. Ich habe immer wieder hier angerufen, aber niemand meldete sich. Wo bist du denn bloß gewesen?"

Lena hat auf einmal ein rabenschwarz schlechtes Gewissen. Durch die Aufregung mit dem Kätzchen hat sie alles andere vergessen. Sie hätte im Hort Bescheid sagen müssen. Jetzt haben sich viele Leute unnötig Sorgen gemacht. Wie dumm von ihr. Schuldbewußt schaut sie ihre Mutter an. Sie muß ihr jetzt die ganze Geschichte erzählen. Hoffentlich ist sie nicht böse! Soviel Angst und Ärger hat sie durch Lenas Gedankenlosigkeit gehabt. Und hoffentlich mag sie die Katze. Tausend Gedanken schießen Lena durch den Kopf. Wo soll sie bloß anfangen? „Langsam, langsam", ermahnt sie sich, „ich fang ganz von vorn an und erzähl' eins nach dem andern".

So holt sie tief Atem, nimmt ihre Mutter an die Hand und zieht sie ins Wohnzimmer. „Mami, setz dich mal hin. Ich muß dir etwas ganz Aufregendes erzählen." Und dann sprudelt die ganze Geschichte nur so aus ihr heraus. Am Ende geht sie zum Sofa und holt die kleine schwarze Katze. Die reckt sich und gähnt mit aufgerissenem Mäulchen, so daß man die winzigen, scharfen Zähne sieht.

Die Mutter hat aufmerksam zugehört und betrachtet jetzt die Katze. Sie nimmt sie in den Arm und streichelt sie. Sie runzelt die Stirn und sagt lange kein Wort. Lena ist es ganz mulmig zumute. Sie spürt ihr schlechtes Gewissen. Nach einer Weile hebt Lenas Mutter den Kopf und schaut Lena sehr ernst an: „Ich habe Angst um dich gehabt, Lena. So unbedacht darfst du in Zukunft nicht mehr sein. Ich verstehe deine Aufregung. Aber ich muß immer wissen, wo du bist. Ich muß mich auf dich verlassen können. Versprichst du mir das?" Lena nickt heftig mit glühendem Gesicht. „Ich verspreche es", sagt sie und gibt ihrer Mutter einen dicken Kuß.

Dann fährt die Mutter fort: „Die Katze ist wirklich süß, und ich sehe ja, wie sehr du dich darüber freust. Ich finde es auch ganz toll, wie du mit Frau Müller und Herrn Haupt geredet hast. Ich bin stolz, daß du so beherzt sein kannst." Lena freut sich über die Worte ihrer Mutter. Ihre Augen leuchten. „Aber denk daran", sagt die Mutter, „daß so eine Katze viel Arbeit macht. Sie braucht ein Katzenklo, das regelmäßig gesäubert werden muß. Außerdem ist die Kleine sicher noch nicht sauber, so daß man viel Geduld mit ihr haben muß. Sie braucht Futter, muß zum Tierarzt. Sie ist noch sehr tolpatschig und verspielt und macht vielleicht mal etwas kaputt. Da ich den ganzen Tag arbeite, mußt du für die Katze sorgen. Ich kann dir helfen, aber du wirst die Hauptarbeit haben. Überleg dir gut, ob du dir das zutraust. Das Kätzchen ist kein Kuscheltier."

Lena läßt sich das alles durch den Kopf gehen. Ja, das wird viel Arbeit sein. Ob sie das wohl schaffen kann? Sie wird unsicher und fühlt sich ratlos. Sie weiß sehr wohl, daß sie oft keine Lust hat, zu helfen oder ihre Aufgaben zu machen. Sie würde lieber mit ihrer Barbie spielen oder fernsehen. Und wenn sie rummuffelt, gibt es immer gleich Ärger mit ihrer Mutter. Sie seufzt und schaut die Katze an. Die streckt sich gerade ganz wohlig auf dem Teppich aus und läßt ein zufriedenes Schnurren ertönen. Lena spürt wieder ihre Freude und erinnert sich an ihren Mut, den sie heute gezeigt hat. Wie toll ist es ihr doch gelungen, die Erwachsenen zu überzeugen, weil sie ihre Schüchternheit und ihre Angst überwunden hat. Dann kann sie doch wohl auch mit ihrer eigenen Faulheit fertig werden. Und Mami hilft ja mit. Also sagt sie mit fester Stimme: „Ich will es versuchen. Vielleicht klappt es nicht immer, aber ich will mir Mühe geben." Die Mutter lächelt: „Willkommen in unserer Familie." Sie streichelt die Katze liebevoll. „Lena wird dich schon gut versorgen." Lena ist überglücklich, daß das Kätzchen bleiben darf. Sie nimmt sich ganz fest vor, fleißig zu sein und ihre Aufgabe zu erfüllen.

„So, und nun müssen wir schnell einkaufen", sagt die Mutter. „Du mußt mir dabei helfen, denn es gibt viel zu tragen. Wir brauchen Katzenfutter, ein Katzenklo und Katzensand." – „O je", denkt Lena, „das fängt ja gut an. Wenn wir jetzt losgehen, kann ich meine Lieblingsserie im Fernsehen nicht sehen. Schade. Aber das habe ich mir selbst eingebrockt. Dafür habe ich jetzt eine Katze."

Am Abend liegt Lena müde und zufrieden im Bett. Sie läßt noch einmal alle Ereignisse des Tages an sich vorüberziehen. Sie ist stolz und glücklich, wie gut sie es geschafft hat, die Schwierigkeiten zu bewältigen. Das Kätzchen hat sich heimlich an das Fußende des Bettes geschlichen und schnurrt gleichmäßig wie ein kleiner Motor vor sich hin. Lena schließt die Augen, spürt, wie ihr Atem immer gleichmäßiger wird, und schläft allmählich ein.

Günter Harnisch

Wachstumsträume

Manchmal reichen Kinderträume weit in die Zukunft hinein. Sie greifen der Entwicklung des Träumenden vor. Sie kündigen eine neue Stufe der Persönlichkeitsentfaltung an und nehmen sie vorweg, mehr oder weniger konkret. Dabei haben solche Träume keineswegs prophetischen Charakter. Sie sagen keine künftigen Ereignisse voraus. Aber es ist, als ob sich in ihnen ein Stück des Lebensplanes zeigt, der in dem Träumenden angelegt zu sein scheint, aber sich erst Jahre später tatsächlich vollzieht.

Persönlichkeitsentwicklung ist immer mit Krisen verbunden. Und meist sind es diese Krisen, die unsere Träume uns bewußt machen wollen.

Alexas Traum gibt ein eindrucksvolles Beispiel hierfür:

Alptraum!

Ich lebte froh mit meinen Eltern und Geschwistern, bis es passierte. Diese schreckliche Milla Maschi war eine schrecklich böse Hexendame. Sie hatte vor, unser Glück zu trüben. Mit ihrem längst erfahrenen Hexenfreund wollte sie es schaffen, mich und meine Geschwister für immer zu verbannen.

Diese Nacht schlief ich im Bett meiner Schwester. Plötzlich aus dem Nichts tauchte sie auf, sie grinste und verschwand wieder. Ich war aufgewacht und hatte das Gefühl, beobachtet zu werden.

Milla Maschis Hexenfreund war so lang, daß man ihn weit sehen konnte. Ich bewegte mich nicht und tat so, als würde ich noch schlafen. Dann verschwanden sie. Ich schlich nach unten und ging ins Schlafzimmer meiner Eltern. Aber nein! Sie standen mit den Köpfen aus dem Bett, als ich reinkam. Sie waren nicht meine Eltern. Milla Maschi war so, als würde sie meine Mutter sein, und ihr Hexenfreund war mein Vater. Doch eins hatten sie anders. Meine Mutter hatte nun braune, breite Augenbrauen, und mein Vater war viel zu lang. Ich flitzte davon und weckte schnell meine Geschwister. Wir zogen uns schnell an und nahmen Bill natürlich mit (Bill ist unser Hund). Wir gingen zu Papas Kollegin, also Sekretärin, und erzählten es ihr. Sie wollte es nicht glauben. Deswegen ging sie mit uns nach Hause. Sie standen vor dem Tor und sahen noch ärgerlicher aus, als die Sekretärin von Papa ausstieg. Als wir rauskamen, zeigte sie mit dem Finger auf uns. Aus dem Finger kam ein komischer Strahl. Er tat mir weh. Sogar Kaiva, die Sekretärin von Papa, kriegte einen ab. Schnell stiegen wir wieder ein und fuhren zur Polizei. Aber diese glaubte uns nicht. Sie führten ein langes Gespräch. Aber es half nichts, nicht einmal, als wir die Wunden von den Strahlen zeigten. In unserer Gegend wußten wir aber noch einen, der uns helfen konnte. Es war ein alter Mann. Er war sehr klug und hatte uns so eine ähnliche Geschichte auch von sich erzählt. Wir gingen zu ihm und fragten. Er sah uns eine Weile an. Dann jedoch fragte er: „Sind sie wieder da?" Wir machten ein etwas saueres Gesicht und fragten ihn: „Kennst du sie?" Er erzählte, wie er ihnen begegnet war. Er war damals drei Jahre alt gewesen und ein anderer weiser Mann hatte Rat gewußt. „Ihr müßt sie in ein ganz heißes Zimmer locken, wo sie nicht mehr wegkönnen!" Damals hatte man das Zimmer zu früh geöffnet, und so waren sie geflüchtet und waren so lange weg, um Kraft zu tanken. Sie waren schon 60 Jahre lang fort gewesen. Wir fragten ihn, ob es in einer Sauna auch gehen würde. Wir gingen nach Hause. Als erstes schalteten wir die Sauna an. Danach gingen wir nach oben. Wir stellten eine Regel mit der Hexe auf. Wenn sie uns kriegen würde, dürfte sie uns verbannen. Doch wir hätten eine Chance wegzulaufen. Sie müßten aber die menschliche Form annehmen. Sie sagten, daß wir fünf Minuten Zeit hätten, weil das nur eine Qual wäre, uns noch so lange leben zu lassen. Wir liefen in den Keller und stellten uns vor die Sauna. Meine beiden Geschwister versteckten sich im Bad. Ich und Kaiva blieben vor der Sauna stehen. Als wir sie hörten, sagten wir schnell meinen Geschwistern, sie sollten leise sein. Selber sagte ich, daß ich in die Sauna gehen würde. „Gut", sagte Kaiva. Aber ich ging in Wirklichkeit in das Bad. Kaiva öffnete die Tür der Sauna und ging aber auch ins Bad. Wir sahen, wie die beiden vorsichtig in die Sauna guckten. Es war kein Licht in der Sauna. Deswegen konnten sie nichts erkennen. Inzwischen hatten Kaiva und ich uns rangeschlichen und schubsten die beiden mit einem Ruck in die Sauna. Sie fluchten und schimpften und probierten zu hexen. Aber es klappte nicht, weil es zu warm war. Wir drehten die Sauna doch noch auf so heiß, daß sie schmolzen. Als wir aber wieder hoch gingen, standen meine Eltern da und weinten. Wir fragten, warum. Da sahen sie uns an und hörten wie die Geschichte war und umarmten uns.

Alexa, zehn Jahre alt, stammt aus Finnland, lebt mit ihren Eltern aber schon seit mehreren Jahren in Deutschland. Ihr Traum zeigt viel Phantasie. Es geht darin um eine Problematik, mit der sich jedes Kind in einem Alter auseinandersetzen muß, in dem es sich von den Eltern zu lösen beginnt und allmählich zur eigenständigen Persönlichkeit heranwächst. Zunehmend bewußter und kritischer erleben Kinder dann, daß ihre Eltern nicht nur positive Seiten haben, ihren Kindern Schutz, Zuwendung, Geborgenheit und emotionale Wärme geben. Vielmehr erleben sie stärker auch die Distanz zu ihren Eltern. Sie sehen die Eltern kritischer, erleben sie auch als negativ. Sie erkennen die Schattenseiten an ihnen.

Die alten Volksmärchen stellen die negativen Seiten der Eltern meist durch Stiefeltern dar. Die böse Stiefmutter in dem Grimm-Märchen von Schneewittchen oder die Hexe bei Hänsel und Gretel sind typische Beispiele für die als negativ erlebten Seiten der Mutter. Oft spiegeln sich in Traumbildern von Stiefeltern auch Verlustängste der Kinder wider. Die Kinder fürchten, die schützende Bindung zu ihren Eltern zu verlieren, spüren aber, daß sie noch nicht in der Lage sind, ihren Weg durch das Leben allein zu gehen.

Alexas Traum stellt diese Ablösungs- und Verlustproblematik mit märchenhaft schönen, lebendigen Bildern dar. Da werden die leiblichen Eltern in „Stiefeltern" verhext. Dieser Prozeß droht auch die Kinder selbst zu erfassen. Doch Alexa weiß sich zu helfen. Mutig nimmt sie den Kampf gegen die Ungeheuer auf. Sie gewinnt dabei die Hilfe einer anderen, offenbar als positiv erlebten Frau, der Sekretärin ihres Vaters. Magische Bannstrahlen, die das Kind verletzen, spielen dabei eine Rolle. Die Polizei als Symbol väterlicher Autorität kann nicht weiterhelfen. Erst ein weiser alter Mann – nach C.G. Jung der Archetyp des Alten Weisen – gibt den Kindern Rat und Hilfe, indem er auf die Chancen einer „Hitzebehandlung" der dämonischen Mächte hinweist.

Wie diese zu geschehen hat, findet die Träumende selbst heraus. Sie handelt Spielregeln mit den Dämonen aus und bedient sich einer List, wie sie ja seit alter Zeit die Waffe der Schwächeren gegen die Übermacht ist. Hitze, das Aufheizen der Sauna im Traum, deutet ähnlich wie der aufgeheizte Backofen bei Hänsel und Gretel auf einen seelischen Verwandlungsprozeß hin: Da stirbt etwas Altes, Überlebtes. An seiner Stelle kann Neues entstehen. Tod ist hier nichts Endgültiges, sondern Ausdruck eines Wachstumsprozesses auf dem Weg zum Erwachsenwerden.

Jenny, zehn Jahre alt, erzählt zwei Träume, die ein Stück ihres Lebensplans vorwegnehmen:

Ich habe einmal geträumt, daß ich auf einem Ball zum Tanzen aufgefordert worden bin. Ich kann tanzen, deshalb habe ich ja gesagt.

Einmal habe ich geträumt, daß meine Mutter tot war und daß ich alles auf mich nehmen muß, daß ich ein Kind bekommen habe und daß es starb.

Jenny ist zu Hause viel allein. Ihre Eltern sind den ganzen Tag über beruflich unterwegs. Sie berichtet zwei Träume, die von ihrer Botschaft her aber offenbar zusammengehören und wohl auch in engem zeitlichen Abstand geträumt worden sind. Sie spiegeln zwei Seiten der gleichen Medaille. Und sie richten sich auf die Zukunft des Mädchens:

Da ist einmal der Wunsch zu tanzen. Bei den Naturvölkern hat der Tanz eine stark rituelle Bedeutung. So weist er auch hier, neben einem erotischen Bezug, auf den Schritt in das Erwachsensein hin. Jenny möchte einerseits gern erwachsen sein. Aber der zweite Traum spiegelt sofort auch ihre Ängste vor dem Erwachsenwerden wider. Sie hätte dann keine Mutter mehr, die für sie sorgt. Sie müßte alle Verantwortung allein tragen, würde möglicherweise selbst Kinder bekommen. Doch sie befürchtet, ihr Kind könnte sterben. Sie fühlt sich dieser Verantwortung noch nicht gewachsen.

Günther Anders

Der erste Völkerbund

Wie ich im Jahre 1917 als 15jähriger nach Rimogne kam, das ist leicht erzählt. Deutschland hatte zu hungern begonnen und wir verwahrlosten, vaterlos aufgewachsenen 15-, 16jährigen wurden „freiwillig“ in die Etappe transportiert, um die französische Obsternte für die Marmeladenfabrik abzuernten. Da lebten wir nun in einem der zerschossenen Ardennendörfer, umgeben von täglich wechselnden Truppenteilen, von Verwundeten und von einer verhungerten und verseuchten Zivilbevölkerung; und waren halb noch Schüler und halb schon Landsknechte. Daß ich als ihr Jüngster jede Nacht von ihnen gequält, ja von einigen nach immer neu erfundenen Grausamkeitsmethoden mißhandelt wurde, hat mir später zu Hause kein Mensch glauben wollen. Begreiflicherweise landete ich nach einigen Monaten im Militärlazarett. Das war nach den Qualen der vergangenen Wochen eine Zeit unbeschreiblicher Friedlichkeit. Als ich schließlich, halb gesund, in den Hospitalgarten hinunter durfte, einen alten, verwilderten Park, der voll war von Apfelbäumen und Stachelbeersträuchern, da war mein Alptraum schon beinahe vergessen.

Aber man ließ mich nicht ohne Warnung hinunter. Schwester Cécile, die dicke energische Elsässerin, nahm mich beiseite: „Du weißt“, begann sie, „mit der Zivilbevölkerung in Verbindung zu treten, ist euch strikt verboten.“

Ich nickte neugierig.

Sie machte eine Bewegung, als wollte sie sagen: Nicht ich habe die Bestimmung gemacht. „Im Garten wirst du einen Jungen treffen, Gaston. Er ist der Sohn des Lehrers. Und diesen Lehrer haben wir als Franktireur erschossen.“ Von neuem eine Bewegung, als habe sie ihre Privatmeinung beiseite zu schieben. „Der Junge gilt als sehr trotzig.“

(Ich auch, dachte ich.)

„Er grüßt keinen Menschen. Noch nicht einmal die Offiziere.“

(Alle Achtung, dachte ich.)

„Halt deinen Mund!" fuhr sie mich an, als hätte ich bereits für Gaston gesprochen. „Auf jeden Fall hast du die Ecke, die ihm im Garten zugewiesen ist, zu vermeiden."

Für einen 15jährigen ist ein solches Verbot beinahe eine Aufforderung. Und mein erster Blick galt natürlich dem verbotenen Jungen in seiner verbotenen Ecke. Er saß unter einem Apfelbaum und las.

Als ich in einiger Entfernung an ihm vorbeikam, sah er auf und blickte mich prüfend an. Dann lüftete er respektvoll sein Barett und setzte es wieder auf.

Was hatte das zu bedeuten?

Seine höfliche Begrüßung wiederholte sich am nächsten Tag, und am dritten und vierten ebenfalls. Warum grüßte er mich? Warum hatte er den Mut, mich zu grüßen? Was wollte er von mir? Ich konnte an nichts anderes mehr denken. Als ich am fünften Tag in den Garten hinaustrat, schämte ich mich, seinen Gruß niemals erwidert zu haben; und feige gewesen zu sein, während er Mut gezeigt hatte. Entweder hatte ich ihn zu meiden oder wiederzugrüßen.

Kein Mensch war in der Nähe. Ich blieb stehen. „Warum grüßt du mich?" fragte ich ihn leise auf Deutsch.

Er hob bedauernd seine Schultern und sprach irgend etwas auf Französisch.

Nun zuckte ich mit den Schultern, und wir beide schmunzelten traurig. Von neuem trat ich meinen Rundgang an. Aber kaum hatte ich diesen beendet, als mir die große Idee kam. Ich konnte Latein. Das war die Sprache des gebildeten Europas gewesen, gewiß vor sehr langem, aber doch die Sprache der Verständigung aller Zungen vom äußersten Westen bis tief in den Osten. Vielleicht konnte er auch Latein. Dann wäre alles in Ordnung. Dann wäre Europa wiederhergestellt. Ich kehrte also um. Und pflanzte mich vor ihm auf. Er blickte mich ungeheuer neugierig an. Langsam setzte ich meinen Satz zusammen. „Cur me salutas?" – fragte ich. „Warum begrüßt du mich?"

Sein Gesicht werde ich niemals vergessen. Erst sein Erstaunen. Dann sein Glück. Sein Glück war so groß, daß er sofort begann, auf Französisch zu antworten – wie hätte er auch seine Freude sofort auf Lateinisch ausdrücken können? Dann aber wurde er ernst, und langsam, ein Wort neben das andere setzend, antwortete er: „Quia per injuriam te depresserunt – weil sie dich ohne jedes Recht erniedrigt haben." Er wußte also offenbar Bescheid.

Mit diesen zwei angeblich lateinischen Sätzen, die vermutlich kein Römer je verstanden hätte, begann unsere Freundschaft. Er winkte mit seinem Kopfe, Finger am Mund, und ich folgte ihm in den Geräteschuppen hinter dem Garten. Das war sein Reich. Dort schlief er. Dort hatte er seinen „Besitz": drei Bücher, einen Atlas. Und da trafen wir uns nun Abend für Abend und diskutierten zusammen auf Lateinisch. Worüber? Über die Wahrheiten, die er die „veritates revolutionis Gallicae" nannte: daß alle Menschen Menschen seien, daß alle die gleichen Rechte hätten oder auf die gleichen Rechte Anrechte; daß die Unschuldigen leiden, die Schuldigen aber ungestraft ausgehen. Daß Frankreich und Deutschland zwar im Kriege lägen, nicht aber die Franzosen und die Deutschen. Mit der französischen Revolution haben diese Dinge freilich nur sehr indirekt zu tun, und ob es sich um „Wahrheiten" handelte, ist vielleicht auch fraglich – aber das ist völlig gleichgültig; denn was wir da entdeckten und woran wir glaubten, das war das Beste, woran im Jahre 1917 ein französischer und ein deutscher Junge gemeinsam glauben konnten. Und hier im Geräteschuppen feierten wir auch jene Zeremonie, die den Anfang einer neuen Menschheit darstellen sollte, die Gründung eines friedlichen Europa, die P. P. S. Das aber heißt:

„Pacatorum Populorum Societas"; auf Deutsch: der Bund der befriedeten Völker. Oder kurz: der Völkerbund.

Feierlich trafen wir uns am Abend des 12. Oktober. Gaston hatte ausführliche Vorbereitungen getroffen. Die Hobelbank, die er gewöhnlich als Tisch benutzte, sah aus wie ein Altar, denn rechts und links brannten zwei Lichtstümpfe. Zwischen ihnen lagen zwei, aus Schulatlanten herausgerissene Karten von Europa. Ein Topf mit weißer Möbelfarbe vervollständigte den Aufbau, dessen Bewandtnis mir völlig unverständlich war. Gaston war sich der Bedeutung dieses weltgeschichtlichen Augenblicks deutlich bewußt: seine Schritte waren langsam und gemessen, und das Latein seiner wenigen Worte machte die Stimmung vollends feierlich. Er begann damit, zu verkünden, daß von nun an die Grenzen der Staaten aufgehoben werden müßten, denn sie allein verursachten die Kriege. Ich glaubte es ihm aufs Wort. Darum, erklärte er weiter und überreichte mir einen Pinsel, hätten wir nun die symbolische Handlung der Grenzenzerstörung vorzunehmen, damit ganz Europa, von Lissabon bis Moskau, von Bergen bis Syrakus „una indivisa Europa pacata", ein einziges ungeteiltes und befriedetes Europa werde. Und damit begann er, seine Landkarte mit weißer Farbe zuzudecken. Und ich tat das gleiche mit meiner Landkarte. Nach kaum fünf Minuten hatten wir Europa vollkommen befriedet. Ich sah ihn fragend an. Der Gedanke, daß diese so wichtige Zeremonie mit der Kartenübermalung bereits abgeschlossen sein sollte, war tief enttäuschend.

„Nunc orationem habebo", kündigte er an; „jetzt werde ich die Rede halten". Er mußte sie vorbereitet haben. Denn mit einem Prunk, der all mein Latein tief beschämte, erklärte er nun, daß hiermit die erste „Pacatorum Populorum Societas" gegründet sei, und daß die beiden ersten Mitglieder – er nannte uns beide bei Namen, aber in einer unerinnerbar lateinisierten Form – einen heiligen Eid ablegen würden, den Prinzipien der Menschlichkeit niemals untreu zu werden. Er erhob seine Hand zum Schwur. Und ich tat desgleichen.

Damit schien die Zeremonie nun wirklich beendet. Von Anfang bis Ende hatte sie noch keine zehn Minuten gedauert. Eine schändlich geringe Zeit für ein Ereignis von so welthistorischer Bedeutung. Gaston schien das gleiche zu empfinden. Denn nun sah er mich vorwurfsvoll an.

Ich dachte fiebrig nach. Feierliche Bündnisse kannte ich nur aus Indianergeschichten. Und aus denen stammte denn auch die Idee, die mein Beitrag zur Zeremonie wurde. Es war ein reichlich blutiger Beitrag. „Wir haben unseren Vertrag nun zu besiegeln", verkündete ich auf Lateinisch, zog mein Taschenmesser und wischte es an meinem Hosenbein ab. Dann setzte ich die Klinge tief in meine Handfläche und sprach: „Hoc est sacramenti nostri sigillum", „dies ist das Siegel unseres Gelöbnisses." Ich schnitt zwei große P und ein großes S von den Fingerwurzeln bis zur Handwurzel: Pacatorum Populorum Societas. Ich blutete stark.

Gaston zögerte keinen Augenblick. Und während ich die Schwurformel wiederholte, vollzog er mit tiefem Schnitt die gleiche Operation. Dann standen wir beide unbeholfen da und wußten nicht, was anzufangen mit unseren tropfenden Händen. Die Feier war zu Ende. Sie schloß mit Ratlosigkeit.

Nein, sie schloß mit Schrecken. Denn wir hörten Schritte, Gott sei Dank, es war nur Schwester Cécile. Sie brauchte einige Sekunden, um zu Atem zu kommen. Denn sie war sehr umfangreich.

„Ihr seid es also", schalt sie, aber es war deutlich, daß sie uns beide sehr gern hatte.

Ich stand stumm. Gaston aber war unerschütterlich. „Jawohl, wir sind's."

„Und was treibt ihr hier?" In welcher Sprache sie sprach, ich könnte es heute nicht mehr bestimmt sagen. Es war wohl ein Gemisch aus Elsässisch und Französisch. Denn wir beide verstanden sie.

Mit einem Blick hatte sie das Wichtigste vom Unwichtigen unterschieden. Sie befahl uns, die Hände hochzuhalten und kam keuchend nach zwei Minuten zurück mit Verbandsstoff und einer Flasche Jod. „Wenn ihr schreit, schlage ich euch die Köpfe zusammen", drohte sie, halb scherzhaft und halb erbost. Schweigend ließen wir uns behandeln. In zwei Minuten war alles erledigt; etwas beruhigter setzte sie sich auf einen Schemel und verpustete sich.

„Also was in drei Teufels Namen habt ihr angestellt? Müßt auch ihr schon kämpfen?"

Gaston schüttelte seinen Kopf. Er antwortete auf Französisch. Ich verstand nur das Wort „contrat".

„Und war für einen Vertrag habt ihr abgeschlossen?"

Ich wollte nicht ins Hintertreffen geraten. „Wir haben den Bund der Friedensvölker geschlossen", erklärte ich. „Gaston hat den Krieg nicht gemacht. Ich auch nicht. Wir hassen die, die ihn gemacht haben. Sollten wir die nicht gemeinsam bekämpfen?"

Schwester Cécile begann zu verstehen. Abwechselnd besah sie Gaston und mich mit ihren großen Kuhaugen.

„Das sind die ersten vernünftigen Worte", sprach sie langsam, „die ich in den letzten Jahren gehört habe".

Siegreich sahen wir einander an.

„Aber um Gottes willen sprecht zu niemandem."

Das war weniger erfreulich. „Wie sollen wir denn da größer werden?" fragte ich. „Zwei Mann sind doch schließlich nicht genug daür."

„Seht ihr Jungens", meinte sie schließlich, und ihre Stimme klang, als hätte sie sich vor uns auszuweisen. „Ihr wißt, ich bin Elsässerin. Also Deutsche und Französin. Eure Sache ist also meine Sache. Wollt ihr mich als drittes Mitglied?"

Und ob wir wollten. Halb Europa war erobert. Und als sie sah, mit welcher Begeisterung sie angenommen war, holte sie sich Gaston mit Ihrer Rechten und mich mit ihrer Linken und drückte uns an ihren vollen Busen. „Kinder", sagte sie schließlich und wischte sich umständlich mit der Schürzenecke in ihren Augen, „das ist die erste und einzige Freude, die ich seit dem August 1914 gehabt habe. Danke, Jungens!" Und nach einer langen Weile: „Wenn Männer hielten, was Knaben versprechen."

Von fern her kam das ferne Rollen der Geschütze.

VIII
Frechheit siegt

Janusz Korczak

Die List des kleinen Königs

Macius pflegte morgens um 7 Uhr aufzustehen. Er wusch sich allein, kleidete sich allein an. Auch putzte er die Schuhe selbst und richtete sein Bett. Diesen Brauch hatte noch Macius tapferer Urgroßvater, König Pawel der Siegreiche, eingeführt. Gewaschen und angekleidet trank Macius ein Gläschen Lebertran und setzte sich zum Frühstück, das nicht länger als 16 Minuten und 35 Sekunden währen durfte. Denn so lange hatte immer Macius berühmter Großvater, der gute König Juliusz der Tugendreiche, gefrühstückt. Danach ging Macius in den Thronsaal, wo es sehr kalt war, und er empfing die Minister. Da gab es keinen Ofen, weil die kluge Urgroßmutter des Königs Macius, Anna die Fromme, als sie noch klein war, hier einmal beinahe erstickt wäre. Und zum Gedenken an ihre glückliche Errettung hatte man beschlossen, das Hofzeremoniell zu erweitern. Ganze fünfhundert Jahre durfte sich im Thronsaal kein Ofen befinden.

Macius saß auf dem Thron und klapperte vor Kälte mit den Zähnen. Die Minister berichteten ihm, was sich im ganzen Land ereignet hatte. Dies war recht unangenehm, denn alle Neuigkeiten waren irgendwie unerfreulich.

Der Außenminister berichtete, wer ihrem Land feind und wer ihm freund war – und Macius verstand davon fast gar nichts.

Der Kriegsminister zählte auf, wieviel Festungen zerfallen, wie viele Kanonen unbrauchbar waren, so daß man mit ihnen nicht mehr schießen konnte, und wie viele Soldaten krank waren.

Der Eisenbahnminister erklärte, man müsse neue Lokomotiven kaufen.

Der Bildungsminister beklagte sich, die Kinder lernten schlecht und kämen zu spät zur Schule. Die Jungen rauchten heimlich Zigaretten und rissen Seiten aus den Heften. Die Mädchen beschimpften und stritten sich. Die Jungen rauften sich, würfen mit Steinen und zerschlügen Fensterscheiben.

Der Finanzminister klagte immerzu, er habe kein Geld. Er wolle weder neue Kanonen noch neue Maschinen kaufen. Das sei zu teuer.

Danach lief Macius in den Park und konnte eine Stunde lang umhertollen und spielen. Aber allein bereitete ihm dies kein Vergnügen. Daher kehrte er nicht ungern zum Unterricht zurück. Macius lernte gut, weil er wußte, daß man ohne Kenntnisse schwerlich König sein kann.

Er lernte sehr schnell, seinen Namen mit einem sehr langen Schnörkel zu schreiben. Auch mußte er Französisch und andere Fremdsprachen lernen, um sich mit anderen Königen unterhalten zu können, wenn er sie einmal besuchte. Macius hätte noch viel lieber und besser gelernt, wenn er alle Fragen, die ihm in den Sinn kamen, hätte stellen dürfen.

Lange Zeit hatte Macius nachgedacht, ob man ein Brennglas erfinden könne, mit dessen Hilfe man Schießpulver aus großer Entfernung anzünden könnte. Hätte Macius ein solches Glas erfunden, würde er allen Königen den Krieg erklären und am Tag vor der Schlacht alle feindlichen Pulvervorräte in die Luft sprengen. Dann hätte nur er allein Pulver, und er würde den Krieg gewinnen. Und alsdann wäre er ein großer König, obschon er noch so klein war. Aber der Lehrer zuckte nur die Achseln, machte ein saures Gesicht und erwiderte gar nichts.

Ein andermal fragte sich Macius, ob es nicht möglich sei, daß ein Vater, wenn er stirbt, dem Sohn seine Klugheit hinterläßt. Macius Vater, Stefan der Vernünftige, war sehr klug gewesen. Und jetzt saß Macius auf demselben Thron, und er trug dieselbe Krone. Aber er mußte alles von Anfang an lernen, und er wußte nicht einmal, ob er je die Fähigkeiten seines Vaters besitzen würde. So aber wären mit Krone und Thron auch aller Mut seines Urgroßvaters Pawel des Siegreichen, alle Frömmigkeit seiner Urgroßmutter und alles Wissen seines Vaters auf ihn übergegangen.

Aber auch diese Frage blieb unbeantwortet.

Lange, sehr lange dachte Macius nach, ob er nicht eine Tarnkappe bekommen könne. Wie schön wäre das. Trüge Macius solch eine Kappe, könnte er überall hingehen und bliebe unsichtbar. Er würde sagen, ihm tue der Kopf weh, woraufhin man ihm erlauben würde, sich tagsüber ins Bett zu legen. Und er würde sich gut ausschlafen. Nachts würde er dann seine Tarnkappe aufsetzen und durch die Stadt laufen, sich die Schaufenster ansehen und ins Theater gehen.

Einmal nur war Macius im Theater zu einer Galavorstellung gewesen. Das war, als Vater und Mutter noch lebten. Er konnte sich daran nicht mehr recht erinnern, denn er war damals noch sehr klein. Er wußte nur, es war wunderschön gewesen.

Hätte Macius eine Tarnkappe, ginge er vom Park in den Schloßhof, um Felek kennenzulernen. Er könnte im ganzen Schloß umherwandern, in der Küche zusehen, wie die Speisen zubereitet werden, zu den Pferden in den Stall gehen und in all die anderen Gebäude, zu denen ihm der Zutritt jetzt nicht erlaubt war.

Es mag sonderbar anmuten, daß einem König so viele Dinge verboten sind. Da muß ich erklären, daß bei Hofe eine sehr strenge Etikette herrscht. Etikette – das bedeutet: Alle Könige haben sich so zu verhalten, und ein neuer König darf sich keinesfalls anders verhalten. Wäre das der Fall, verlöre er seine Ehre, und alle hörten auf, ihn zu achten und zu respektieren. Es bedeutete, seinen großen königlichen Vorfahren – dem Vater, Großvater und Urgroßvater – keine Ehre zu erweisen. Falls der König etwas ändern möchte, muß er den Zeremonienmeister fragen, der über die höfische Etikette wacht. Dieser weiß, wie die Könige sich früher verhielten.

Ich berichtete schon, daß das Frühstück des Königs Macius 16 Minuten und 35 Sekunden dauerte – wie das seines Großvaters – und daß im Thronsaal kein Ofen war, weil es seine Urgroßmutter so gewollt hatte. Sie aber war schon lange tot, und man konnte sie nicht mehr fragen, ob sie jetzt nicht doch erlauben würde, einen Ofen aufzustellen.

Manchmal ist es dem König möglich, geringfügige Änderungen herbeizuführen, aber dann finden erst lange Beratungen statt, so wie über Macius Spaziergang. Es ist sehr unangenehm, um etwas zu bitten und darauf lange warten zu müssen.

König Macius war in einer weit schlechteren Lage als andere Könige – war doch das Hofzeremoniell für erwachsene Könige gedacht. Macius aber war ein Kind. Es mußte also ein wenig geändert werden. So war

Macius gezwungen, statt des köstlichen Weines zwei Gläschen Lebertran zu trinken, der ihm gar nicht schmeckte. Auch schaute er, anstatt die Zeitungen zu lesen, nur die Bilder an, weil er noch nicht sehr gut lesen konnte.

Alles wäre ganz anders gewesen, hätte Macius den Verstand seines Vaters, des Königs, und die wunderbare Tarnkappe besessen. Dann wäre er tatsächlich ein König gewesen. So aber fragte er sich oft, ob es nicht besser sei, als ganz gewöhnlicher Junge geboren zu werden, zur Schule zu gehen, Seiten aus den Heften zu reißen und mit Steinen zu werfen.

Eines Tages kam es Macius in den Sinn, daß er, wenn er richtig schreiben gelernt hatte, einen kleinen Zettel an Felek senden wollte. Und vielleicht antwortete ihm Felek gar. Auf diese Weise würde es ganz so sein, als unterhielte er sich mit ihm.

Von diesem Tag an widmete sich Macius der Kunst des Schreibens mit großem Ernst. Er schrieb ganze Tage lang, schrieb kleine Erzählungen und Verse aus einem Buch ab. Und hätte man es ihm erlaubt, wäre er überhaupt nicht mehr in den Schloßpark gegangen und hätte nur vom Morgen bis zum Abend geschrieben. Dies zu tun war unmöglich, denn die Etikette und das Hofzeremoniell verlangten, daß sich der König vom Thronsaal aus geradewegs in den Park begab. Und schon standen zwanzig Diener bereit, dem König die Tür vom Saal in den Park zu öffnen. Ginge Macius nicht in den Garten, so bliebe diesen zwanzig Dienern nichts zu tun, und sie würden sich sehr langweilen.

Jemand könnte meinen, Türen zu öffnen sei keine richtige Arbeit. So spricht nur der, der die Etikette des Hofes nicht kennt. Hier muß ich erklären, daß diese Diener ganze fünf Stunden lang sehr beschäftigt waren. Jeder nahm morgens ein kaltes Bad, woraufhin sie der Friseur kämmte und ihnen den Bart rasierte. Ihre Kleidung mußte immer sauber sein. Kein Stäubchen durfte man darauf sehen. Denn vor dreihundert Jahren, als König Henryk der Aufbrausende regierte, war einmal ein Floh von einem Diener direkt auf das königliche Zepter gehüpft. Diesem nachlässigen Menschen wurde der Kopf abgeschlagen, und auch der Hofmarschall entkam dem Tode nur mit Mühe. Seitdem wachte ein eigens dafür bestimmter Aufseher über die Reinlichkeit der Diener, die, sauber gekleidet und frisch gebadet, schon von elf

Uhr und sieben Minuten an im Korridor standen und bis ein Uhr und sieben Minuten warteten, daß sie der Zeremonienmeister in eigener Person noch einmal musterte. Sie mußten sehr auf der Hut sein. War ein Knopf nicht geschlossen, drohten ihnen sechs Jahre Gefängnis. Schlecht gekämmt zu sein bedeutete vier Jahre Zwangsarbeit, eine ungeschickte Verbeugung zwei Monate Arrest bei Brot und Wasser.

Von alledem wußte Macius schon ein wenig. So kam ihm gar nicht in den Sinn, auf die Spaziergänge im Park zu verzichten. Und wer konnte im übrigen wissen, ob man nicht auf irgendeinen König in der Geschichte stieß, der überhaupt nicht in den Park gegangen war. Man hätte dann gesagt, Macius solle nach dessen Vorbild handeln.

Auch seine Schreibkenntnisse wären dann ohne Sinn, denn wie sonst hätte Macius Felek seinen Brief durch das Gitter zuschieben können.

Macius war begabt, und er besaß einen festen Willen. Er sagte sich: ‚In einem Monat werde ich den ersten Brief an Felek schreiben.' Und ungeachtet aller Schwierigkeiten schrieb er so lange, bis er den Brief ohne jegliche Hilfe beendet hatte.

Lieber Felek, schrieb Macius, *schon lange schaue ich zu, wie ihr so fröhlich auf dem Hof spielt. Ich möchte auch sehr gern spielen. Aber ich bin ein König, und deshalb ist es nicht möglich. Aber Du gefällst mir sehr. Schreib mir von Dir, ich möchte Dich gern kennenlernen. Wenn Dein Vater Soldat ist, erlaubt man Dir vielleicht, manchmal zum Schloßpark zu kommen.* *Macius – König*

Heftig schlug Macius' Herz, als er Felek durch das Gitter herbeirief und ihm seinen Brief übergab, und auch, als er am nächsten Tag auf dem gleichen Weg die Antwort erhielt.

König, schrieb Felek, *mein Vater ist Unteroffizier der Palastwache, und ich wäre sehr gern einmal im Schloßpark. Und ich bin Dir, König, treu und bin bereit, für Dich durch Feuer und Wasser zu gehen und Dich bis zum letzten Blutstropfen zu verteidigen.*

Pfeife, wenn immer Du Hilfe brauchst. Ich werde stets auf den ersten Ruf hin zur Stelle sein. *Felek*

Macius legte diesenBrief ganz zuunterst in die Schublade, unter die Bücher, und begann voller Hingabe das Pfeifen zu erlernen. Macius gab acht, er wollte sich nicht verraten. Verlangte er, Felek in den Schloßpark einzulassen, begännen sofort die Beratungen: Warum und woher kennt er Feleks Namen, und wie sind sie miteinander bekannt geworden? Und was soll geschehen, wenn das Geheimnis entdeckt wird und man es schließlich doch nicht erlaubt? Der Sohn eines Unteroffiziers! Wenn es wenigstens der eines Leutnants wäre. Dem Sohn eines Offiziers würde man die Erlaubnis erteilen, aber so wird man gewiß nicht zustimmen.

‚Ich muß noch warten', beschloß Macius, ‚unterdessen werde ich pfeifen lernen'.

Pfeifen zu lernen ist keineswegs leicht, wenn niemand da ist, der es zeigen kann. Aber Macius hatte einen starken Willen, und so lernte er es. Und er pfiff.

Er pfiff nur zur Probe, um sich von seiner Kunst zu überzeugen. Aber wie groß war sein Erstaunen, als einen Augenblick später – gespannt wie eine Saite – Felek in eigener Person vor ihm stand.

„Wie bist du nur hierhergekommen?"

„Ich bin übers Gitter geklettert."

Im Schloßpark gab es sehr dichte Himbeersträucher. Dort verbargen sich König Macius und sein Freund, um zu beraten, was weiter zu tun wäre.

Mark Twain
Toms Auftritt in der Sonntagsschule

Die Sonne ging auf über einer friedvollen Welt und strahlte hernieder, als fiele ein Segen auf das stille kleine Dorf. Nach dem Frühstück hielt Tante Polly die Familienandacht ab; diese begann mit einem Gebet, das von Grund auf aus soliden Schichten von Bibelzitaten gebaut war, die von einem dünnen Mörtel eigener Worte zusammen gehalten wurden, und von der Höhe dieses Gebäudes, wie vom Berge Sinai herab, verkündete sie ein grimmiges Kapitel des mosaischen Gesetzes.

Danach gürtete Tom gewissermaßen seine Lenden und machte sich an die Arbeit, um „seine Verse zu bewältigen". Sid hatte seine Lektion bereits vor Tagen gelernt. Tom spannte seine ganze Energie an, um sich fünf Bibelverse einzuprägen; er wählte sie aus der Bergpredigt, weil er keine kürzeren finden konnte.

Nach Ablauf einer halben Stunde hatte Tom einen unbestimmten allgemeinen Begriff von seiner Lektion, mehr aber nicht, denn sein Geist durchschweifte das ganze Gebiet menschlichen Denkens, und seine Hände waren mit ablenkenden, unterhaltsamen Dingen beschäftigt. Mary nahm sein Buch, um ihn abzufragen, und er versuchte, seinen Weg durch den Nebel zu finden.

„Selig sind, die da … äh … äh"

„Geistlich …"

„Ach ja, geistlich; selig sind, die da geistlich … äh … äh"

„Arm …"

„Arm … Selig sind, die da geistlich arm sind, denn, denn …"

„Das Himmelreich …"

„Das Himmelreich. Selig sind, die da geistlich arm sind, denn das Himmelreich ist ihrer. Selig sind, die da Leid tragen, denn sie … sie …"

„S-…"

„Denn sie … äh …"

„So-…"

„Denn sie so … Ach, ich weiß nicht, wie es heißt!"

„Sollen!"

„Ach ja, sollen! Denn sie sollen … denn sie sollen … äh … äh … sollen Leid tragen … äh … äh … selig sind, die da … die … äh … die da Leid tragen, denn sie sollen … äh … was sollen sie? Warum sagst du's mir nicht, Mary? Warum bist du so gemein?"

„Aber Tom, du armer Dummkopf, ich will dich doch nicht ärgern. Das würde ich nie tun. Du mußt dich hinsetzen und es noch mal lernen. Verlier nicht den Mut, Tom, du wirst's schon schaffen – und wenn du's geschafft hast, dann gebe ich dir was ganz Feines! Sei lieb und geh."

„Na schön. Was ist's denn, Mary? Sag mir doch, was es ist."

„Laß nur, Tom. Du weißt ja, wenn ich sage, es ist was Feines, dann ist's auch was Feines."

„Klar, Mary, das steht fest. Na schön, ich mach mich noch mal dran."

Und er „machte sich dran", und unter dem doppelten Antrieb der Neugier und der Aussicht auf Gewinn tat er es mit solchem Schwung, daß er einen glänzenden Sieg davontrug.

Mary schenkte ihm ein funkelnagelneues Barlow-Messer, das zwölfeinhalb Cent wert war. Der Schauer des Entzückens, der ihn durchfuhr, erschütterte ihn bis in die Grundfesten. Gewiß, mit dem Messer würde man nichts schneiden können, aber es war ein „garantiert echtes" Barlow-Messer, und das war etwas unvorstellbar Großartiges. Woher freilich die Jungen des Westens die Idee hatten, man könne eine noch gröbere Fälschung einer solchen Waffe herstellen, ist ein unerfindliches Geheimnis und wird vielleicht auch ewig eins bleiben. Tim brachte es jedoch fertig, damit Kerben in den Schrank zu schnitzen, und machte sich eben bereit, die Kommode in Angriff zu nehmen, als er fortgerufen wurde, um sich für die Sonntagsschule anzukleiden.

Mary reichte ihm eine Blechschüssel mit Wasser und ein Stück Seife; er ging nach draußen und stellte dort die Schüssel auf eine kleine Bank; dann tauchte er die Seife ins Wasser und legte sie hin, krempelte sich die Ärmel auf, goß das Wasser vorsichtig auf die Erde, kehrte dann in die Küche zurück und begann, sich das Gesicht sorgsam mit dem Handtuch abzuwischen, das hinter der Tür hing. Mary aber nahm ihm das Handtuch fort und sagte: „Schämst du dich denn nicht, Tom? Sei doch nicht so ungezogen. Wasser schadet dir nicht."

Tom war ein klein wenig aus der Fassung gebracht. Die Schüssel wurde von neuem gefüllt, und diesmal stand er ein Weilchen darüber gebeugt und sammelte Mut; dann holte er einmal tief Atem und machte sich ans Werk. Als er kurze Zeit darauf in die Küche trat, beide Augen fest geschlossen und mit den Händen nach dem Handtuch tastend, tropften ihm Wasser und Seife zum Beweis seiner Ehrenhaftigkeit vom Gesicht. Als er hinter dem Handtuch hervorkam, war sein Zustand jedoch noch immer nicht zufriedenstellend, denn das saubere Gebiet hörte wie eine Maske jäh am Kinn und am Unterkiefer auf; unter und hinter dieser Linie breitete sich ein dunkelfarbiges Gebiet unbewässerten Bodens aus, das sich nach vorn seinen Hals hinunter und nach hinten um diesen herum erstreckte. Mary nahm sich ihn vor, und als sie ihr Werk an ihm beendet hatte, stand er da als einer, bei dem es keinen Unterschied der Hautfarbe gab; sein feuchtes Haar war ordentlich gebürstet, und seine kurzen Locken waren in eine solche Form gebracht, daß eine allgemeine anmutige symmetrische Wirkung erzielt wurde. (Insgeheim glättete er die Locken mit viel Fleiß und Mühe, indem er sich das Haar fest an den Kopf klebte, denn Locken hielt er für weibisch, und seine eigenen erfüllten sein Leben mit Bitterkeit.) Dann holte Mary den Anzug hervor, den er seit zwei Jahren nur sonntags trug – er wurde einfach sein „anderer Anzug" genannt –, und so kennen wir nun den Umfang seiner Garderobe. Nachdem er sich angezogen hatte, zupfte das Mädchen „ihn zurecht"; sie knöpfte ihm die saubere Jacke bis zum Kinn zu, legte ihm den riesigen Hemdkragen über die Schultern, bürstete ihn ab und setzte dem ganzen als Krone den mit Tupfen gemusterten Strohhut auf. Jetzt sah er wesentlich besser und äußerst unbehaglich aus, und er fühlte sich auch genauso unbehaglich, wie er aussah, denn ganze Kleider und Sauberkeit bedeuteten eine Behinderung, die ihn erboste. Er hoffte, Mary werde seine Schuhe vergessen, aber dieser Hoffnungsfunke erlosch; sie fettete sie gründlich mit Talg ein, wie es üblich war, und brachte sie ihm heraus. Jetzt wurde er doch wütend und erklärte, immer solle er tun, was er nicht wolle. Mary aber redete ihm gut zu: „Bitte, Tom, sei lieb."

So fuhr er knurrend in seine Schuhe. Bald war auch Mary fertig, und die drei Kinder begaben sich in die Sonntagsschule, einen Ort, den Tom von ganzem Herzen haßte, während Sid und Mary gern dorthin gingen.

Die Sonntagsschule dauerte von neun bis halb elf Uhr, danach war Gottesdienst. Zwei der Kinder blieben stets freiwillig da, um sich die Predigt anzuhören, und das dritte blieb ebenfalls – aus gewichtigeren Gründen. Die ungepolsterten Kirchenstühle mit den hohen Lehnen boten etwa dreihundert Personen Platz; das Gebäude war nur klein und schlicht; oben drauf saß als Turm eine Art Kasten aus Fichtenholz.

Als sie an der Tür anlangten, blieb Tom einen Schritt zurück und sprach einen sonntäglich gekleideten Kameraden an: „Hör mal, Bill, hast du einen gelben Zettel?"

„Ja."

„Was willst du dafür?"

„Was gibst du denn?"

„Ein Stück Lakritze und einen Angelhaken."

„Zeig mal her."

Tom wies die angebotenen Gegenstände vor. Sie waren zufriedenstellend und wechselten den Besitzer. Dann tauschte Tom zwei weiße Glaskugeln gegen drei rote Zettel und ein paar Kleinigkeiten gegen zwei weiße ein. Er lauerte noch mehr Jungen bei ihrer Ankunft auf und kaufte zehn, fünfzehn Minuten lang weiter Zettel verschiedener Farben. Dann betrat er zusammen mit einem Schwarm sauber gewaschener, lärmender Jungen und Mädchen die Kirche, ging auf seinen Platz und fing mit dem ersten besten Jungen, der zur Hand war, Streit an. Der Lehrer, ein ernster, ältlicher Mann, mischte sich ein und wandte dann einen Augenblick den Rücken; schon zog Tom einen Jungen auf der nächsten Bank am Haar, war, als dieser sich umwandte, gänzlich in sein Buch vertieft, stach gleich darauf einen anderen Jungen mit einer Nadel, damit der „Au!" sagte, und erhielt von neuem einen Verweis von seinem Lehrer. Toms ganze Klasse war vom gleichen Kaliber – unruhig, lärmend und eine rechte Plage. Als es ans Aufsagen der Lektion ging, konnte nicht einer seine Bibelsprüche ohne Stocken wiedergeben; vielmehr mußten sich alle immer wieder vorsagen lassen. Mit Ach und Krach schafften sie es jedoch und erhielten ihre Belohnung in Form von kleinen blauen Zetteln, auf denen jeweils ein Bibelspruch stand; jeder blaue Zettel war der Lohn für zwei auswendig hergesagte Verse. Zehn blaue Zettel waren so viel wert wie ein roter und konnten dafür eingetauscht werden; zehn rote Zettel galten soviel wie ein gelber, und für zehn gelbe Zettel überreichte der Herr Vorsteher dem Schüler eine sehr einfach gebundene Bibel, die in jener guten alten Zeit vierzig Cent kostete. Wie viele meiner Leser brächten wohl den Fleiß und die Ausdauer auf, zweitausend Bibelverse auswendig zu lernen, selbst wenn man ihnen dafür eine Dorésche Bibel überreichte? Und doch hatte Mary auf diese Weise zwei Bibeln erworben; das hatte zwei Jahre geduldiger Arbeit gekostet, und ein Junge deutscher Herkunft hatte sogar vier oder fünf Bibeln gewonnen. Einmal sagte er hintereinander dreitausend Verse her; die geistige Anstrengung war jedoch zu groß, und von dem Tage an war er kaum mehr als ein Idiot – ein schlimmes Unglück für die Schule, denn bei großen Anlässen, wenn Besuch da war, hatte der Herr Vorsteher stets diesen Jungen nach vorn gerufen und loslegen lassen, wie Tom es nannte. Nur den älteren Schülern gelang es, ihre Zettel zu sammeln und bei der lästigen Arbeit so lange auszuhalten, bis sie eine Bibel erhielten; daher war die Verleihung eines solchen Preises ein seltenes und denkwürdiges Ereignis; der erfolgreiche Schüler war an diesem Tag eine so große und hervorstechende Persönlichkeit, daß in der Brust aller übrigen sogleich neuer Ehrgeiz entflammte, der häufig mehrere Wochen anhielt. Möglicherweise hatte Tom niemals nach einem dieser Preise gedürstet; aber ohne Frage sehnte sich sein ganzes Wesen schon seit langem nach dem Glanz und dem Aufsehen, die damit verbunden waren.

Zu angemessener Zeit stellte sich der Herr Vorsteher vor der Kanzel auf, ein geschlossenes Gesangbuch in der Hand, zwischen dessen Seiten er den Zeigefinger hielt, und bat um Aufmerksamkeit. Wenn ein Sonntagsschulvorsteher seine übliche kurze Ansprache hält, ist dabei ein Gesangbuch in seiner Hand ebenso notwendig wie das unvermeidliche Notenblatt in der Hand eines Sängers, der bei einem Konzert auf dem Podium steht und ein Solo singt. Warum das freilich so ist, bleibt ein Geheimnis, denn weder das Gesangbuch noch das Notenblatt wird je auch nur mit einem Blick zu Rate gezogen. Der Herr Vorsteher war ein schlanker Mensch von fünfunddreißig Jahren, mit sandfarbenem Ziegenbärtchen und kurzem, sandfarbenem Haar; er trug einen hohen Stehkragen, dessen oberer Rand ihm fast bis an die Ohren reichte und dessen scharfe Ecken sich neben den Mundwinkeln nach vorn bogen – ein Zaun, der ihn nötigte, genau nach vorn zu schauen und den ganzen Körper zu wenden, wenn ein Blick zur Seite erforderlich war. Sein Kinn ruhte auf einer ausladenden Krawatte, die so breit und so lang war wie eine Banknote und ausgefranste Enden hatte; seine Schuhspitzen waren, der Mode der Zeit entsprechend, scharf nach aufwärts gebogen, wie Schlittenkufen – eine Wirkung, die von den jungen Männern mühsam und geduldig erzielt wurde, indem sie sich stundenlang hinsetzten und die Zehen an die Wand preßten. Mr. Walters war von sehr ernstem Aussehen und offenem, ehrlichem Herzen; er brachte geheiligten Dingen und Orten so viel Ehrfurcht entgegen und unterschied sie so sehr von weltlichen Angelegenheiten, daß seine Sonntagsschulstimme, ihm völlig unbewußt, einen ganz besonderen Klang hatte, der seiner Alltagsstimme fehlte.

Er begann folgendermaßen: „So, Kinder, nun sitzt einmal alle so hübsch gerade, wie ihr nur könnt, und hört mir für ein paar Minuten aufmerksam zu. So ist's schön. So schickt es sich für artige kleine Jungen und Mädchen. Ich sehe da noch eine Kleine, die zum Fenster hinausblickt – vermutlich denkt sie, ich sitze dort draußen irgendwo, vielleicht oben auf einem Baum, um den Vöglein eine Rede zu halten." (Beifälliges Kichern.) „Ich möchte euch sagen, wie wohl es mir tut, so viele saubere, strahlende kleine Gesichter hier versammelt zu sehen, an einem solchen Ort, wo sie lernen, das Rechte zu tun und gute Menschen zu sein."

Und so weiter, und so fort. Es erübrigt sich, den Rest der Rede niederzuschreiben. Sie entsprach einer unveränderlichen Schablone, und deshalb ist sie uns allen vertraut.

Das letzte Drittel der Ansprache litt darunter, daß gewisse böse Buben ihre Balgereien und andere erholsame Beschäftigungen wieder aufnahmen, während sich ein Zappeln und Flüstern immer weiter ausbreitete und sogar solche vereinzelten unerschütterlichen Felsen wie Sid und Mary umbrandeten. Mit dem Abklingen der Stimme von Mr. Walters verstummte jedoch plötzlich jedes Geräusch, und der

Abschluß der Rede wurde mit einem Ausbruch stummer Dankbarkeit begrüßt.

Zu einem erheblichen Teil war das Geflüster durch ein recht seltenes Ereignis verursacht worden – nämlich durch das Erscheinen fremder Besucher: Rechtsanwalt Thatcher trat ein, begleitet von einem sehr hinfällig wirkenden alten Mann; ihm folgte ein fein aussehender, stattlicher Herr mittleren Alters mit grauem Haar und eine würdige Dame, die zweifellos dessen Frau war. Die Dame führte ein Kind an der Hand. Tom war unruhig und voller Ärger und Verdruß gewesen; er empfand auch Gewissensbisse – er vermochte Amy Lawrence nicht in die Augen zu sehen, er konnte ihren liebevollen Blick nicht ertragen. Als er jedoch jetzt die kleine Fremde sah, füllte sich sein Herz im Nu mit flammender Freude. Bereits im nächsten Augenblick gab er nach Kräften an – puffte die Jungen, zog sie am Haar, schnitt Grimassen und ließ, kurz gesagt, alle Künste spielen, die geeignet schienen, ein Mädchen zu faszinieren und ihren Beifall zu gewinnen. In seine Wonne mischte sich nur ein mißliebiger Gedanke – nämlich die Erinnerung an die Demütigung, die er im Garten dieses Engels erlitten hatte; sie war jedoch in Sand geschrieben und wurde von der jetzt darüber hinweg flutenden Welle der Glückseligkeit schnell fortgespült. Man wies den Fremden die Ehrenplätze zu, und sobald Mr. Walters seine Rede beendet hatte, stellte er sie der Sonntagsschule vor. Der Herr mittleren Alters erwies sich als eine hervorragende Persönlichkeit; es war kein Geringerer als der Kreisrichter – das erlauchteste Geschöpf, das den Kindern je vor Augen gekommen war; sie fragten sich, aus welchem Stoff er wohl geschaffen sei, und halb wünschten sie, ihn brüllen zu hören, halb fürchteten sie, er werde es wirklich tun. Er kam aus Constantinople, das zwölf Meilen entfernt lag – er war also ein weitgereister Mann und hatte die Welt gesehen; diese seine Augen hatten das Kreisgerichtsgebäude erblickt, von dem es hieß, es habe ein Blechdach. Die ehrfurchtsvolle Scheu, die solche Gedanken erweckten, drückte sich in dem nun herrschenden eindrucksvollen Schweigen und in den Reihen unverwandt starrender Augen aus. Dies also war der große Richter Thatcher, der Bruder ihres Rechtsanwalts. Jeff Thatcher ging sofort nach vorn, um mit dem großen Mann vertraut zu tun und sich von der ganzen Schule beneiden zu lassen. Es wäre Musik für seine Ohren gewesen, hätte er das Flüstern hören können. „Nun guck dir das an, Jim! Er geht zu ihm hin! Guck doch mal, gleich gibt er ihm die Hand: jetzt gibt er sie ihm tatsächlich. Donnerwetter, möchtest du nicht in Jeff seiner Haut stecken?"

Mr. Walters begann, mit allerlei amtlicher Geschäftigkeit und Beflissenheit anzugeben, hier Befehle zu äußern, dort Urteile zu verkünden und überall Anweisungen zu erteilen, wo er nur eine Gelegenheit erblicken konnte. Auch der Bibliothekar gab an, indem er, den Arm voller Bücher, hierhin und dorthin lief und möglichst viel von dem Getue veranstaltete, das einer insektengroßen Autorität solche Freude bereitet. Auch die jungen Lehrerinnen gaben an, indem sie sich sanft über Schüler beugten, denen sie vor kurzem noch Ohrfeigen versetzt hatten, unartigen kleinen Jungen mit dem erhobenen hübschen Zeigefinger drohten und artigen liebevoll über den Kopf strichen. Die jungen Lehrer gaben an, indem sie ein bißchen schalten oder auf andere Weise ihre Autorität bekundeten und zeigten, welche lobenswerte Aufmerksamkeit sie der Disziplin widmeten, und die Mehrzahl der Lehrer beiderlei Geschlechts fanden, sie hätten in der Leihbücherei bei der Kanzel zu tun, und zwar etwas, das häufig noch zwei-, dreimal wiederholt werden mußte (und anscheinend viel Ärger verursachte). Die kleinen Mädchen gaben auf unterschiedliche Weise an, und die kleinen Jungen gaben mit solcher Emsigkeit an, daß die Luft mit Papiergeschossen und mit dem Lärm von Balgereien erfüllt war. Über all dem thronte der große Mann, ließ sein majestätisches richterliches Lächeln auf das ganze Haus hinunterstrahlen und wärmte sich in der Sonne seiner eigenen Größe, denn auch er gab an. Nur eines fehlte, um Mr. Walters' Entzücken zu vervollkommnen, und das war eine Gelegenheit, einen Bibelpreis zu verleihen und ein Wunderkind zur Schau zu stellen. Mehrere Schüler besaßen ein paar gelbe Zettel, keiner jedoch genügend – er hatte unter den Musterschülern Umfrage gehalten. Was hätte er nicht alles darum gegeben, wenn er jetzt den deutschen Jungen wieder mit normalem Verstand dagehabt hätte!

Und in eben diesem Augenblick, als jede Hoffnung bereits erstorben war, trat Tom Sawyer vor mit neun gelben, neun roten und zehn blauen Zetteln in der Hand und forderte eine Bibel! Das traf Walters wie ein Blitz aus heiterem Himmel. Er hatte nicht erwartet, daß in den nächsten zehn Jahren von dieser Seite eine Bewerbung kommen werde. Es ließ sich jedoch nicht leugnen; hier lagen die beglaubigten Gutscheine und waren unzweifelhaft echt. Daher wurde Tom auf einen erhöhten Platz neben den Richter und die übrigen Auserwählten gesetzt und die große Neuigkeit vom Hauptquartier her verkündet. Es war die verblüffendste Überraschung des Jahrzehnts; die Sensation war derartig groß, daß sie den neuen Helden auf die gleiche Höhe erhob, die der Richter einnahm, und die Schule hatte anstatt des einen nun zwei Wunder, die sie begaffen konnte. Alle Jungen verzehrten sich vor Neid; die größte Bitterkeit empfanden jedoch diejenigen, denen zu spät klar wurde, daß sie selbst zu dieser verhaßten Größe beigetragen hatten, indem sie Tom gegen die von ihm durch den Verkauf der Tünchprivilegien zusammengerafften Reichtümer Zettel überlassen hatten. Sie verachteten sich selbst, weil sie sich von einem arglistigen Betrüger hatten hinters Licht führen lassen, von einer im Grase verborgenen heimtückischen Schlange.

Der Preis wurde Tom mit einem so wortreichen Redefluß verliehen, wie ihn der Herr Vorsteher unter den Umständen nur hervorzupumpen vermochte; zu einem richtig sprudelnden Erguß fehlte jedoch einiges, denn dem armen Manne sagte der Instinkt, daß hier ein Geheimnis vorliegen müsse, welches das Licht scheute; es war einfach absurd, daß ausgerechnet dieser Junge zweitausend Garben biblischer Weisheit auf seinem Speicher aufgehäuft haben sollte – der hätte zweifellos bereits ein Dutzend nur mit Mühe zu fassen vermocht. Amy Lawrence war stolz und froh; sie bemühte sich, es Tom in ihrem Gesicht lesen zu lassen, er wollte jedoch nicht zu ihr hinsehen. Sie wunderte sich darüber, dann empfand sie ein wenig Unruhe, danach regte sich ein leiser Verdacht in ihr, erlosch wieder und regte sich von neuem; sie paßte auf – ein verstohlener Blick sprach Bände; dann brach ihr das Herz; sie war eifersüchtig und zornig, Tränen kamen, und sie haßte alle Menschen: Tom am meisten, wie sie glaubte.

Tom wurde dem Richter vorgestellt, aber seine Zunge war wie gelähmt, er vermochte kaum zu atmen, sein Herz bebte – zum Teil wegen der ungeheuren Größe des Mannes, vor allem aber, weil er *ihr* Vater war. Am liebsten wäre er vor ihm niedergefallen und hätte ihn angebetet, wenn es nur dunkel gewesen wäre. Der Richter legte Tom die Hand auf den Scheitel, sagte, er sei ein prächtiger kleiner Mann, und fragte ihn nach seinem Namen. Der Junge stammelte, rang nach Luft und brachte ihn endlich hervor.

„Tom."

„Oh, nein, doch nicht Tom, du heißt doch ..."

„Thomas."

„Ah, so ist's richtig. Ich habe mir doch gedacht, daß das vielleicht noch nicht alles ist. So ist's recht. Aber bestimmt hast du noch einen zweiten, und den teilst du mir auch mit, nicht wahr?"

„Sag dem Herrn, wie du weiter heißt, Thomas", fiel Walters ein, „und nenne ihn ‚Sir'. Vergiß nicht, was sich gehört."

„Thomas Sawyer – Sir."

„Richtig! So ist's brav. Bist ein prächtiger Junge. Ein prächtiger kleiner Mann. Zweitausend Bibelsprüche ist viel – sehr, sehr viel. Und die Mühe, die du dir beim Lernen gegeben hast, wird dich nicht reuen; denn Wissen ist mehr wert als alles übrige in der Welt; Wissen ist's, was einen Mann groß und gut macht; du wirst selber eines Tages ein großer und guter Mann werden, Thomas, und dann wirst du zurückblicken und sagen: All das verdanke ich dem kostbaren Vorrecht, in meiner Kindheit die Sonntagsschule besucht zu haben; all das verdanke ich meinen lieben Lehrern, die mich lehrten, etwas zu lernen; all das verdanke ich dem guten Vorsteher, der mich ermutigte und über mir wachte und der mir eine wunderschöne Bibel, eine prachtvolle, elegante Bibel verlieh, die ich für immer behalten durfte und die mir ganz allein gehörte; all das verdanke ich einer richtigen Erziehung! Das wirst du sagen, Thomas, und nicht mit Geld werden dir dann diese zweitausend Bibelsprüche aufzuwiegen sein – nicht mit Geld. Und jetzt sagst du mir und der Dame hier sicher gern etwas von dem auf, was du gelernt hast – ich weiß, du tust es gern, denn wir sind stolz auf kleine Jungen, die gut lernen. Gewiß kennst du die Namen aller zwölf Apostel. Willst du mir sagen, wie die ersten beiden hießen, die zu Jüngern ernannt wurden?"

Tom zupfte an einem Knopf und sah blöde drein. Dann errötete er und senkte den Blick. Mr. Walters rutschte das Herz in die Hosen. Er dachte insgeheim: Unmöglich, daß dieser Junge auch nur die einfachste Frage beantworten kann – weshalb hat ihn der Richter nur gefragt? Er fühlte sich aber verpflichtet, etwas zu sagen, und sprach: „Antworte dem Herrn, Thomas – du brauchst keine Angst zu haben.“

Tom zauderte noch.

„Mir wirst du's doch sagen“, meinte die Dame. „Die ersten beiden Jünger hießen …“

„David und Goliath!“

Lassen wir den Vorhang der Barmherzigkeit vor dem Rest der Szene herniedergehen.

Almuth Link

Die Mitternachts-Party

Die Kinder weinen nicht, sondern sie jubeln, als wir ihnen mitteilen, wir seien am Samstag abend eingeladen und kämen vermutlich erst spät in der Nacht nach Hause.

„Wenn wir dann allein sind – was wir da alles machen!" seufzt Mützle und marschiert mit wichtiger Miene quer durch ihr Zimmer.

„Was macht ihr denn alles?" frage ich unsicher, obwohl ich ahne, daß ich damit nur Wasser auf die Mühle gieße. Natürlich heißt die überglückliche Antwort: „Das werden wir nie im Leben verraten!"

Dann hört man sie mit der Schwester tuscheln und rumoren, und schließlich gehen die beiden, bewaffnet mit großen Plastiktüten, einkaufen.

Am Freitag ist Mützles Schweigekapazität restlos erschöft. Nervös dreht sie an ihrem Zopf, schnappt nach Luft und stößt schließlich ihr lang gehütetes Geheimnis hervor. „Wir machen nämlich 'ne Mitternachts-Party!"

„Donnerwetter!" Ich weiß nicht recht, wie ich diese Nachricht aufnehmen soll. „Wollt ihr da auch jemand einladen?"

„Natürlich – den Kurt!"

„Ach du liebe Zeit, der Kurt ist doch erst sieben, der darf das doch gar nicht."

„Egal – wir können die Party ja auch allein feiern, die Josi und ich."

„Und wie soll die Feier aussehen?"

„Wir essen Kartoffelchips und trinken Cola, und natürlich alles um zwölf Uhr nachts, und wir tanzen ganz wild und werfen Stühle um, und der Paul darf nicht mitmachen, auch wenn er ganz doll bittet!"

Für uns Eltern wäre die Einladung recht fröhlich verlaufen, hätten unsere Gedanken insgeheim nicht dauernd das Wort „Mitternachts-Party" umkreist. Etwas früher als gewöhnlich brechen wir auf und kommen gegen Mitternacht zu Hause an. Im hellerleuchteten Treppenhaus ist nur das Ticken der Wanduhr zu hören. Auf Strümpfen, die Schuhe in der Hand, schleichen wir hoch. Im Kinderzimmer brennt noch Licht. – Vorsichtig spähen wir durch die halbgeöffnete Tür. Der Anblick, der sich uns bietet, ist nicht neu, überrascht uns aber dennoch. Tief in die Decken vergraben, gleichmäßig atmend, etwas beengt in einem Bett, schlafen die beiden Mädchen den Schlaf der Gerechten und lassen sich in dieser erquickenden Beschäftigung durch nichts stören. Stühle und Tische stehen aufrecht, die Unordnung unterscheidet sich in nichts von der, die sonst auch üblich ist.

Etwas betreten, doch lautstark versucht Mützle am nächsten Morgen, ihr Ansehen in der Familie zu retten. „Wir haben natürlich unsere Mitternachts-Party gefeiert!"

„Soo?"

„Ja – nur ein bißchen vorverlegt."

„Weil ihr müde wurdet?"

„Nee – wir wurden doch nicht müde, was denkst'n du! Nur ein bißchen faul wurden wir, und bei dem Gewitter durfte ich mich an der Josi festhalten, und als dann das Gewitter zu Ende war, haben wir doll weitergefeiert, erst im Sitzen, dann im Liegen, und auf einmal war die Mitternachts-Party vorbei, ganz von selber."

Roald Dahl

Das Gespenst

Es gibt vielerlei Kleinigkeiten, die einen Mann nervös machen, wenn er abends von der Arbeit nach Hause kommt, und eine kluge Frau spürt meistens die Sturmsignale und läßt ihn in Ruhe, bis er nur noch leise blubbert.

Als Herr Wurmwald an diesem betreffenden Abend aus seiner Garage nach Hause kam, dräute sein Antlitz düster wie eine Gewitterwolke, und es war klar, daß es ziemlich bald jemandem an den Kragen gehen würde. Seine Frau erkannte die Alarmzeichen sofort und machte sich dünn. Er aber schlenderte ins Wohnzimmer. Dort hatte sich Matilda gerade in dem Lehnsessel in der Ecke eingerollt und war vollkommen in ein Buch versunken. Herr Wurmwald stellte den Fernsehapparat an. Der Bildschirm wurde hell. Die Sendung plärrte los. Herr Wurmwald starrte Matilda an. Sie hatte sich nicht einmal geregt. Sie hatte sich unterdessen angewöhnt, ihre Ohren vor dem Getöse der Glotze vollkommen zu versperren. Sie las also einfach weiter, und aus einem unerklärlichen Grunde versetzte das ihren Vater in helle Wut. Vielleicht nährte es seinen Ärger noch, daß er sah, wie sie aus etwas Vergnügen gewann, das seinen Horizont überstieg.

„Mußt du denn immerzu lesen?“ fuhr er sie an.

„Oh, hallo Vati“, sagte sie freundlich, „hast du einen guten Tag gehabt?“

„Was ist das denn für ein Mist?“ fragte er und riß ihr das Buch aus den Händen.

„Das ist kein Mist, Vati, das ist schön. Es heißt „Der rote Pony“, von John Steinbeck, einem amerikanischen Schriftsteller. Warum schaust du nicht einmal hinein, es würde dir gefallen.“

„Dreck“, sagte Herr Wurmwald. „Wenn es von einem Ami stammt, ist es ganz bestimmt Dreck. Über was anderes schreiben die gar nicht.“

„Nein, Vati, es ist schön, ganz ehrlich. Es handelt von ..."

„Ich will nicht wissen, wovon es handelt", bellte Herr Wurmwald. „Deine ewige Leserei geht mir sowieso schon auf den Wecker. Such dir doch endlich eine nützliche Beschäftigung." Damit begann er plötzlich in rasender Geschwindigkeit, die Seiten, immer eine ganze Handvoll auf einmal, aus dem Buch zu reißen und sie in den Papierkorb zu schmeißen.

Matilda erstarrte vor Schreck. Der Vater wütete weiter, ganz ohne Frage von einer unbestimmten Eifersucht getrieben. Wie konnte sie es wagen, schien er bei jedem Rausriß einer Seite zu fragen, wie konnte sie es wagen, sich beim Bücherlesen zu amüsieren, wenn er nicht dazu imstande war? Wie konnte sie es nur wagen?

„Das ist ein *Büchereibuch*!" schrie Matilda. „Es gehört mir nicht. Ich muß es Frau Phelps zurückgeben!"

„Dann wirst du ein neues kaufen müssen, nicht wahr?" entgegnete der Vater und riß und riß die Seiten raus. „Du wirst dein Taschengeld aufheben müssen, bis du genug in der Sparbüchse hast, um deiner kostbaren Frau Phelps ein neues zu kaufen, nicht wahr?" Damit ließ er den unterdessen leeren Einband des Buches in den Papierkorb fallen und marschierte aus dem Zimmer, in dem der Fernsehapparat weiter lärmte.

Die meisten Kinder wären jetzt an Matildas Stelle in wahre Tränenschauer ausgebrochen. Sie dachte jedoch gar nicht daran. Sie saß vollkommen reglos und blaß und nachdenklich da. Sie schien genau zu begreifen, daß ihr weder Trotz noch Geheul etwas einbrachten. Die einzige vernünftige Reaktion auf einen Angriff ist, wie Napoleon einmal sagte, zurückzuschlagen. Matildas wunderbar wendiger Geist war schon damit beschäftigt, eine neue passende Bestrafung für dieses gemeingefährliche Elternteil zu entwerfen. Der Plan, den sie jetzt in ihrem Kopf auszubrüten begann, hing nur von der Frage ab, ob Freds Papagei tatsächlich so perfekt sprechen konnte, wie Fred behauptete.

Fred war Matildas Feund. Er war ein kleiner Junge von sechs Jahren, der eben um die Ecke wohnte, und seit Tagen hatte er von nichts anderem als von diesem großen sprechenden Papagei geredet, den ihm sein Vater geschenkt hatte. Sowie also Frau Wurmwald am kommenden Nachmittag mit ihrem Wagen zur nächsten Bingorunde verschwunden war, brach auch Matilda auf, um in Freds Haus die Lage zu klären. Sie klopfte an seine Tür und fragte, ob er so gut sein und ihr den berühmten Vogel zeigen könne. Fred war entzückt und führte sie hinauf in sein Schlafzimmer, wo ein wirklich prachtvoller blau-gelber Papagei in einem großen Käfig saß.

„Das ist er", verkündete Fred, „er heißt Hacker."

„Laß ihn sprechen", sagte Matilda.

„Man kann ihn nicht sprechen lassen", entgegnete Fred, „man muß geduldig sein. Er redet, wenn er Lust dazu hat."

Sie hingen also herum und warteten. Plötzlich sagte der Papagei: „Hallo, hallo, hallo!" Es klang genau wie eine Menschenstimme. Matilda sagte: „Das ist erstaunlich. Was kann er noch sagen?"

„Da klappern mir die Knochen!" sagte der Papagei, wobei er ganz schauerlich eine Geisterstimme nachahmte. „Da klappern mir die Knochen!"

„Das sagt er immer", erklärte Fred.

„Was kann er noch sagen?" erkundigte sich Matilda.

„Das wär's eigentlich", antwortete Fred, „aber das ist doch doll, findest du nicht?"

„Das ist fabelhaft", sagte Matilda, „Kannst du ihn mir für eine einzige Nacht leihen?"

„Nein", entgegnete Fred, „ganz ausgeschlossen."

„Für mein Taschengeld von nächster Woche", sagte Matilda.

Das klang schon anders. Fred dachte ein paar Sekunden darüber nach. „Na, also gut", sagte er, „wenn du mir versprichst, daß du ihn morgen zurückbringst."

Matilda wankte, den großen Käfig mit beiden Armen umklammernd, zu ihrem eigenen leeren Haus zurück. Im Eßzimmer gab es einen großen Kamin, und sie schickte sich jetzt an, den Käfig in die Esse hinaufzustemmen, so daß man ihn nicht mehr sehen konnte. Das war nicht ganz einfach, aber schließlich schaffte sie es. „Hallo, hallo, hallo!" kreischte der Vogel zu ihr hinunter. „Hallo!"

„Halt den Schnabel, du Idiot!" sagte Matilda, und dann ging sie hinaus, um sich den Ruß von den Händen zu waschen.

Während an diesem Abend die Mutter, der Vater, der Bruder und Matilda wie üblich im Wohnzimmer vor dem Fernsehapparat zu Abend aßen, klang eine Stimme laut und klar aus dem Eßzimmer jenseits der Halle. „Hallo, hallo, hallo!" sagte sie.

„Harry!" rief die Mutter und wurde schneeweiß. „Es ist jemand im Haus! Ich hab eine Stimme gehört!"

„Ich auch!" sagte der Bruder. Matilda sprang auf und schaltete den Fernsehapparat aus. „Pst!" machte sie. „Hört doch!"

Sie hörten alle auf zu essen und saßen gebannt und mit gespitzten Ohren da.

„Hallo, hallo, hallo!" erklang die Stimme abermals.

„Da, wieder!" rief der Bruder.

„Das sind Einbrecher!" zischte die Mutter. „Sie sind imEßzimmer!"

„Das denk ich auch", sagte der Vater, der still und starr dasaß.

„Dann geh doch hin und fang sie, Harry!" drängte die Mutter. „Lauf rüber und ertappe sie auf frischer Tat!"

Der Vater rührte sich nicht. Er schien sich keineswegs beeilen und hinüberstürzen und ein Held sein zu wollen. Sein Gesicht hatte eine graue Farbe angenommen.

„Mach doch, los!" zischte die Mutter. „Sie wollen wahrscheinlich das Silber stehlen!"

Der Ehemann wischte sich nervös mit der Serviette über den Mund. „Warum gehen wir nicht alle hinüber und schauen nach?" fragte er.

„Na, dann los", sagte der Bruder. „Los, Mami."

„Sie sind totensicher im Eßzimmer", wisperte Matilda, „ganz bestimmt."

Die Mutter packte den Schürhaken vom Kamin. Der Vater griff nach einem Golfschläger, der in einer Ecke lehnte. Der Bruder schnappte sich die Tischlampe und riß den Stecker aus der Wand. Matilda nahm das Messer, mit dem sie gegessen hatte, und so schlichen sich die vier zur Tür des Eßzimmers, wobei sich der Vater gehörig hinter den anderen hielt.

„Hallo, hallo, hallo!" erklang die Stimme wieder.

„Los!" schrie Matilda und stürmte in das Zimmer, wobei sie mit ihrem Messer in der Luft herumfuchtelte. „Hände hoch!" schrie sie. „Wir haben euch erwischt!"

Die anderen folgten ihr und schwangen ihre Waffen. Dann hielten sie inne. Sie starrten in alle Ecken. Niemand war da.

„Hier ist keiner“, stellte der Vater sehr erleichtert fest.

„Ich hab ihn aber gehört, Harry!“ schrie die Mutter, die immer noch am ganzen Leibe zitterte. „Ich hab doch seine Stimme gehört! Ganz genau! Und du auch!“

„Sicher, ich hab ihn gehört!“ rief Matilda. „Er muß hier noch irgendwo sein!“ Sie begann hinter dem Sofa und hinter den Gardinen rumzustöbern.

Dann erklang die Stimme noch einmal, diesmal ganz weich und geisterhaft. „Da klappern mir die Knochen“, sagte sie. „Da klappern mir die Knochen.“

Sie zuckten alle zusammen, auch Matilda, die eine recht gute Schauspielerin war. Sie suchten den ganzen Raum mit den Augen ab. Immer noch war keiner da.

„Das ist ein Gespenst“, sagte Matilda.

„Der Himmel steh uns bei!“ kreischte die Mutter und klammerte sich am Hals ihres Mannes fest.

„Ich weiß genau, daß es ein Gespenst ist!“ sagte Matilda. „Ich hab es hier schon mal gehört. Das ist ein Gespensterzimmer. Ich dachte, ihr hättet das gewußt.“

„Hilf Himmel!“ schrie die Mutter und erdrosselte fast ihren Gatten.

„Ich will hier raus“, sagte der Vater, aschgrauer denn je. Sie stürzten in wilder Flucht hinaus und schlugen die Tür hinter sich zu.

Am nächsten Nachmittag gelang es Matilda, einen ziemlich verrußten und mürrischen Papagei wieder aus dem Kamin zu zerren und ungesehen aus dem Haus zu schaffen. Sie schleppte ihn durch die Hintertür und rannte mit ihm die ganze Strecke bis zu Freds Haus.

„Hat er sich gut benommen?“ fragte Fred.

„Es war eine reizende Visite“, antwortete Matilda, „meine Eltern waren ganz hin.“

Joachim Ringelnatz

Kindgebetchen

Erstes

Lieber Gott, ich liege
Im Bett. Ich weiß, ich wiege
Seit gestern fünfunddreißig Pfund.
Halte Pa und Ma gesund.
Ich bin ein armes Zwiebelchen,
Nimm mir das nicht übelchen.

Zweites

Lieber Gott, recht gute Nacht.
Ich hab noch schnell Pipi gemacht,
Damit ich von dir träume.
Ich stelle mir den Himmel vor
Wie hinterm Brandenburger Tor
Die Lindenbäume.
Nimm meine Worte freundlich hin,
Weil ich schon sehr erwachsen bin.

Drittes

Lieber Gott mit Christussohn,
Ach schenk mir doch ein Grammophon.
Ich bin ein ungezognes Kind,
Weil meine Eltern Säufer sind.
Verzeih mir, daß ich gähne.
Beschütze mich in aller Not,
Mach meine Eltern noch nicht tot
Und schenk der Oma Zähne.

Clemens Brentano

Das Märchen von dem Witzenspitzel

Es war einmal ein König von Rundumherum, der hatte unter seinen vielen andern Dienern einen Edelknaben, der hieß Witzenspitzel, und er liebte ihn über alles und überhäufte ihn mit tausend Gnaden und Geschenken, weil Witzenspitzel ungemein klug und artig war und alles, was ihm der König zu verrichten gab, mit außerordentlicher Geschicklichkeit ausrichtete. Wegen dieser großen Gunst des Königs waren alle die andern Hofdiener sehr neidisch und bös auf Witzenspitzel;

denn wurde seine Klugheit belohnt mit Gelde,
so wurde ihre Dummheit bestraft mit Schelte;
und erhielt Witzenspitzel vom König großen Dank,
so erhielten sie von ihm großen Zank;
kriegte Witzenspitzel einen neuen Rock,
so zerschlug er auf ihnen einen neuen Stock;
durfte Witzenspitzel des Königs Hand küssen,
so traktierte der König sie mit Kopfnüssen.

Darüber wurden sie nun gewaltig zornig auf Witzenspitzel und brummten und zischelten den ganzen Tag und steckten überall die Köpfe zusammen und überlegten, wie sie den Witzenspitzel sollten um die Liebe des Königs bringen. Der eine streute Erbsen auf den Thron, damit Witzenspitzel stolpern und das gläserne Zepter zerbrechen sollte, das er dem König immer reichen mußte; der andere nagelte ihm Melonenschalen unter die Schuhe, damit er ausgleiten sollte und dem König den Rock begießen, wenn er ihm die Suppe brachte; der dritte setzte allerlei garstige Mücken in einen Strohhalm und blies sie dem König in die Perücke, wenn Witzenspitzel sie frisierte; der vierte tat wieder etwas anderes, und so versuchte jeder etwas, den Witzenspitzel um die Liebe des Königs zu bringen. Witzenspitzel aber war so klug und behutsam und vorsichtig, daß alles umsonst war und er alle Befehle des Königs glücklich zu Ende brachte.

Da nun alle ihre Anschläge nichts fruchten wollten, versuchten sie etwas anderes. Der König hatte einen Feind, mit dem er nie fertig werden konnte und der ihm alles zum Possen tat. Das war ein Riese, der hieß Labelang und wohnte auf einem ungeheuren Berg, wo er in einem dicken, dunklen Wald in einem prächtigen Schlosse hauste, und hatte außer seiner Frau, die Dickedull hieß, niemand bei sich als einen Löwen Hahnebang und einen Bären Honigbart und einen Wolf Lämmerfraß und einen erschrecklichen Hund Hasenschreck; das waren seine Diener. Außerdem hatte er auch ein Pferd im Stall, Flügelbein genannt.

Nun wohnte in der Gegend von Rundumherum eine sehr schöne Königin, Frau Flugs, die hatte eine Tochter, Fräulein Flink; und der König Rundumherum, der gern alle andern Länder um sein Land herum auch gehabt hätte, hätte die Königin Frau Flugs gar gerne zu seiner Gemahlin gehabt. Sie ließ ihm aber sagen, daß noch viele andere Könige sie auch gerne zur Gemahlin hätten, daß sie aber keinen nehmen wolle als den allergeschwindesten, und daß der, welcher am nächsten Morgen, morgens um halb zehn Uhr, wenn sie in die Kirche gehe, zuerst bei ihr wäre, sie zur Gemahlin und mit ihr das ganze Land haben solle.

Nun ließ der König Rundumherum alle seine Diener zusammenkommen und fragte sie: „Wie soll ich es doch anfangen, daß ich am Montag zuerst in der Kirche bin und die Königin Flugs zur Gemahlin bekomme?"

Da antworteten ihm seine Diener: „Ihr müßt machen, daß Ihr dem Riesen Labelang sein Pferd Flügelbein bekommt; wenn Ihr darauf reitet, kommt Euch niemand zuvor, und um dieses Pferd zu erhalten, wird niemand geschickter sein als der Edelknabe Witzenspitzel, der ja alles zustande bringt."

So sagten die bösen Diener und hofften schon, der Riese Labelang werde den Witzenspitzel gewiß umbringen. Der König befahl also dem Witzenspitzel, er solle das Pferd Flügelbein bringen.

Witzenspitzel erkundigte sich um alles recht genau, wie es bei dem Riesen Labelang beschaffen sei, und dann nahm er sich einen Schiebkarren und stellte sich einen Bienenkorb darauf und nahm einen Sack, da steckte er einen Gockelhahn hinein und einen Hasen und ein Lamm und legte ihn auch auf den Karren; weiter nahm er einen Strick mit und eine große Schachtel voll Schnupftabak, hängte eine Peitsche um, machte sich ein Paar tüchtige Sporen an die Stiefel und marschierte mit seinem Schiebkarren ruhig fort.

Gegen Abend war er endlich den hohen Berg hinauf, und als er durch den dicken Wald kam, sah er das Schloß des Riesen Labelang vor sich. Und es ward Nacht, und er hörte, wie der Riese Labelang und seine Frau Dickedull und sein Löwe Hahnebang und sein Bär Honigbart und sein Wolf Lämmerfraß und sein Hund Hasenschreck gewaltig schnarchten; nur das Pferd Flügelbein war noch munter und scharrte mit den Füßen im Stall.

Da nahm Witzenspitzel leise, leise seinen langen Strick und spannte ihn vor die Schloßtüre von einem Baum zum andern und stellte die Schachtel mit dem Schnupftabak dazwischen; dann nahm er den Bienenkorb und setzte ihn an einen Baum in den Weg und ging in den Stall und band das Pferd Flügelbein los und setzte sich mit dem Sack, worin er den Hahn, das Lamm und den Hasen hatte, drauf und gab ihm die Sporen und trieb es hinaus.

Das Pferd Flügelbein aber konnte sprechen und schrie ganz laut:

„Dickedull und Labelang!
Honigbär und Hahnebang!
Lämmerfraß und Hasenschreck!
Witzenspitzel reitet Flügelbein weg!"

und dann galoppierte es fort, was gibst du, was hast du!

Da wachten der Labelang und die Dickedull auf und hörten das Geschrei des Pferdes Flügelbein; geschwind weckten sie den Bären Honigbart und den Löwen Hahnebang, den Wolf Lämmerfraß und den Hund Hasenschreck auf, und alle stürzten zugleich aus dem Schloß heraus, um den Witzenspitzel mit dem Pferd Flügelbein zu fangen.

Aber der Riese Labelang und seine Frau Dickedull stolperten in der Dunkelheit über den Strick, den Witzenspitzel vor der Türe gespannt hatte, und pardauz – da fielen sie gerade mit den Augen und der Nase in die Schachtel voll Schnupftabak hinein, die Witzenspitzel dahingestellt hatte, und rieben sich die Augen und niesten einmal über das andere Mal, und der Labelang sagte: „Zur Gesundheit, Dickedull!" – „Ich danke", sagte Dickedull; dann sagte sie: „Zur Gesundheit, Labelang!" und „Ich danke", sagte Labelang, und bis sie sich den Tabak aus den Augen geweint und aus der Nase geniest hatten, war Witzenspitzel schier aus dem Wald.

Der Bär Honigbart war zuerst hinter ihm drein, als er aber an den Bienenkorb kam, reizte ihn die Lust zum Honig, und er wollte ihn fressen; da schnurrten die Bienen heraus und zerstachen ihn so, daß er halb blind zurück ins Schloß lief. Witzenspitzel war schon weit aus dem Wald, da hörte er hinter sich den Löwen Hahnebang kommen; geschwind nahm er den Gockelhahn aus seinemSack, und als er auf einen Baum flog und zu krähen anfing, ward es dem Löwen Hahnebang sehr angst, und er lief zurück. Nun hörte Witzenspitzel den Wolf Lämmerfraß hinter sich. Da ließ er geschwind das Lamm aus seinem Sack laufen, und dem sprang der Wolf nach, und ließ ihn reiten.

Schon war er nahe der Stadt, da hörte er hinter sich ein Gebelle, und wie er sich umschaute, sah er den Hund Hasenschreck angelaufen kommen. Geschwind ließ er nun den Hasen aus dem Sack laufen, und da sprang der Hund dem Hasen nach, und er kam mit Flügelbein glücklich in die Stadt.

Der König dankte dem Witzenspitzel sehr für das Pferd; die falschen Hofdiener aber ärgerten sich, daß er so mit heiler Haut wiedergekommen war. Am nächsten Morgen setzte sich der König gleich auf sein Pferd Flügelbein und ritt zur Königin Flugs, und das Pferd lief so geschwind, daß er viel früher da war und schon mehrere Tänze auf seiner Hochzeit mit der Königin gemacht hatte, als die anderen Könige aus der Gegend ankamen. Da er nun mit seiner Königin nach Hause ziehen wollte, sagten seine Diener zu ihm: „Ihre Majestät haben zwar das Pferd des Riesen Labelang; aber wie herrlich wäre es, wenn Sie auch dessen prächtige Kleider hätten, die alles übertreffen, was man bis jetzt gesehen, und der geschickte Witzenspitzel wird dieselben ganz gewiß herbeischaffen, wenn es ihm befohlen wird."

Der König bekam gleich eine große Lust nach den schönen Kleidern des Labelang und gab dem Witzenspitzel abermals den Auftrag. Als dieser sich nun auf den Weg machte, dachten die falschen Hofdiener, er würde diesmal dem Riesen Labelang gewiß nicht entgehen.

Witzenspitzel nahm diesmal nichts mit als einige starke Säcke und kam wieder vor das Schloß des Labelang, wo er sich auf einen Baum setzte und lauerte, bis alles im Schloß zu Bette sei. Als alles still geworden war, stieg er vom Baum herunter, da hörte er auf einmal die Frau Dickedull rufen: „Labelang, ich liege mit dem Kopf so niedrig, hole mir doch draußen ein Bund Stroh." Da schlüpfte Witzenspitzel geschwind in das Bund Stroh, und Labelang trug ihn mitsamt dem Bund in seine Stube, steckte ihn unter das Kopfkissen und legte sich dann auch ins Bett.

Als sie ein wenig eingeschlafen waren, streckte Witzenspitzel die Hand aus dem Stroh und raufte den Labelang tüchtig in den Haaren und dann die Frau Dickedull auch, worüber beide erwachten, und, weil eines glaubte, das andere habe es gerauft, sich einander gewaltig im Bette zerprügelten, während welchem Streit Witzenspitzel aus dem Stroh herauskroch und sich hinter das Bett setzte.

Da sie wieder ruhig eingeschlafen waren, packte Witzenspitzel alle Kleider des Labelang und der Dickedull in seinen Sack und band diesen leise, leise dem schlafenden Löwen Hahnebang an den Schwanz; dann band er den Wolf Lämmerfraß und den Bären Honigbart und den Hund Hasenschreck, welche alle herum schliefen, an die Bettlade des Riesen fest und machte die Türe weit, weit auf. Er hatte alles so in der Ordnung, da wollte er aber auch dem Riesen seine schöne Bettdecke noch mitnehmen und zupfte ganz sachte, sachte an dem Zipfel, bis er sie heruntergezogen, wickelte sich hinein und setzte sich auf den Sack voll Kleider, die er dem Löwen an den Schwanz gebunden hatte.

Nun wehte die kalte Nachtluft durch die öffene Türe der Frau Dickedull an die Beine, sie wachte auf und rief: „Labelang! Du nimmst mir die Decke weg, ich liege ganz bloß."

Da wachte Labelang auf und rief: „Nein, ich liege ganz bloß, Dickedull, du hast mir die Bettdecke genommen." Darüber fingen sie sich wieder an zu schlagen und zu zanken, und Witzenspitzel fing laut an zu lachen. Nun merkten sie etwas und riefen: „Dieb da! Dieb da! Auf, Hahnebang! Auf, Lämmerfraß! Honigbart und Hasenschreck! Dieb da! Dieb da!"

Da wachten die Tiere auf, und der Löwe Hahnebang sprang fort; weil er aber den Bündel angebunden hatte, worauf der Witzenspitzel in die Bettdecke gewickelt saß, fuhr der wie in einem Wagen hinter ihm her und fing einige Male an, wie ein Hahn kikriki, kikriki zu schreien; da kriegte der Löwe eine solche Angst, daß er immer, immer zulief, bis an das Stadttor, wo Witzenspitzel ein Messer herauszog und hinten den Strick abschnitt, so daß der Löwe, der im besten Ziehen war, auf einmal ausfuhr und so mit dem Kopf wider das Tor rannte, daß er tot an die Erde fiel.

Die anderen Tiere, welche Witzenspitzel an die Bettstelle des Riesen gebunden hatte, konnten diese nicht zum Tor hinausbringen, weil sie zu breit war, und zerrten die Bettlade so in der Stube herum, daß Labelang und Dickedull herausfielen und aus großem Zorn den Wolf und den Bären und den Hund totschlugen, welche doch gar nichts dafür konnten.

Als die Wache in der Stadt den großen Stoß, den der Löwe gegen das Stadttor getan hatte, hörte, öffnete sie das Tor, und Witzenspitzel brachte dem König die Kleider des Labelang und der Dickedull, worüber dieser vor Freuden aus der Haut fahren wollte, denn niemals waren noch solche Kleider gesehen worden. Es war dabei ein Jagdrock, von den Pelzen aller vierfüßigen Tiere so schön zusammengenäht, daß daran die ganze Geschichte des Reineke Fuchs zu sehen war. Weiter ein Vogelstellerrock, von den Federn aller Vögel der Welt: vorn ein Adler, hinten eine Eule und in der Tasche eine Drehorgel und ein Glockenspiel, welche wie alle Vögel durcheinandersangen. Dann ein Bade- und Fischfängerkleid, aus allen Fischhäuten der Welt so zusammengenäht, daß man einen ganzen Walfisch- und Häringsfang darauf sah. Dann ein Gartenkleid der Frau Dickedull, worauf alle Arten von Blumen und Kräutern, Salat und Gemüs abgebildet war. Was aber alles übertraf, war die Bettdecke; sie war von lauter Fledermauspelzen zusammengenäht, und alle Sterne des Himmels mit Brillanten darauf gestickt.

Die königliche Familie wurde ganz dumm vor lauter Betrachten und Bewundern. Witzenspitzel wurde geküßt und gedrückt, und seine Feinde platzten bald vor Zorn, daß er wieder so glücklich dem Riesen Labelang entgangen sei.

Doch ließen sie den Mut nicht sinken und setzten dem König in den Kopf, jetzt fehle ihm nichts mehr als das Schloß des Labelang selber, dann hätte er alles, was ihm zu wünschen übrig sei, und der König, der ein rechter Kindskopf war und alles haben wollte, was ihm einfiel, sagte gleich zu Witzenspitzel, er solle ihm das Schloß des Labelang schaffen, dann wolle er ihn belohnen.

Witzenspitzel besann sich nicht lange und lief zum dritten Male nach dem Schloß des Labelang.

Da er dahin kam, war der Riese nicht zu Hause, und in der Stube hörte er etwas schreien wie ein Kalb. Da guckte er durchs Fenster und sah, daß die Riesin Dickedull einen kleinen Riesen auf dem Arm hatte, der bleckte die Zähne und schrie wie ein Kalb, während sie dabei Holz hackte.

Witzenspitzel ging hinein und sagte: „Guten Tag, große, schöne, breite, dicke Frau! Wie mögt Ihr Euch nur bei dem allerliebsten Kinde so viele Arbeit machen, habt Ihr denn keine Knechte oder Mägde? Wo ist denn Euer lieber Herr Gemahl?"

„Ach", sagte die Dickedull, „meinMann ist ausgegangen, die Herren Gevattern einzuladen, wir wollen einen Schmaus halten; und nun soll ich allein kochen und braten, denn mein Mann hat den Wolf und Bären und Hund, die uns sonst geholfen, totgeschlagen, und der Löwe ist auch fort."

„Das ist freilich sehr beschwerlich für Euch", sagte Witzenspitzel, „wenn ich Euch helfen kann, soll es mir lieb sein."

Da bat ihn Dickedull, er solle ihr nur vier Stücke Holz klein machen, und Witzenspitzel nahm die Axt und sagte zu der Riesin: „Haltet mir das Holz ein wenig!"

Die Riesin bückte sich und hielt das Holz: da hob Witzenspitzel die Axt auf und hieb Dickedull den Kopf ab und dem kleinen Riesen auch.

Nun machte er ein großes, tiefes Loch gerade vor die Türe des Schlosses und deckte es oben ganz dünn mit Zweigen und Blättern zu.

Dann steckte er in allen Stuben des Schlosses eine Menge Lichter an und nahm einen großen kupfernen Kessel, da paukte er mit Kochlöffeln darauf und nahm einen blechernen Trichter, darauf blies er die Trompete und schrie immer dazwischen: „Vivat! Es lebe Ihro Majestät, der König Rundumherum!"

Als Labelang abends nach Hause kam und die vielen Lichter in seinem Schloß sah und das Geschrei hörte, ward er ganz rasend vor Zorn und rannte mit solcher Wut gegen die Türe, daß er, da er über das mit Zweigen bedeckte Loch laufen wollte, durchfiel und mit großem

Geschrei in der Grube gefangen lag, welche Witzenspitzel dann mit Steinen über ihm zufüllte.

Hierauf nahm Witzenspitzel den Schlüssel des Riesenschlosses und brachte ihn dem König Rundumherum, der sich sogleich mit der Königin Flugs und ihrer Tochter, der Prinzessin Flink, und dem Witzenspitzel nach dem Schloß begab und alles betrachtete. Nachdem sie vierzehn Tage lang alle die vielen Stuben, Kammern, Kellerlöcher, Dachluken, Ofenlöcher, Feueröfen, Küchenherde, Holzställe, Speisekammern, Rauchkammern und Waschküchen und dergleichen betrachtet hatten und fertig waren, fragte der König den Witzenspitzel, was er zur Belohnung für seine treuen Dienste haben wollte. Da sagte er: Die Prinzessin Flink. Und Witzenspitzel und die Prinzessin Flink blieben auf dem Riesenschloß wohnen, wo sie bis auf diesen Tag zu suchen sind.

IX
Zurück ins Land der Kindheit

Käthe Recheis

Ein Professor macht sich auf die Reise

Ich weiß nicht, wie und wo ich anfangen soll, wenn ich nun darangehe, die seltsamen, ja wunderbaren Ereignisse zu berichten, die sich auf Schloß Bruggenbuchbach zugetragen haben; vor allem, weil mir bewußt ist, daß jeder, der diesen Bericht liest, an meiner Glaubwürdigkeit oder, was noch schlimmer ist, an meinem Verstand zweifeln wird. Ich selbst kann für vieles keine Erklärung geben und nur versuchen, alles so niederzuschreiben, wie es geschehen ist.

Am besten wird es sein, wenn ich meinen Bericht mit jenem Augenblick beginne, als ich über die Schloßmauer von Bruggenbuchbach kletterte, die so alt, verwittert und bröcklig ist, daß es immer wieder Fugen und Ritzen im Gemäuer gibt, an denen man Halt findet. Trotzdem war es eine mühselige Kletterei, weil ich einen schweren Koffer in der Hand hatte und nicht mehr der Jüngste bin. Endlich saß ich oben und legte den Koffer mit einem erleichterten Aufseufzen neben mich. Es war ein schöner Sommertag, die Sonne schien prall hernieder. Ich wischte mir den Schweiß vom Gesicht und bemerkte erst nachher, daß meine Hände von der Kletterei schmutzig geworden waren und mein Gesicht also auch nicht mehr ganz sauber war.

Mein dunkelgrauer Anzug war ebenfalls ziemlich mitgenommen. Auf der rechten Rockbrust befanden sich ein paar grüne Flecken, die von den Kräutern in den Mauerspalten stammten, und die Hosenbeine zeigten deutliche Spuren der Kletterei.

„Mein Lieber", sagte ich zu mir selber, weil sonst niemand da war, mit dem ich hätte reden können, „warum hast du nicht irgendeine schäbige alte Hose und einen schäbigen alten Rock angezogen? Aber du wolltest ja unbedingt respektierlich aussehen! Damit sich die Leute im Dorf Unterbruggenbuchbach nicht über dich wundern. Bist du nicht ein bißchen zu alt für derlei Abenteuer? Schäme dich! Du, ein Professor, der am angesehensten Gymnasium von Wien Deutsch und Geschichte unterrichtet! Was du vorhast, gehört sich nicht! Willst du dich tatsächlich in Schloß Bruggenbuchbach einschleichen? Was würde die liebe Mama dazu sagen? Und der Direktor? Und die Schüler? Und erst deine wissenschaftlichen Kollegen?" (Mein privates Hobby ist nämlich das Studium mittelalterlicher Handschriften; in der Fachwelt habe ich mir damit einen gewissen Namen gemacht.)

Ich fing leise zu pfeifen an. Ich pfiff sozusagen auf die liebe Mama, den Direktor, meine Schüler und auf die Kollegen. Und ich pfiff auf meinen zweitbesten Anzug. Pah!

Ich machte es mir auf der Mauer bequem und schaute mich um. Vor mir lag ein verwahrloster, alter Park. Seit hundert Jahren hatte kein Gärtner mehr den Rasen geschnitten, die Rosensträucher gepflegt oder das Gebüsch gelichtet. Alles wucherte und wuchs, wie es ihm gerade einfiel. Das Laub der Bäume war so dicht, daß unter ihnen ein dämmrig grünes Zwielicht herrschte, in dem saftige Moosbüschel schwellten und gezackte Farnwedel sich aufrollten.

Plötzlich packte mich eine unwiderstehliche Lust, laut zu schreien, ich reckte die Arme gegen den Himmel und ahmte das Indianergebrüll meiner Schüler in den Pausen nach. (Ich glaube, ich übertraf sie und war stolz darauf.) Nachher schüttelte ich freilich über mich selber den Kopf. So laut zu schreien, war unvorsichtig, wider Erwarten konnte doch zufällig jemand in der Nähe sein. Ich beruhigte mich aber rasch. Das Schloß liegt ganz abgeschieden im Wald, nicht einmal eine Straße führt hin, nur ein geschlängelter Waldpfad, der sich oft im Dickicht verliert.

Schon wollte ich die Mauer auf der anderen Seite hinunterklettern, als mir ein besserer Einfall kam. Warum sollte ich nicht springen? Die Mauer war zwar hoch, aber schließlich war ich als Junge von viel höheren Bäumen gesprungen. Ich hob den Koffer auf und schaute ihn prüfend an. Außer dem Glas mit Marillenmarmelade – meiner Lieblingsmarmelade –, das ich sorgfältig in einen warmen Pullover gewickelt hatte, befand sich nichts Zerbrechliches darin. Mit einem kühnen Schwung beförderte ich den Koffer hinunter. Dann schätzte ich genau die Tiefe und Weite meines eigenen Sprunges ab. Ich mußte nur aufpassen, nicht in den Brennesseln und Dornenranken zu landen, die an der Mauer wucherten.

„Nur Mut, Professor", redete ich mir zu, „du bist zwar heute fünfzig Jahre alt geworden, aber so ein läppischer Mauersprung darf dir deswegen noch nicht Herzklopfen bereiten. Schließlich ist man mit Fünfzig sozusagen in den besten Mannesjahren. Hopp!"

Bei Hopp sprang ich.

Mitten im Sprung wurde mir bewußt, daß ein Fünfzigjähriger – auch wenn das noch die besten Jahre sind – vielleicht doch nicht mehr von Mauern springen sollte. Ich brach mir aber weder Arme noch Beine, verstauchte mir nicht einmal den Knöchel, weil ich in den Dornenranken und Brennesseln landete, die meinen Sturz milderten. Die Brennesseln brannten, die Dornen stachen und kratzten, und überdies hatte ich noch einen Riß in der Hose – meiner zweitbesten Hose.

Nun sah ich wirklich wie ein Landstreicher aus, aber seltsamerweise machte mir das gar nichts. Im Gegenteil, ich empfand eine gewisse Genugtuung darüber. Ich stellte mir das Gesicht meines Direktors vor, wenn er mich in diesem Zustand gesehen hätte, faßte meinen Koffer und wanderte in Richtung des Schlosses.

Walter Hemsing

Kinderangst – Erwachsenenangst

Sabine war fünf Jahre, als die kinderlose Nachbarsfrau ihr einen Roller schenkte, den das Kind sich so sehr gewünscht hatte. Die Mutter ließ sie damit aber nicht auf die Straße. Sabine war als Frühgeburt zur Welt gekommen und immer sehr zart geblieben. Freilich war sie von der besorgten Mutter, die vorher zwei Totgeburten hatte, auch sehr behütet worden. Sabine stellte sich im Zimmer am Fenster auf ihren neuen Roller und fuhr immer auf dem Teppich hin und her. Sie durfte später nicht Rollschuh laufen und nicht Fahrrad fahren. Die Mutter hatte immer Angst, ihrem einzigen Kinde könnte etwas zustoßen.

Sabine ist trotzdem auf ihre Weise zur Persönlichkeitsentwicklung gelangt. In der Schule wich sie immer den großen Jungen aus, die ihr die Schultasche aus der Hand reißen wollten und im Winter mit Schneebällen warfen. In der Schulpause stand sie in einer Ecke des Schulhofes, damit die wild herumlaufenden Kinder sie nicht umstießen und ihr dabei das Butterbrot nicht aus der Hand fiel.

Sabines Klasse machte einen Landschulaufenthalt. Die Mädchen veranstalteten ein „Kriegsspiel" gegen die Klasse einer anderen Mädchenschule. Sabine erklärte, sie wolle die „Saalwache" übernehmen, ein wichtiges Amt schließlich. Zu diesem Zweck schloß sie vorsichtshalber den Schlafsaal von innen ab, damit kein „Feind" eindringen konnte. Aus dem Fenster sah sie zu, wie die Mädchen sich da unten zerzausten und verprügelten, um „im Endkampf" den Wimpel der feindlichen Partei zu erobern. Für Sabine war es durchaus sinnvoll, Angst zu vermeiden!

Sabine wurde Sekretärin eines Privatgelehrten. Sie war äußerst tüchtig in ihrer seriösen und feinsinnigen, ihrer zurückhaltenden und abwartenden, ihrer umsichtigen und vorsichtigen Art – und in ihrer besonderen Fähigkeit, lauten Gefahren behutsam aus dem Wege zu gehen. Ihre Fähigkeit, sich selbst zu bewahren, weitete sich aus zu ihrer speziellen Berufsqualifikation, Gefahren auch von ihrem gleichfalls feingeistigen und sensitiven Chef abzuwenden – und ihn abzuschirmen gegen Bedrängnisse von außen. Sie arbeitete mit ihm im Berner Oberland, lernte dort Ski laufen und wurde gar eine „kühne" Läuferin (die einmal, zwar aus Versehen, aber gekonnt, das Lauberhorn hinunterfuhr, eine sehr schwierige Abfahrtsstrecke nur für Herren!). Sie lernte in einem Privatbad schwimmen und schwamm dann auch in Sportbädern, wobei sie um Sprungtürme und alle „rasanten" Sportschwimmer einen großen Bogen machte.

Wer in einem Treibhaus aufwachsen muß, kann super-empfindlich werden – und lebensuntüchtig bleiben. Die erste „rauhe Luft" kann ihn zugrunde richten. Es kann aber auch sein, daß ein Mensch sich am wohlsten fühlt „in einem ständig gemäßigten Klima", das seiner körperlichen Konstitution und seiner seelischen Verfassung entspricht. Er tut gut daran, Angstsituationen von sich fern zu halten. Sabine (die ich seit vielen Jahren sehr gut kenne und schätze) ist ein Beweis dafür.

Christine Brückner

Zärtlichkeiten

Im Goethejahr 1932 stand ich als Quintanerin der Bathildisschule Arolsen – eine reine Mädchenschule, nach der Fürstin Bathildis benannt – auf dem Podium der Aula und deklamierte auf eigenen Wunsch Goethes ‚Willkommen und Abschied'. Ich stand mit durchgedrückten Knieen, die Augen vorsichtshalber geschlossen, dachte an Friederike von Sesenheim, den jungen Goethe, das Pfarrhaus – ich war ein belesenes kleines Mädchen – und setzte an: ‚Es schlug mein Herz, geschwind zu Pferde! Es war getan fast eh gedacht …' Ich ließ mich vom Tempo der Zeilen und des Pferdes mitreißen, fiel in Galopp, nahm bei ‚und Zärtlichkeit für mich – ihr Götter!' – den Graben, vergaß die Aula, die Lehreraugen, erreichte ohne abzustürzen die letzte Hürde, riß die Augen auf und endete begeistert: ‚Und doch, welch Glück, geliebt zu werden! Und lieben, Götter –' dann verpaßte ich das Reimwort und sagte nicht ‚welch ein Glück!' sondern: welche Lust. In einer reinen Mädchenschule.

Ich war viel zu früh eingeschult worden, war fast zwei Jahre jünger als meine Mitschülerinnen; manchmal ruhte ein Lehrerinnenblick mit Sorge und Mißtrauen auf mir. Ich bin sicher, daß ich das Wort ‚Zärtlichkeit' auf dem Umweg über dieses Gedicht kennengelernt habe. Ich galt als Schmusekatze. Mein Zärtlichkeitsbedürfnis wurde im Elternhaus nicht befriedigt, man sagte artig ‚Gute Nacht', gab Vater und Mutter einen Kuß, das war die Tagesration. Meine einzige Schwester rannte weg, sobald ich ihr einen Gute-Nacht-Kuß geben wollte; es gehörte zum abendlichen Ritual, daß ich mich ihr mit der Drohung sie zu küssen näherte, dann lief sie aus dem Zimmer und wir jagten durchs Haus. Diese Jagd nach Liebe endete dann meist in einer Schlägerei. Wenn wir in den Betten lagen, kamen die Eltern, die im Großelternalter waren, und sangen noch ein Lied. Manchmal, nicht immer! Wer annimmt, sie hätten Wiegenlieder oder doch Kinderlieder gesungen, kennt sich in protestantischen Pfarrhäusern nicht aus. Meine Eltern sangen Mendelssohn-Lieder, zweistimmig. Ob in einem Kinderzimmer Einstimmigkeit herrschen sollte?

Das Angebot an Zärtlichkeit war gering, die Nachfrage groß; ich holte mir, was ich brauchte. Wenn ich den Vater von weitem sah, breitete ich die Arme aus, rief „Wer kommt in meinen Umarm!" lief auf ihn zu und wurde aufgefangen und durch die Luft geschwenkt. Wenn meine Mutter auf dem Sofa ruhte – sie war oft leidend – dann ging ich zu ihr und streichelte sie vorsichtig. Man mußte nur den ersten Schritt tun, verweigert wurde nichts. Meine Mutter, die zu Zärtlichkeit nicht begabt war, brauchte Zärtlichkeit; gespürt habe ich das früh, begriffen erst viel später. Mein Vater schrieb zärtliche Briefe an seine Frau, liebevoll und lobende Gedichte zu ihren Geburtstagen, aber ich erinnere mich nicht, daß er den Arm um sie gelegt hätte, daß er sie küßte. Aus der Ehe der Eltern drang nichts nach draußen. Wir lebten auf Distanz.

Was man zu Hause nicht findet, sucht man sich außer Hause. Ich ging zu Dorfe! So wurde das genannt. Eines Tages fiel meiner Mutter auf, daß meine Bäckchen ständig gerötet und rauh waren. Woher und wieso? Ich kletterte den Bauern – den alten, die in der Stube saßen oder auf der Bank vorm Haus – auf den Schoß und weil man sich auf dem Lande nur am Sonntag rasierte, wurden meine Backen von all den Küssen, die ich mir einholte, wund. Ein mütterliches Dekret wurde erlassen, das ich umgehend meinen alten Freunden kundtat: „Mutter hat boten, alle fremden Männer Kuß geben!" Dieser Satz einer Dreijährigen wurde kolportiert und kam schließlich auch im Pfarrhaus an. Er wurde bei allen passenden Anlässen zitiert. Mit Ironie. Zitat und Ironie spielten bei meiner Erziehung eine große Rolle.

Die Ermahnungen meiner Mutter haben lebenslänglich gewirkt! Heute bin ich eher zurückhaltend in meinen nicht-sprachlichen Äußerungen. „Sei umarmt!" schreibe ich unter einen Brief, aber bei einer Begegnung würde ich den Arm nicht um den Betreffenden legen. „Komm in meinen Umarm!" einige Freunde kennen diesen Satz, wenn ich ihn lachend zitiere, fällt mir die zärtliche Umarmung leichter. Mir gab – im Goetheschen Sinne – ein Gott, die Fähigkeit zu sagen, wie ich leide und wie ich mich freue, aber die Begabung, zärtliche Gefühle zu zeigen, scheint verschüttet zu sein.

Wer die Deutschen in den achtziger Jahren beobachtet, könnte annehmen, wir seien ein herzliches, zur Freundschaft begabtes Volk. Kaum hat man sich zwei-dreimal gesehen, umarmt man sich bei der Begrüßung. Als wäre man im Kreml! Wenn ich merke, daß jemand zu einer Umarmung ansetzt, sage ich rasch noch „Brüderchen!" bevor sich ein fremdes Gesicht an meines drückt, oder gebe kleine Regieanweisungen, flüstere „rechts!" damit man nicht, ungeübt, mit den Nasen aneinanderstößt. Ich mag nicht, wenn jemand achtlos seine Hand auf meinen Arm legt und dort liegen läßt, als handele es sich um einen Kaminsims, ich gebe sie lächelnd dem Eigentümer zurück. Ich gehöre zu den Analphabeten der zärtlichen Körpersprache, aber: es gibt auch in dieser Sprache wirkliche Begabungen, Naturtalente. Zärtliche Hände, die alles streicheln: den staubigen Esel auf einer griechischen Insel, ein hungriges Kätzchen in Rom, einen Baumstamm, einen rotwangigen Apfel, sogar ein Menschengesicht.

„Und Zärtlichkeit für mich – ihr Götter! Ich hofft es –" und ich hab's bekommen.

Heilwig von der Mehden

Für manche bleibt man immer Kind

Drei Tage lang schwieg die gute Tante zu der in ihren Augen unerhörten Tatsache, daß bei uns statt des weißen Tafeltuches auch mittags eine bunte – von ihr Kaffeedecke genannte – Decke auf den Eßtisch kam; dann hielt sie es nicht mehr länger aus. In kummervollem Ton fragte sie: „Sag mal, weiß deine Mutter das?", und es war genau herauszuhören, daß sie Schlimmes für mich befürchtete, für den Fall, daß meine Mutter hiervon erführe. Die Tatsache, daß ich seit Jahr und Tag meinen eigenen Haushalt hatte und selbst schon an drei Kindern herumerzog, fiel überhaupt nicht ins Gewicht. In den Augen der Tante werde ich immer der am Haushalt nicht sonderlich interessierte Teenager bleiben, den nur scharfe mütterliche Kontrolle davon abhielt, Spiegeleier in der Küche aus der Pfanne zu speisen und die Haare im Kamm zu vergessen. Wenn man sich auch wohl zuweilen über solche und ähnliche Anschauungen unserer lieben Tanten, Mütter, Großmütter, Väter und Onkel ärgert, so hat man doch bei dem heutigen Streben nach möglichst langer Erhaltung der Jugend das hübsche Gefühl, daß es eine Reihe Menschen auf dieser Welt gibt, in deren Augen wir eigentlich nie richtig erwachsen werden.

Mütter von Söhnen beispielsweise vergöttern zwar ihre zu Männern herangewachsenen Jungen, halten sie aber zumeist für unfähig, drei Tage ohne weibliche Fürsorge auszukommen: Sie werden verhungern, erfrieren, verkommen und ganz, ganz einsam sein. Dieser Glaube wird auch nicht etwa durch die Tatsachen erschüttert, daß besagte Männer als Studenten jahrelang allein in einer Bude hausten, als Soldaten nach Rußland und zurück marschierten oder als Forscher ins dunkelste Afrika vorstießen. Väter dagegen hassen es, ihre längst erwachsenen Töchter ohne Aufsicht in fremden Städten zu wissen, und neigen dazu, ihnen Wege so zu beschreiben, als hätten sie ein aufgewecktes Kindergartenkind vor sich. Und was die Schlechtigkeit dieser Welt betrifft, so werden Väter nie so recht glauben, daß ihre Töchter ganz genau wissen, was es da so alles gibt.

Manche Mütter sind vor allem um das leibliche Wohl besorgt und entfalten hier eine rührende Ausdauer. Jahre- oder sogar jahrzehntelange Mißerfolge werden sie nicht davon abhalten, immer noch ihren Kindern zu sagen: „Willst du nicht bei dem Wetter einen Schal umbinden? ..." oder: „Dein Vater trug aber immer einen Hut ..." oder: „Iß nicht so schnell, es bekommt dir nicht ..." oder: „Laß doch das ewige Kratzen an deinen Mückenstichen ..." oder: „Immer das kalte Wasser, nimm doch lieber Milch ..." Nimmermüde bleibt die Hoffnung wach, daß die Kinder vielleicht doch noch einmal vernünftig werden. Eine gewisse Ermüdungserscheinung zeigt sich übrigens manchmal doch: die Schwiegertochter etwa bekommt einen Teil der Mutterpflichten übertragen. Das hört sich dann etwa so an: „Du mußt aber wirklich darauf achten, daß dein Mann nicht soviel raucht ...!" (oder „so schnell Auto fährt" oder „soviel arbeitet ..."). Das heißt natürlich, den Einfluß normaler Ehefrauen weit überschätzen; und es ist auch nicht ganz klar, ob die Schwiegermütter wirklich glauben, den Frauen ihrer Söhne gelänge das beim Erwachsenen, woran sie selbst schon mit aller Autorität in seiner Jugend gescheitert sind.

Immerhin – wenn wir auch weiterhin bei Ostwind keinen Hut tragen und das Mittagsmahl so schnell verzehren werden, wie es uns paßt – in anderen Dingen steckt uns die Autorität doch in den Knochen. Wenn unsere Mutter uns in vorwurfsvollem Tone sagt, unser müdes Aussehen rühre mit Sicherheit daher, daß wir in der vergangenen Woche wieder zuviel vorgehabt hätten, so denken wir zwar, daß das unsere eigene Sache sei, versuchen aber gleichzeitig nicht ohne Schuldbewußtsein zu erklären, daß es eigentlich doch nicht so sehr turbulent war. Auch unabhängige Männer binden am Sonntag angesichts eines Elternbesuchs eine Krawatte um, wenn sie wissen, wie der alte Herr über saloppe Kleidung am Sonntag denkt. Und wenn man jene unsoliden, aber netten Leute einlädt, von denen unsere Eltern stets behauptet haben, sie seien eigentlich kein Umgang für uns, so verschweigen wir dieses Vorhaben lieber. Und wollen Eltern und Verwandte mit einstiger Autorität unsere Gäste sein, so sorgen wir nicht nur aus Nettigkeit dafür, daß sie alles hübsch vorfinden, daß die Kinder sich anständig aufführen und der Kalender abgerissen ist. Wenn dann trotz aller Bemühungen die Tante gezwungen ist, festzustellen: „Ich würde aber nicht die gute Meißener Tasse ohne Untertasse in der Küche herumstehen lassen ...!", sind wir einen Augenblick lang tatsächlich betreten, obwohl es ja ganz gewiß unsere Tasse und unsere Küche und überhaupt unser Haushalt ist.

Wie hübsch, wenn uns in einem solchen Augenblick unsere Mutter oder eine andere Tante in Schutz nimmt!

Sabine Posniak

Ganz entspannt

Moritz sitzt im Wohnzimmer im Sessel und muß sich erstmal ausruhen. Weil doch heute Dienstag ist und er gerade vom Fußballtraining nach Hause gekommen ist, und danach ist er immer ziemlich kaputt. In der einen Hand hat er einen Apfel, in der anderen die Fernsehzeitung.

So eine Fernsehzeitung ist prima, zumal er sie jetzt auch selber lesen kann und nicht mehr auf Mamas Hilfe angewiesen ist. Da steht genau drin, wann es Kinderstunde gibt. Und seit sie verkabelt sind und 25 – fünfundzwanzig! – Programme empfangen können, gibt es eigentlich immer Kinderstunde auf irgendeinem Kanal. Schon vor der Schule könnte man anfangen, dann ist man eine Zeitlang sowieso nicht da, und nach der Schule könnte man gleich weitermachen. Zwischendurch geht man zur Anna oder ins Training, und dann gibt es schon wieder Fernsehen. Der ganze Tag wäre prima ausgefüllt, und man hätte gar keine Zeit, sich zu langweilen. Wenn da nicht Mama wäre.

„Moritz", sagt Mama und kommt ins Wohnzimmer, „studierst du schon wieder die Fernsehzeitung? Jetzt kommt doch gar nichts." Mama ist da nicht so auf dem laufenden, das mit der Kinderstunde auf den Kabelprogrammen hat sie noch nicht so richtig mitgekriegt.

„Klar gibt es was!" sagt Moritz und schlägt gleich die Seite mit dem Programm von heute auf. „In RTL plus gibt es in fünf Minuten Kinderstunde, und auf Sat 1", Moritz guckt eine Spalte nach rechts, „auf Sat 1 läuft schon was. Und im Kabelkanal 2 hat gerade ein Zeichentrickfilm angefangen."

„Aha", sagt Mama, „hast du denn nichts Besseres zu tun als fernsehgucken?"

„Ne", sagt Moritz. Ihm fällt da jetzt wirklich nichts Besseres ein. Die Hausaufgaben für morgen sind fertig, und die Schuhe hat er auch schon aus dem Flur weggeräumt.

„Du könntest doch mal in dein Zimmer gehen und ein Buch lesen", schlägt Mama vor. „Du hast dir doch am Donnerstag erst eins ausgeliehen."

Donnerstags ist immer Bücherei in der Schule, und da kann man in der fünften Stunde in die Schulbiliothek gehen und sich Bücher holen. Wenn man keine Bücher ausleiht, muß man im Klassenraum bleiben. Und da geht Moritz natürlich einen kleinen Spaziergang machen.

Zum Lesen hat Moritz jetzt aber keine Lust.

„Oder du könntest mal was basteln oder was mit Lego bauen? Wäre das nichts?" Mama läßt nicht locker.

Nein, das wäre im Moment nichts. Moritz würde lieber fernsehen. „Du guckst doch abends auch. Und Papa auch."

„Aber nur, wenn wir mit allem fertig sind. Und zuerst die Nachrichten."

„Nachrichten für Kinder gibt es auch, gleich nachher." Das weiß Moritz auswendig, da muß er gar nicht weiter im Programm nachschauen.

„Und außerdem kann Papa sich beim Fernsehen gut entspannen. Papa arbeitet den ganzen Tag angestrengt", sagt Mama.

„Ich auch", erwidert Moritz.

„So?" meint Mama etwas zweifelnd und denkt daran, daß er heute schon in zehn Minuten mit den Hausaufgaben fertig war und dann gleich zu Anna rüber ist und von dort aus direkt zum Fußballtraining.

Trotzdem würde Moritz jetzt gerne fernsehen. „Du sagst doch selber, fernsehen ist manchmal richtig gemütlich."

„Manchmal, Moritz, nicht jeden Tag drei Stunden."

„Drei Stunden gucke ich ja gar nicht. Nur jetzt hier in RTL plus Lassie, und dann könnte ich umschalten und noch den Schluß von dem Zeichentrickfilm im Kabelkanal sehen! Die anderen aus meiner Klasse dürfen das auch alles gucken."

„Aha", sagt Mama unbeeindruckt und nimmt Moritz die Fernsehzeitung ab, damit sie auch einmal einen Blick hineinwerfen kann.

„Was hast du gesagt gibt es inRTL plus?" Mama hat nicht richtig hingehört.

„Lassie", antwortet Moritz.

„Lassie?" Mama ist verblüfft. „Lassie gab es schon zu meiner Zeit. Oder ist das irgend etwas Neues?"

„Weiß ich nicht“, sagt Moritz, „aber wir können ja mal anmachen und gucken.“

Mama wirft ihm nur einen Blick über die Zeitung zu und sagt nichts mehr. Moritz drückt schnell auf den Knopf der Fernbedienung, und Lassie ist auch gleich im Bild, wedelt mit dem Schwanz und bellt irgend etwas an.

Mama guckt ganz gebannt auf den Bildschirm. „Tatsächlich, wie früher. Daß das alles noch gesendet wird! Das haben wir als Kinder auch immer geguckt!“

„Siehst du!“ sagt Moritz und lehnt sich entspannt zurück.

Armin Krenz

Zeit haben

Marius:

Marius, sechs Jahre alt, bleibt während des gemeinsamen Familienspaziergangs plötzlich auf dem Bürgersteig stehen, geht in die Hocke und fängt fasziniert an, sich mit sich selber zu unterhalten. „Ich weiß doch auch nicht, wie du dahinkommst. Auf jeden Fall ist das kein guter Platz. Wenn ich dich nicht gesehen hätte, dann wäre ich vielleicht draufgetrampelt. Oder ein Fahrrad macht dich einfach platt. Einfach so. Und du weißt gar nicht, wie schnell das alles kommen kann. Ich würde mal gucken, daß ich hier an deiner Stelle von dem Bürgersteig runterkomme. Oder hast du etwa Lust, einfach so zu sterben?"

Die Eltern von Marius werden schon ungeduldig, sind sie doch weitergegangen und schütteln einmal mehr ihren Kopf über das Trödeln ihres Sohnes. „Was hast du nun schon wieder entdeckt?" Leicht genervt ruft der Vater diese Worte seinem Sohn zu. „Du, Papa, da ist ein ganz dicker Regenwurm auf dem Bürgersteig, und seine Haut sieht schon leicht angetrocknet aus. Gehören Regenwürmer nicht ins Gras oder in die Erde, da wo es feucht ist und sie sich vor Vögeln verstecken können?" – „Nun komm endlich, und laß den Wurm da liegen. Wir wollen doch noch zum Spielplatz kommen, bevor es zu spät wird." Marius bleibt in der Hocke, dreht sich nicht zum Vater um, sondern setzt sein Gespräch fort. „Kriech mal in die andere Richtung, da ist doch Gras, und da kannst du dich verstecken." Nun guckt er zu seinen Eltern rüber. „Papa, haben Regenwürmer eigentlich Augen? Können sie eigentlich sehen, wohin sie gehen, oder sind Regenwürmer blind?" Die Eltern werfen sich einen genervten Blick zu. „Marius, nun komm endlich, und laß das Tier da liegen. Oder wir gehen ohne dich." Die Tonart des Vaters hat schon eine Stufe mehr an Gereiztheit und Schärfe. Schließlich steht Marius auf, hebt den Regenwurm auf und trägt ihn ins Gras. Vorsichtig legt er ihn hin, pult mit seinem Finger ein kleines Loch in die Erde, setzt ihn da hinein und häufelt die Erde wieder vorsichtig über das Tier. „So, nun wird's dir bessergehen. Hier bist du geschützt, und keiner – nur ich – weiß, daß du hier liegst." Dann rennt er zu seinen Eltern. „Sag mal, hast du den Regenwurm angefaßt? Du hast ja auch ganz dreckige Finger. Also Marius, wisch dir erst mal die Hände hier am Papiertuch ab, und wenn wir auf dem Spielplatz sind, dann hoffe ich nur, daß da ein Wasserhahn ist, wo du deine Hände waschen kannst. So, und nun komm weiter. Wir können nicht den ganzen Tag hier stehenbleiben."

Mit diesem Beispiel läßt Marius uns vor allem an einer seiner starken Verhaltensweisen teilhaben: Kinder haben mehr Zeit, und wir Erwachsenen glauben häufig, die Zeit laufe uns davon. Schön paßt in diesem Zusammenhang ein altes Sprichwort, das da heißt: „Als Gott die Welt erschuf, schenkte er den Europäern die Uhr und den Afrikanern die Zeit." Sekunden, Minuten und Stunden des Tages sind nicht dazu da, verplant zu werden und um möglichst viel in möglichst kurzer Zeit zu erleben wie in einer Aneinanderreihung von Spots. Kinder zeigen uns häufig, wie intensiv Zeit gelebt werden kann. Entwicklung von Fähigkeiten, Fertigkeiten und Begabungen ist immer abhängig von dem Faktor Zeit, der von Kindern und Erwachsenen dafür gebraucht sind, etwas zu verstehen, Fragen für sich persönlich zu beantworten, Gedanken zu ordnen und etwas wirklich zu begreifen. Entwicklungen ohne Zeit werden daher zu neuen Verwicklungen, die entsprechend neue Fragen aufwerfen und neue Probleme provozieren. Kinder leben uns Erwachsenen die nutzbare Zeit vor: den eigenen Zeitrhythmus.

Kilian:

Ein anderes Beispiel: Kilian (sieben Jahre) findet auf dem Weg zur Schule in einem abgestellten Sammelsurium von Sperrmüllsachen ein altes Radio. Er ist davon völlig fasziniert, nimmt es in die Hand, dreht an den Knöpfen, baut mit Hilfe eines Geldstückes die verschraubte Rückwand des Gerätes ab und läßt sich von den vielen Schaltkreisen und Platinen in die Welt der Technik hineinziehen. Als Beobachter merke ich deutlich, daß er sich fragt, ob es vielleicht doch noch funktioniert, ob er es mitnehmen soll, ob es sich lohnt, das Radio zu tragen, oder ob es vielleicht doch so kaputt ist, daß es zu Recht im Sperrmüll gelandet ist. Aber vielleicht kann es ja doch noch repariert werden? Und immer wieder schaut er sich das Radio an, legt es dann kurze Zeit weg, greift es wieder auf, guckt hinein, prüft das Aussehen und kann sich nicht so recht entscheiden, was er denn nun wirklich unternehmen soll. Währenddessen kommt ein Erwachsener vorbei, ein wohlgekleideter Herr mittleren Alters, bleibt bei Kilian stehen und meinte: „Das Radio ist doch sowieso kaputt, wenn es hier abgestellt ist. Oder glaubst du wirklich, daß jemand so dumm ist, ein funktionierendes Radio auf den Sperrmüll zu geben. Leg's mal wieder weg, und geh lieber zur Schule. Das lohnt sich hier wirklich nicht."

Kilian zeigt uns mit seinem Verhalten etwas, das Erwachsenen immer mehr verlorengeht – *Neugierde*. Sich nicht mit etwas abfinden, von dem ich stark vermute, ob es so oder so sein wird, sondern sich zu fragen, wie es vielleicht *wirklich* ausschaut. Schon der Begriff „Neugierde" ist es wert, kurz betrachtet zu werden: mit Gier etwas Neues erfahren; sich einer Sache zuwenden, von der ich nicht hundertprozentig weiß, was dahintersteckt, ob es klappt, wie eine Lösung für ein Problem vielleicht gefunden werden kann und wie groß die Möglichkeiten sind, eben doch etwas ganz Neues herauszubekommen. Neugierde ist bekannterweise die Grundlage zur Entwicklung der Intelligenz, und Kindern ihre Neugierde zu nehmen bedeutet demnach automatisch, sie auch in ihrer Intelligenzentwicklung zu beschneiden. Neugierde ist der Motor, die Kraft und der Impulsgeber, sich immer wieder mit etwas Neuem auseinanderzusetzen, um die vielen Fragen zu beantworten, die uns täglich begegnen. Wenn Neugierde unterdrückt oder gar getötet wird, geschieht folgendes: zum einen wird das Interesse, etwas zu verstehen, immer kleiner und geringer mit der Folge, daß das Geschehen um die Person herum immer uninteressanter wird. „Was kümmert's mich, was dort passiert", ist dann eine der häufigsten Einstellungen, die immer mehr zunimmt. Zum anderen trägt fehlende Neugierde dazu bei, in eher einfachen Strukturen zu denken und die Welt eher in eine „Schwarz-weiß-Kategorie" aufzuteilen. Hier finden Vorurteile und starre Weltbilder ihren fruchtbaren Boden, weil es ja viel einfacher ist, sich an gefestigten Mustern zu orientieren.

Neugierde ist demnach eine lebendige Quelle, Vorurteile zu verändern, Handlungsmuster aus ihren verfestigten Schienen herauszuholen und neues Denken weiterzuentwickeln. Daß dabei auch einmal die Zeit „vergessen" wird, so wie es bei Kilian der Fall war, weil er ja eigentlich auf dem Weg zur Schule gewesen ist, ist völlig normal und gut. Und Erwachsene können sich entscheiden, Neugierde als ein ganz wesentliches Element für die Entwicklung von Fertigkeiten und Fähigkeiten zu unterstützen. Neugierde hat aber auch ihren Preis, indem sie dazu beiträgt, daß Kinder lebendiger, wissensdurstiger und aktiver sind. Neugierige Kinder sind anstrengende Kinder – der „Preis" lohnt sich aber immer für Kinder und Erwachsene. Ein Preis, den beide Seiten verdient haben, um miteinander zu wachsen.

Yvonne

Auf dem großen Außengelände eines Kindergartens steht Yvonne (vier Jahre) und schaut seit geraumer Zeit auf die Außenumzäunung des Sandkastens. Immer und immer wieder blickt sie sich um. Vielleicht hofft sie, daß ein anderes Kind zu ihr kommt, damit es auch sieht, was sie betrachtet. Schließlich winkt sie Jana, ihre beste Freundin, zu sich hin, und beide starren gebannt auf die Ecke des einen Umzäunungsholzes. „Guck mal, Jana, da schleppt eine Ameise ein Stückchen von meinem Butterbrot. Und das ist doch viel, viel größer als die Ameise selbst. Die muß Kraft haben. Jetzt zieht sie sogar rückwärts, und schon geht's besser. Und andere Ameisen helfen ihr gar nicht. Ob sie die nicht rufen kann? Jetzt klettert sie sogar über das Brotstückchen. Die sucht bestimmt eine andere Stelle zum besseren Festpacken. Mensch, muß die aber gute Zähne haben." Währenddessen wirft Jana locker ein, die geht bestimmt immer regelmäßig zum Zahnarzt. Yvonne überlegt zuerst verdutzt und dann kichern beide Mädchen um die Wette. Offensichtlich scheint die Ameise am Ende ihrer Kräfte angelangt zu sein, denn beide Mädchen stürzen in den Kindergarten und kommen mit ein paar Zuckerkrümeln und einem Teelöffel voller Kondensmilch zurück. „Ameisen müssen auch zwischendurch mal was essen und trinken", behauptet Yvonne kurzerhand und mit fester Stimme. Vorsichtig träufeln sie etwas Milch neben die Ameise und streuen die Zuckerkrümel dazu. „Guck mal, guck mal", ruft Yvonne ganz aufgeregt, „die Ameise hebt jetzt ihre Fühler. Bestimmt riecht sie Milch und Zucker. Oder sollen wir ihr was helfen?" Yvonne schüttet den Rest der Milch vom Löffel und gibt dem Brotstückchen einen Schubs, mit der Folge, daß die Ameise wegläuft. „Ob die sich erschrocken hat oder ihre Freundinnen holt? Oder ob die Angst vor uns hat? Mal gucken, wohin die jetzt läuft. Da seh' ich sie noch. Jetzt macht sie halt. Ob sie sich ausruht? Also wenn ich so laufen würde. Mensch, da wär' ich aber auch kaputt." Yvonne verfolgt dann gemeinsam mit Jana den weiteren Weg der Ameise. Und das für fast eine Stunde. Vielleicht mag uns Erwachsenen die Beobachtung oder die Zeitspanne der Betrachtung „witzig" vorkommen. Doch Yvonne ist ganz aufmerksam und konzentriert über einen solch langen Zeitraum ganz bei der Sache. Gerade Kleinigkeiten binden die Wahrnehmungsfähigkeit mancher Kinder, und es ist einfach faszinierend, mit welcher *Ausdauer* Yvonne mit ihrer Freundin dabei ist, Abläufe zu beobachten, zu erklären, sich selber oder gegenseitig zu verdeutlichen. Solche Aufmerksamkeit, die zeitintensiv ist und für viele Wahrnehmungen offen ist, kann die Erwachsenen verblüffen. Und genau da liegt das Geheimnis, warum manche Kinder so ungeheuer genau Situationen und Geschehnisse erfassen. Sie sind nicht sofort mit ihrer Meinung dabei *und* halten daran fest; vielmehr schauen sie sehr gezielt auf *einen* Vorgang, um zu begreifen, was dort genau geschieht. Yvonne fallen dabei Dinge auf, die sonst sehr schnell verlorengehen und in Vergessenheit geraten: da wird das Problem zu lösen versucht, warum ein solch kleines Tier einen Gegenstand fortbewegen kann, der viele Male größer ist als es selbst. Oder da geht es um die Frage, ob Ameisen auch Zähne haben, ob sie bei ihren Arbeitsvorgängen etwas essen und trinken müssen, ob sie auch Ruhephasen einlegen oder Angst vor Menschen haben. Zielgerichtete Aufmerksamkeit kann Kindern nun dabei helfen, Hintergründe zu erfahren, *indem* sie ihre gesamte Aufmerksamkeit auf diesen einen Vorgang bündeln und ganz von der entsprechenden Situation erfaßt sind. Wenn solche Aufmerksamkeit gestört wird, werden Kinder auf anderen Ebenen Aufmerksamkeitsstörungen entwickeln. Und gerade darüber klagen viele Eltern. Aufmerksamkeit läßt eine Vielfalt an Erfahrungen zu, und auch darin sind viele Kinder den Erwachsenen weitaus überlegen.

Arthur Samuels, Elisabeth Lukan

Das innere Kind entdecken

Egal, wie alt du bist, ein Teil deiner Persönlichkeit fühlt, antwortet und handelt als Kind. Es ist dein inneres Kind. Meist behält es jene Emotionen für immer bei, die als Kleinkind dominant waren. Die, die du ständig wieder „lebst“: Traurigkeit, Wut, Angst.

Der Blick zurück läßt dich erkennen, bist du meist traurig, so war dies wie erwähnt die vorrangige Stimmung deiner Kindheit. Dein inneres Kind hält an ihnen fest, bis du sie aufgearbeitet oder geändert hast. Genau gesagt: es setzt alles daran, um genau diese Emotion aufrecht zu erhalten.

Der Kindanteil deiner Persönlichkeit sortiert alle laufenden Lebenssituationen und konzentriert sich auf jene Teile, die auf diese bestimmte Emotion reagieren. *Es zwingt dich, Gedankenmuster zu vollziehen, die diese Emotion erzeugen.*

Du denkst zum Beispiel schon vorher, was in Zukunft Schlimmes passieren könnte, oder du beschäftigst dich zu lange mit den Verlusten der Vergangenheit.

Das Kind veranlaßt dich, weitere Aktionen zu starten, die deine Umwelt derartig beeinflussen, daß sie entweder selbst in Traurigkeit verfällt oder dich wegen deiner Traurigkeit meidet – in beiden Fällen wirst du dich dabei miserabel fühlen.

Auf emotionaler Ebene hat dieser Teil niemals wirklich das Elternhaus verlassen. Er weilt noch immer dort, wartend auf die liebevolle Annahme und bedingungslose Liebe, die er nie erhalten hat.

Bist du ängstlich – wartest du noch immer auf Unterstützung. Bist du wütend, überdeckst du alte Verletzungen und sehnst dich nach der sanften Berührung. Bist du traurig, wartest du darauf, daß dich jemand liebevoll in den Arm nimmt.

Was wir eben besprochen haben, betrifft den Teil des inneren Kindes, der verletzt wurde. Es bedeckt das gesunde, fröhliche und göttliche. Das göttliche Kind ist voll Schönheit, Reinheit, Begeisterung, Abenteuerlust und Kreativität, voll von essentiellen Grundlagen für ein glückliches Leben.

Meditation mit dem inneren Kind heilt gegenwärtige Verletzungen und jene aus der Vergangenheit. Sie zeigt den Weg, das göttliche Kind wachsen zu lassen.

Margie, 23 Jahre alt, kam nach einem Suizidversuch in meine Praxis. Sie war ein exaktes Beispiel, wie das verletzte Kind durch Erwachsensein manipuliert wird. Ihre Stimme war zart und weinerlich.

„Mein Leben lang war ich depressiv. So hat das Leben für mich keinen Sinn mehr." Ihre Mutter zwang sie zu Perfektionismus. „Warum trägst du dein Haar lose? Dieses Kleid paßt nicht zu dir! Würdest du dich in der Schule mehr anstrengen, könntest du weitaus bessere Noten nach Hause bringen."

Wo auch immer Margie sich befand, führte sie diese selbstkritischen Gespräche, die vorwurfsvolle Unzufriedenheit der Mutter nachahmend.

Sie fühlte sich nie gut genug und betrachtete hoffnungslos die Zukunft. Sie war immer traurig. Das Leben war für sie nur deshalb bis jetzt ertragbar gewesen, weil sie sehr hübsch ist. Dies ermöglichte ihr, Partner zu finden, die gegen ihre Selbstzerstörung ankämpften.

Als sie zu arbeiten anfing, wurde die Situation unerträglich. Zudem mußte sie sich auch noch zwischen zwei Partnern entscheiden.

Ihr Chef war ihrer Mutter sehr ähnlich. Nichts konnte sie ihm recht machen. Er hetzte sie von einer Aufgabe zur anderen, so daß sie nicht genügend Zeit hatte, eine Sache sorgfältig zu erledigen. Die unnatürlichen Erwartungen ihres Chefs untergruben all ihre Talente. Seine Kritik wiederholte ihre eigenen Selbstvorwürfe. Sie wurde bombardiert mit Kritik von außen und von innen.

Die Kombination Chef und Mutter erzeugte derart massiv negative Gedanken, daß ihr Pessimismus siegte. Sie konnte absolut nichts Erfreuliches mehr an ihrem Leben finden, und sie hatte recht. Auf diese Weise war ihr Leben nicht lebenswert.

Das erste, was ich tat, war, ihr ganz einfach zuzuhören. Ich gab ihr zu verstehen, daß ich ihre Situation mitfühlen konnte, da all ihre Erfahrungen nur aus Traurigkeit und Angst bestanden. Dann sprachen wir über die schmerzhaften Gedankenmuster, in die sie gepreßt wurde. Da sie wußte, daß ich sie verstand, konnte sie sich langsam davon lösen und diese negativen Gedanken aus sicherer Entfernung betrachten. Sie lächelte glücklich. Sie aus Entfernung zu betrachten hieß, sie zu verlassen. Bald war sie fähig, diesen Kreislauf zu erkennen. Sie erlebte, daß sie nicht mehr länger das Opfer ihrer pessimistischen Gedanken sein mußte.

Mein Verständnis und die hilfreiche Fürsorge halfen ihr, in den friedvollen, positiven Teil ihres Selbst zu wechseln. Sie wurde bald fähig, dies auch allein zu vollziehen.

Seit sie ihre Gedanken betrachten konnte, sie bewußt ausleuchtete und auf sich selbst zu achten begann, konnte sie den alten, inneren Schmerz überwinden.

Sie lernte, die Schönheit des Augenblickes zu erkennen.

Betrachte deine Gedanken, akzeptiere sie, laß sie weiterziehen und konzentriere dich auf positive Dinge.

Indem du die Gefühle deines inneren Kindes akzeptierst und liebst, fängst du bereits an, dich zu verändern.

In Margies Fall ist dies einfach zu erkennen. Das innere Kind wurde auf brutale Weise zerstört. Anstatt Margie anzunehmen und zu lieben – in ihrem natürlichen Selbst – preßte ihre Mutter sie in ein Image von Perfektion. Sie begann, Margie als einen Gegenstand zu benutzen und zu besitzen. Sie wünschte sich dieses perfekte Image, um als perfekte Mutter erscheinen zu können. Jedes Mal, wenn sie Margie tadelte und Unrealistisches von ihr erwartete, produzierte dies tiefe Wunden in Margies Psyche, die wiederum zu Selbst-Zweifel und Depression führten.

Keine Liebe von ihrer Mutter zu erhalten, wenn sie nicht perfekt war, war in ihrer Kindheit das Allerschrecklichste für Margie gewesen. Dies ist die Haupt-Angst kleiner Kinder, die endgültige gefühlsmäßige Trennung, da sie an Mutter und Vater gebunden sind, um überleben zu können. Um diesem Schmerz zu entgehen, versuchte Margie wie all die anderen Kinder auch, alles zu tun, um ihrer Mutter zu gefallen, deren Erwartungen zu entsprechen. Sie behandelte sich selbst als Gegenstand, der zu funktionieren hatte. Dabei hat sie völlig den Kontakt zu ihrem göttlichen Kind verloren, welches friedvoll, liebevoll, lernbegierig und vor allem kreativ ist.

Das natürliche Kind ist fleißig und strebsam, es ist begierig, zu wachsen und zu lernen, wenn es nicht durch Angst oder den verzweifelten Versuch, jemand gefallen zu müssen, davon abgehalten wird, sich natürlich zu entwickeln.

Natürliche Liebe ist völlig bedingungslos.

Bei der Meditation mit dem inneren Kind nimm das Kind an – wie du es vorfindest. Sobald du dazu fähig bist und diesen Prozeß wiederholst, beginnt der Heilungsprozeß, und das gesunde Kind kann sich mit deinem Selbst verbinden, du wirst geliebt durchs Leben gehen.

Quellenverzeichnis

I Erste Schritte in die Welt

Einführung in die Welt (Indianisch). Aus: Georg Bydlinski, Käthe Recheis, Die Erde ist eine Trommel. Weisheit der indianischen Ureinwohner Nordamerikas. © Verlag Herder, Freiburg 1988

Jacques Lusseyran, Ein kleiner glücklicher Junge. Aus: Jacques Lusseyran, Das wiedergefundene Licht. Aus dem Französischen von Uta Schmalzriedt. © 1963 by Jacques Lyyusseyran. Klett-Cotta, Stuttgart 1966 / 11. Aufl. 1994

Helen I. Bachmann, Erste Schritte. Aus: Helen I. Bachmann, Kinderfreundschaften – Start ins Leben. © Verlag Herder, Freiburg 1996

Siegfried Sommer, Barfußlaufen. Aus: Rudolf Walter, Das Glück liegt auf der Hand, © Verlag Herder, Freiburg 1984

Sie wird Rosen pflücken (Indianisch). Aus: Rudolf Kaiser, Indianische Kinder- und Wiegenlieder. © Verlag Herder, Freiburg 1993

Gertrud Kaufmann-Huber, Auf der Alp – Weggehen und Wiederkommen. Aus: Gertrud Kaufmann-Huber, Kinder brauchen Rituale. Ein Leitfaden für Eltern und Erziehende. © Verlag Herder 1995

Rudolf Kaiser, Das erste Lachen. Aus: Rudolf Kaiser, Indianische Kinder- und Wiegenlieder. © Verlag Herder, Freiburg 1993

II Spielereien und Entdeckungen

Ein Stück Land (Indianisch). Aus: Rudolf Kaiser, Indianische Kinder- und Wiegenlieder. © Verlag Herder, Freiburg 1993

Rafik Schami, Verlorene Joker. © Rafik Schami

Bruno Bettelheim, Die ersten Spiele. Aus: Bruno Bettelheim, Ein Leben für Kinder. Erziehung in unserer Zeit, © Deutsche Verlags-Anstalt Stuttgart 1987. Aus dem Amerikanischen übersetzt von Liselotte Mickel

Fatima Mernissi, Spaziergang im Sitzen. Aus: Fatima Mernissi, Der Harem in uns. Die Furcht vor dem Anderen und die Sehnsucht der Frauen. © Verlag Herder, Freiburg 1994

Jón Svensson, Sprünge an Land. Aus: Jon Svensson. Nonni. Erlebnisse eines jungen Isländers von ihm selbst erzählt. © Verlag Herder, Freiburg 1979

Siegfried Sommer, Maikäferfreuden. Aus: Rudolf Walter, Das Glück liegt auf der Hand, © Verlag Herder, Freiburg 1984

III Im Universum der Phantasie

Bruno Bettelheim, Voraussetzungen für ein reiches Innenleben. Aus: Bruno Bettelheim, Ein Leben für Kinder. Erziehung in unserer Zeit, © Deutsche Verlags-Anstalt Stuttgart 1987. Aus dem Amerikanischen übersetzt von Liselotte Mickel

Catarina Carsten, Martin träumt. Aus: Catarina Carsten, Der Teufel an der Wand. Heitere Kindergeschichten für Erwachsene. Verlag Herder, Freiburg 1981

Eva Rechlin, Neue Begleiter. Aus: Christa L. Cordes (Hg.), Die Superrutsche und andere Miteinander-Geschichten. © bei Eva Rechlin, Berchtesgaden. Verlag Herder, Freiburg 1987

Armin Krenz, Fragen um den Weihnachtsmann. Aus: Armin Krenz, Kinderfragen gehen tiefer. Hören und verstehen, was sich hinter Kinderfragen verbirgt. © Verlag Herder, Freiburg 1995

Karla Schneider, Kor, der Engel. Aus: Karla Schneider, Kor, der Engel. Ein Roman in 22 Geschichten. © Haffmans Verlag AG, Zürich 1992

Ferdinand Oertel, Sammelleidenschaft. Aus: Ferdinand Oertel, Kleiner Mann wächst heran. Erlebnisse und Unterhaltungen mit unserem Jüngsten. Verlag Herder, Freiburg 1980

Gisela Steineckert, Grüne Wolken. Aus: Gisela Steineckert, Aus der Reihe tanzen. Ach Mama! Ach Tochter! © Verlag Neues Leben, Berlin 1992

Armin Krenz, Von Phantasien und Wirklichkeiten. Aus: Armin Krenz, Kinderfragen gehen tiefer. Hören und verstehen, was sich hinter Kinderfragen verbirgt. © Verlag Herder, Freiburg 1995

Gareth B. Matthews, Beweis für den „ersten Floh". Aus: Gareth B. Matthews, Die Philosophie der Kinder. Wenn Kinder weiter denken als Erwachsene. Aus dem Amerikanischen von Claus Koch. © Quadriga Verlag, Weinheim – Berlin 1995

IV Im Schatten der Erwachsenen

Jeanne Van den Brouck, Die elterliche Wohnung. Aus: Jeanne Van den Brouck, Handbuch für Kinder mit schwierigen Eltern. Aus dem Französischen von Rainer Redies. © by Opéra Mundi, Paris. Klett-Cotta, Stuttgart 1981, 7. Aufl. 1993

Armin Krenz, Was Erwachsene antworten. Aus: Armin Krenz, Kinderfragen gehen tiefer. Hören und verstehen, was sich hinter Kinderfragen verbirgt. © Verlag Herder, Freiburg 1995

Bertolt Brecht, Was ein Kind gesagt bekommt. Aus: Bertolt Brecht, Gesammelte Werke, © Suhrkamp Verlag, Frankfurt am Main 1967

Lis Bickel, Erste Trauer. Aus: Daniela Tausch-Flammer, Lis Bickel, Wenn Kinder nach dem Sterben fragen. Ein Begleitbuch für Eltern und Erzieher. © Verlag Herder, Freiburg 1994

Günter Harnisch, Allein in der Welt. Aus: Günter Harnisch, Was Kinderträume sagen. Traumbilder verstehen, deuten, gestalten – Mit einem Lexikon der Traumsymbole. © Verlag Herder, Freiburg 1995

Maja Milosevic, In den Krieg gestoßen. Aus: Klaus Schäffer (Hg.), Wir werden wieder glücklich sein und alles war ein böser Traum. Kinder im Krieg – Bilder und Texte. © Verlag Herder, Freiburg 1994

Walter Pacher, Der Stich ins Auge. Aus: Walter Pacher, Wenn Kinder immer anders wollen. Mehr Sicherheit und Gelassenheit für Eltern. © Verlag Herder, Freiburg 1991

Patrica H. Berne, Louis M. Savary, Stabile Wurzeln wachsen lassen. Aus: Patrica H. Berne, Louis M. Savary, Kinder brauchen Selbstvertrauen. Tips und Ratschläge für Eltern. Aus dem Amerikanischen von Peter Brandenburg. © Verlag Herder, Freiburg 1995

V Der große Streß der lieben Kleinen

Spruch an ein Kind (Indianisch). Aus: Rudolf Kaiser, Indianische Kinder- und Wiegenlieder. © Verlag Herder, Freiburg 1993

Rudolf Kaiser, Schafe hüten. Aus: Rudolf Kaiser, Indianische Kinder- und Wiegenlieder. © Verlag Herder, Freiburg 1993

Rudolf Dreikurs, Loren Grey, „Warum immer ich?" Aus: Rudolf Dreikurs, Loren Grey, Kinder lernen aus den Folgen. wie man sich Schimpfen und Strafen sparen kann. © Verlag Herder, Freiburg 1973.

Rudolf Kaiser, Wenn die Kachina kommt. Aus: Rudolf Kaiser, Indianische Kinder- und Wiegenlieder. © Verlag Herder, Freiburg 1993

Marianne Arlt, In der Zwickmühle. Aus: Marianne Arlt, Pubertät ist, wenn die Eltern schwierig werden. Tagebuch einer betroffenen Mutter. © Verlag Herder, Freiburg 1992

Almuth Link, Kuhhandel. Aus: Almuth Link, Im Kinderzimmer brennnt noch Licht. Verlag Herder, Freiburg 2. Aufl. 1982

Irmela Wendt, Alles geht nach der Uhr. © bei der Autorin

Claudia Gürtler, Stundenpläne und andere Fixpunkte. Aus: Claudia Gürtler, Freizeit – freie Zeit. © Verlag pro juventute, Zürich 1993

Bruno Bettelheim, Lesenlernen. Aus: Bruno Bettelheim, Kinder brauchen Bücher. Lesen lernen durch Faszination. Ins Deutsche übertragen von Liselotte und Ernst Mickel. © Deutsche Verlags-Anstalt, Stuttgart 1982

Roswitha Defersdorf, Läppische Aufgaben? Aus: Roswitha Defersdorf, Ach so geht das! Wie Eltern Lernstörungen begegnen können. © Verlag Herder, Freiburg 1993

Michail Sostschenko, Ein Sack voll Sorgen. Aus: Michail Sostschenko, Werthers Leiden oder die Zukunftsvisionen eines Radfahrers, Verlag Rütten und Loening, Berlin 1968

VI Kinder unter sich

Helen I. Bachmann, Ein schönes Pärchen. Aus: Helen I. Bachmann, Kinderfreundschaften – Start ins Leben. © Verlag Herder, Freiburg 1996

Marcel Pagnol, Der Geheimbund. Aus: Marcel Pagnol, Die Zeit der Liebe. Aus dem Französischen von Pamela Wedekind. © Langen Müller in der F. A. Herbig Verlagsbuchhandlung GmbH, München

Helen I. Bachmann, Das Annäherungsritual. Aus: Helen I. Bachmann, Kinderfreundschaften – Start ins Leben. © Verlag Herder, Freiburg 1996

Tisa von der Schulenburg, Ungeschriebene Gesetze. Aus: Tisa von der Schulenburg, Ich hab's gewagt. Bildhauerin und Ordensfrau – ein unkonventionelles Leben. © Verlag Herder, Freiburg 3. Aufl. 1993

Peter Radtke, Fünf Jahre Seligkeit. Aus: Peter Radtke, Karriere mit 99 Brüchen. Vom Rollstuhl auf die Bühne. © Verlag Herder, Freiburg 1994

Mark Twain, Tom trifft Becky Thatcher. Aus: Mark Twain, Tom Sawyers Abenteuer. Die deutsche Übersetzung von Lore Krüger. Mark Twain, Ausgewählte Werke in zwölf Bänden, Bd. 4. © Aufbau Verlag Berlin 1962

René Goscinny, Luise. Aus: René Goscinny & Sempé, Der kleine Nick. © Diogenes Verlag AG Zürich 1974

Heilwig von der Mehden, Unter Schwestern – unter Brüdern. Aus Heilwig von der Mehden, Vielgeliebte Nervensägen. Von großen und kleinen Kindern. © Verlag Herder, Freiburg 1975

Ursel Scheffler, Der Geheimschrank. Aus: Ursel Scheffler. Adventskalendergeschichten. Mit farbigen Bildern von Barbara Moßmann. © Verlag Herder, Freiburg 4. Aufl. 1993

Ursel Scheffler, Das schönste Lied. Aus: Ursel Scheffler. Adventskalendergeschichten. Mit farbigen Bildern von Barbara Moßmann. © Verlag Herder, Freiburg 4. Aufl. 1993

Manfred Hausmann, Stern unter Sternen. Aus: Peter Härtling (Hg.), Die Väter. Berichte und Geschichten. Verlag S. Fischer, Frankfut am Main 1968

VII Wie im wirklichen Leben

Wenn ich ein Mann bin ... (Indianisch). Aus: Rudolf Kaiser, Indianische Kinder- und Wiegenlieder. © Verlag Herder, Freiburg 1993

Ferdinand Oertel, Was tun mit dem Taschengeld? Aus: Ferdinand Oertel, Kleiner Mann wächst heran. Erlebnisse und Unterhaltungen mit unserem Jüngsten. Verlag Herder, Freiburg 1980

Almuth Link, Die Wahl. Aus: Almuth Link, Im Kinderzimmer brennnt noch Licht. Verlag Herder, Freiburg 2. Aufl. 1982

Karin Dörner, Eine Katze kommt ins Haus. Aus: Karin Dörner, Christiane Nebel, Alexander Redlich, Geschichten für gestreßte Kinder. Vorlesegeschichten zum Entspannen und Mutigwerden. © Verlag Herder, Freiburg 1995

Günter Harnisch, Wachstumsträume. Aus: Günter Harnisch, Was Kinderträume sagen. Traumbilder verstehen, deuten, gestalten – Mit eine Lexikon der Traumsymbole. © Verlag Herder, Freiburg 1995

Günther Anders, Der erste Völkerbund. Aus: Karin Schunk, Rudolf Walter, (Hg.)

Anstiftung zur Zivilcourage. Prominente Autoren berichten über be
Konflikte. © Verlag Herder, Freiburg 1983

VIII Frechheit siegt

Janusz Korczak, Die List des kleinen Königs. Aus: Janusz Korczak, Der kleine K Macius. Eine Geschichte in zwei Teilen für Kinder und Erwachsene. Die vollst dige Ausgabe. Verlag Herder, Freiburg 1994. © für die deutsche Übersetzun Gustav Kiepenheuer Verlag, Weimar – Leipzig.

Mark Twain, Toms Auftritt in der Sonntagsschule. Aus: Mark Twain, Tom Sawyers Abenteuer. Die deutsche Übersetzung von Lore Krüger. Mark Twain, Ausgewählte Werke in zwölf Bänden, Bd. 4. © Aufbau-Verlag Berlin 1962

Almuth Link, Die Mitternachts-Party. Aus: Almuth Link, Im Kinderzimmer brennnt noch Licht. Verlag Herder, Freiburg 2. Aufl. 1982

Roald Dahl, Das Gespenst. Aus: Roald Dahl, Matilda. Deutsch von Sybil Gräfin Schönfeldt. Mit Bildern von Quentin Blake. © Rowohlt Verlag GmbH, Reinbek 1989

Joachim Ringelnatz, Kindergebetchen. Aus: Joachim Ringelnatz, Und auf einmal steht es neben dir. © Diogenes Verlag AG, Zürich 1994

IX Zurück ins Land der Kindheit

Käthe Recheis, Ein Professor macht sich auf die Reise. Aus: Käthe Recheis, Professor, Du siehst Gespenster. Die seltsamen Abenteuer des Professor Medardus Birngruber, von ihm selbst erzählt und niedergeschrieben. Verlag Herder, Wien – Freiburg 1986

Walter Hemsing, Kinderangst – Erwachsenenangst. Aus: Walter Hemsing, Müssen Kinder Angst haben? Verlag Herder, Freiburg 1975

Christine Brückner, Zärtlichkeiten. Aus: Rudolf Walter, Das Glück liegt auf der Hand, Verlag Herder, Freiburg 1984

Heilwig von der Mehden, Für manche bleibt man immer Kind. Aus Heilwig von der Mehden, Vielgeliebte Nervensägen. Von großen und kleinen Kindern. © Verlag Herder, Freiburg 1975

Sabine Posniak, Ganz entspannt. Aus: Sabine Posniak, Salamibrot mit Senf. © Verlag Herder, Freiburg 1995

Armin Krenz, Zeit haben. Aus: Armin Krenz, Kinderfragen gehen tiefer. Hören und verstehen, was sich hinter Kinderfragen verbirgt. © Verlag Herder, Freiburg 1995

Arthur Samuels, Elisabeth Lukan, Das innere Kind entdecken. Aus: Samuels, Arthur, Lukan, Elisabeth, Im Einklang mit dem inneren Kind. Ein meditativer Weg zu sich selbst. © Verlag Herder, Freiburg 1994

…hsene

… **Mut**

… Malen,

…ello

…Glücks

…geben von Anton

…uer

… 4330

Karin Dörner/Christiane Nebel/
Alexander Redlich
Geschichten für gestreßte Kinder
Vorlesegeschichten zum Entspannen und Mutigwerden
Band 4362

Monika Hoffmann-Kunz
Lieben statt verwöhnen
Kindern Zuneigung schenken und Grenzen setzen
Band 4323

Bruno Bettelheim
Zeiten mit Kindern
Band 4292

Janusz Korczak
Der kleine König Macius
Eine Geschichte in zwei Teilen für Kinder und Erwachsene
Die vollständige Ausgabe
Band 4322

Reinhold Bergler
Warum Kinder Tiere brauchen
Informationen, Ratschläge, Tips
Band 4319

Rafik Schami
Zeiten des Erzählens
Herausgegeben von Erich Jooß
Band 4259

Antoine de Saint-Exupéry
Man sieht nur mit dem Herzen gut
Band 4039

Das Glück liegt auf der Hand
ABC der Lebensfreuden
Herausgegeben von Rudolf Walter
Band 4021